水中遺跡の歴史学

Sato Makoto
佐藤信 編

山川出版社

目次

序章　水中遺跡の歴史学　佐藤　信　3
はじめに　3
1　いま何故水中遺跡か　4
2　日本における水中遺跡　7
3　水中遺跡の歴史学的課題――調査・研究・保存・整備・活用をめぐって　9
おわりに　10

Ⅰ部　日本・アジアの水中遺跡　11

1章　日本における水中遺跡調査研究の現状
――鷹島海底遺跡における元軍船の調査研究を中心に　池田榮史　13
はじめに　13
1　日本における水中遺跡への関心と水中考古学の展開――元軍船発見まで　14
2　筆者らによる鷹島海底遺跡の調査研究――元軍船の発見　20
3　鷹島海底遺跡における調査手法の模索　23

4 鷹島海底遺跡で確認した元軍船および木製椗の内容 30
5 元軍船発見後の動きと今後の展望 38

2章 韓国と中国の水中遺跡をめぐって 森 達也 43
はじめに 43
1 韓国における水中遺跡調査 43
2 中国における水中遺跡調査 50
3 沈船出土陶瓷の研究例 56
おわりに 69

3章 海上の道、海底の船 村井章介 73
1 "Five Centuries of Maritime Trade" 73
2 十五世紀の二つの沈船をめぐって 75
3 十六世紀後半ポルトガル製地図に描かれた"Costa de lucõis" 78
4 "Treasures of the SAN DIEGO" 81

Ⅱ部　世界の水中遺跡……85

1章　沈没船遺跡の考古学　木村　淳　87
はじめに　87
1　沈没船は遺跡であるのか　88
2　日本の水中遺跡研究における沈没船　90
3　水中考古学と古代地中海世界沈没船の船舶考古学　92
4　海事考古学研究の確立
——ヴァイキング船・ヨーロッパ王朝海軍船・オランダ東インド会社船　97
5　東アジア海域史と船体考古資料研究　102
6　東南アジア海域史と沈没船遺跡様相　107
おわりに　112

2章　世界史からみた水中遺跡——アジア歴史学研究の視点から　石橋崇雄　115
はじめに　115
1　「世界の一体化」をめぐる歴史検証と海事考古学の成果　116

2　十六世紀以降における銀の交易をめぐる歴史学と海事考古学　122
おわりに　126

3章　世界の水中遺跡の保存と活用　赤司善彦　129
はじめに　129
1　保護の始まりからユネスコ条約へ　130
2　水中遺跡の活用――沈没船　135
3　水中遺跡の活用――沈んだ遺跡　139
おわりに――水中遺跡の持続可能な活用　144

4章　諸外国における水中考古学教育とトレーニング　佐々木蘭貞　147
はじめに　147
1　水中考古学の定義　147
2　大学における水中考古学教育　148
3　NPO・NGO　154
4　行政　162
おわりに　164

Ⅲ部　文化遺産としての水中遺跡……167

1章　日本における水中遺跡の保護　水ノ江　和同　169
はじめに　169
1　水中遺跡とは　172
2　諸外国における水中遺跡保護の現状　176
3　日本における水中遺跡保護の現状と課題　179
4　日本における水中遺跡保護の在り方　184
おわりに　194

2章　日本における水中遺跡の活用事例　禰冝田　佳男　197
1　私の水中遺跡調査体験　197
2　水中遺跡の活用事例　199
3　日本における水中遺跡活用についての展望　208
4　結語　211

3章　文化資源学の観点から見た水中遺跡　松田　陽　215
はじめに　215
1　文化財、文化遺産、文化資源とは　215
2　水中遺跡は文化財、文化遺産、文化資源か　217
3　これからの水中遺跡の文化遺産化と文化資源化　220
おわりに　223
4章　水中遺跡の調査・保存の技術的課題　今津節生　227
はじめに　227
1　現地保存とその問題点　228
2　保存処理方法の課題　235
おわりに　240
おわりに——水中遺跡をめぐって　榎原雅治　243

水中遺跡の歴史学

序章　水中遺跡の歴史学

佐藤　信

はじめに

本書は、二〇一六年十一月十二日（土）に東京大学で開かれた史学会第一一四回大会の公開シンポジウム「水中遺跡の歴史学」の成果をもととして、さらに関連する研究者の方に寄稿をお願いして、今日の段階での日本における水中遺跡をめぐる歴史学の課題が共有できるようにすることをめざして、編集したものである。

公開シンポジウムの内容は、次のような構成であった。

趣旨説明　水中遺跡の歴史学　佐藤　信（東京大学）
報告1　日本における水中遺跡調査研究の現況
　　――松浦市鷹島海底遺跡における元軍船の調査研究を中心に　池田　榮史（琉球大学）
報告2　沈没船遺跡と国外におけるその研究　木村　淳（東海大学）
報告3　アジアの水中遺跡をめぐって　森　達也（沖縄県立芸術大学）
報告4　日本における水中遺跡の保護　水ノ江和同（文化庁）

コメント1　海上の道、海底の船　村井　章介（立正大学）
コメント2　水中遺跡と歴史学研究　石橋　崇雄（国士舘大学）
小討議（報告者・コメンテーター・趣旨説明者参加）　司会・榎原　雅治（東京大学）

史学会ならではのシンポジウムの特長は、考古学による水中遺跡の調査・研究だけでなく、日本史・東洋史・西洋史をふくむ歴史学全体のなかで、水中遺跡を歴史像としてどのように位置づけられるのかを幅広く検討したところにあろう。陸上の遺跡・遺物についてはすでに歴史学全体のなかで位置づけられているが、水中遺跡へのまなざしは、まだ歴史学のなかで市民権を得ていないように思われるからである。

当日は、幸い日本史・東洋史・西洋史・考古学にわたる、老若の研究者・大学院生・大学生のほか、市民の参加者もふくめて会場がほぼ埋まった。小討議が時間的にやや窮屈ではあったものの、関心を集めてかなり盛り上がったシンポジウムとなった。閉会後に、水中遺跡についての歴史学的認識を新たにして大変有益であったとの評価を伝えて下さる先輩碩学もおられた。

本書では、この公開シンポジウムの成果をもとに、今日における水中遺跡の歴史学についての現状・到達点やこれからの課題そして水中遺跡の保存・活用をめぐって、知見を広く共有することをめざしたい。

1　いま何故水中遺跡か

これまで遺跡の考古学的な発掘調査成果が、日本史・東洋史・西洋史にわたって歴史像を具体的・立体的に豊かにしてきたことは、いうまでもない。シュリーマンのトロイ遺跡の調査や、古代ローマの都市ポンペイ遺跡の事例などをみるまでもなく、発掘調査成果によって歴史像・時代像が大きく変貌することも、最近では珍しくないといえよう。

本書でとくに取り上げたいのは、遺跡のなかでも陸上ではなく水中にある遺跡（文化遺産）である。水中遺跡というと、北欧のバイキング船やスウェーデンの軍艦ヴァーサ号（一六二八年沈没）、そして韓国（全羅南道新安郡）の十四世紀の新安沖海底沈没船などの沈没船をよく思い浮かべる。韓国の新安沖海底沈没船は、青磁の海揚がりから発見され、一九七六年から文化財管理局が海軍の潜水スタッフの協力のもとで海底発掘調査を行い、船体とともに、大量の青磁・白磁・黒釉陶など中国陶磁器や、金属製品・銅銭、胡椒・香木などの十四世紀前半の交易商品の遺物が出土した。日本京都の「東福寺」銘の木簡も出土しており、東福寺も関与した、中国寧波から日本に向かう国際交易船が、難所である新安沖で沈没したと考えられている。十四世紀東アジア諸国の交流の実態を知ることができる、貴重な水中遺跡である。出土した船体や大量の遺物は、保存処理が行われて、韓国・木浦には国立海洋遺物展示館も設けられている。

しかし、上記したような文化財として水中発掘調査が行われた沈没船とは異なり、タイタニック号や戦艦大和のような刺激的な沈没船の引き揚げへの関心は、必ずしも学術的な内容だけでない。かつてそして今日も跋扈している、沈没船からのお宝の引き上げをねらうトレジャーハンターによる非学術的な「物盗り」的な関心も、まだ世界には広く存在しているといえよう。

水中遺跡には、沈没船以外にも、水中に沈んだ大灯台・宮殿で知られるアレクサンドリア海底遺跡（エジプト）のような都市や、スイスのレマン湖における水上生活者の集落なども存在している。こうした水中遺跡も、地上の遺跡同様に多くの歴史的知見をもたらしてくれている。ヨーロッパでは、スウェーデンやイギリスなどの諸国で水中遺跡の調査や保存が先進的に進められ、水中遺跡の文化財としての取り扱いや、調査・研究・保存・整備・活用の体制の充実が図られてきた。それとともに、こうした水中遺跡を、考古学だけでない歴史学が歴史像構成の歴史資料としてしっかりと位置づけるようになってきている。

長期にわたって水中環境に没してきた水中遺跡は、水中に潜って調査するのにあたって潜水の困難など大変厳しい制約があり、またその遺物はきわめて脆弱なため、地上の遺跡よりもはるかに膨大な予算や体制が必要となる。日本においては、数多く存在する水中遺跡の調査や保存・整備の体制は、ヨーロッパなどに比べて出遅れているといわざるをえない。今日、水中遺跡の調査・研究・保存・整備・活用のための体制を整えるために、文化財そして歴史学における歴史資料としての位置づけが明確にされることが求められてきているように思う。

沈没船からの「物盗り」をめざす非学術的なトレジャーハンティングに対して、ユネスコによる水中文化遺産保護条約が二〇〇九年に発効し（日本は未批准）、水中遺跡の保護と学術的扱いが求められるようになってきた。そして、水中遺跡の調査・研究のための体制整備が世界的に求められつつある。近年は、沈没船やその遺物などの水中遺跡は、陸揚げせずに水中でそのまま保存することがめざされるようになってきた。欧米などでは、水中遺跡を水中にあるまま、海に潜ったり海底トンネルから見学できる史跡の整備・活用が行われている事例がある。中国でも、谷をせき止めた人造湖に沈んだ高所の磨崖碑を、水中でアクリルガラス越しに見学できる整備が行われた事例があるという。

海洋国家である日本では、今日ようやく文化庁において、文化財として水中遺跡の調査・研究・保存・整備・活用を図るための前向きな検討が積極的に行われ、新しい文化財行政の指針の作成が、専門家による委員会「水中遺跡調査検討委員会」の検討をもとに進められている。その成果は、①『月刊文化財』六三四号（特集「水中遺跡の保護」）二〇一六年、②『日本における水中遺跡保護の在り方について（中間まとめ）』二〇一六年と、③『水中遺跡保護の在り方について（報告）』二〇一七年にまとめられている（②・③はインターネットでも公表）。こうした動きを受けて、歴史学として水中遺跡をどう把握し取り扱うかを検討しようとするのが、本書のめざすところである。

2　日本における水中遺跡

海洋に囲まれて海・川とともに歴史を紡いできた日本では、陸上の遺跡ばかりでなく多くの水中遺跡が存在するはずであるが、残念ながら水中遺跡は、陸上の遺跡と比較して圧倒的に馴染みが薄いといえよう。その背景には、陸上の遺跡に比して潜水をともなう調査が大変困難であり、水中で長く保たれた遺物の保存も難しいということと、遺跡・文化財としての認識が共有されてこなかったという事情が指摘できる。しかし、活発な海上・河川にわたる水上交通を特徴とする日本史のなかで、水中遺跡は陸上の遺跡ともども、多くの歴史的知見をもたらしてくれるはずである。実際、数多くはないが、水中遺跡の調査事例によって、これまでも日本史に貴重な達成がもたらされてきたことも、指摘できるのである。

日本における水中遺跡の調査としては、海揚がりの遺物の調査にはじまって、水中考古学の専門家による潜水による発掘調査が行われて、遺跡・遺物の様相が明らかにされてきたことが知られる。

滋賀県の琵琶湖湖底遺跡は、縄文時代以降の各時代の多くの遺跡が水面下に沈んでいることが早くから知られ、その一部は水中考古学による発掘調査によって遺跡・遺物の様相が明らかにされている。

明治元（一八六八）年に北海道檜山郡江差町で座礁沈没した旧幕府海軍の軍艦開陽丸の発掘調査は、港湾工事の事前調査として一九七四年から行われ、開陽丸の構造や遺った大量の遺物の全容が明らかになった。開陽丸は実物大で復原され、開陽丸記念館として大砲や水中から出土した多くの遺物などが保存処理されて展示されている。

近年では、十三世紀後期のモンゴル襲来の際に、一二八一年の弘安合戦で伊万里湾の海底に沈んだモンゴル軍船が長崎県松浦市の鷹島神崎遺跡で調査され、モンゴル軍船関係の船体や十二～十三世紀の中国陶磁器など多様な積み荷の遺物が出土している。船の構造がわかるほか、『蒙古襲来絵詞』（竹崎季長絵詞）に描かれた「てつはう」の現物が出土したことなどがよく知られている。さらに鷹島神崎遺跡は、海底の遺跡がそのまま海域ごと国指定史跡として指定され、日本で初めての水中遺跡の史跡として文化財保護され、注目を集めている。一隻めのモンゴル沈没軍船は、水中で調査された船体・遺物が地上に取り上げられて保存処理がなされているが、二隻めに発見された軍船は、水中で実測・調査されながら、船体・遺物は海底にそのまま保存されている。

奄美大島の倉木崎遺跡（鹿児島県大島郡宇検村）は、十三世紀の龍泉窯の中国陶磁器が大量に海底に沈んでいた水中遺跡である。中国と日本を結ぶ交易にあたっていた商船が運んでいた商品であったが、船体の遺物がないことから、荒れた海を避けて港に続く底の浅い水道に入って座礁した船が、積み荷を落として船体を軽くしたかとも考えられている。

福岡県新宮町の玄界灘に浮かぶ相島の沖にある相島海底遺跡でも、これまで漁船の網にかかって多くの完形の古代瓦が出土したことを受けて、文化庁の委託のもと九州国立博物館による水中遺跡調査が二〇一五年に行われた。聞き取り調査や「海揚がり」の遺物の基礎調査の上に、海底の地形や遺跡の状況を探るため、音波調査、水中ロボットによる撮影、レーダーによる海底の地形図・地層断面図の作成が行われ、最後に水中への潜水調査が行われた。平安宮跡（京都市）の朝堂院跡などの発掘調査で出土した瓦に「警固」銘スタンプをもつ瓦が出土しているが、これは福岡市西区の博多湾沿いの斜ケ浦瓦窯跡で焼かれた瓦であることが知られていた。相島海底遺跡からは、同様の「警固」銘をもつ完形の平瓦がかつて引き揚げられており、今回の調査でも瓦の存在が確かめられた。平安宮の造営にあたって、船で筑前国から平安京へと瓦が運ばれる際に、相島沖で運搬船が沈没したのではないかと考えられている。平安時代の九州と平安京を結ぶ海上を利用した遠距離交流の実態を知ることができる、格好の水中遺跡といえよう。

こうした水中遺跡とその遺物が周知されてきたことを受けて、博物館の展示でも、水中の遺跡・遺物が取り上げられるようになってきた。沖縄県立博物館・美術館の『水中文化遺産―海に沈んだ歴史のカケラ―』（二〇一四年）、新潟県立歴史博物館の『ＵＭＩＡＧＡＲＩ―海揚がり―日本海に沈んだ陶磁器』（二〇一五年）、九州国立博物館の『水の中からよみがえる歴史―水中考古学最前線―』（二〇一七年）、文化庁等（江戸東京博物館ほか）による『発掘された日本列島二〇一七』（二〇一七年）などである。

水中遺跡は、水上交通による交流が盛んであった日本史を理解する上で、重要な位置を占めるものといえよう。こうした水中遺跡を、歴史資料としても文化財としてもその価値を位置づけることが求められるのではないだろうか。

3 水中遺跡の歴史学的課題――調査・研究・保存・整備・活用をめぐって

ヨーロッパなどでは、水中遺跡は考古学ばかりでなく歴史学の対象としてしっかりと位置づけられて、歴史資料として高い評価を得ていることが指摘できる。水中遺跡についても、文化財としてしっかり位置づけられ、遺跡の保護や調査・研究体制が整えられるとともに、遺跡の整備・活用が進められてきている。水中遺跡を対象とする文化財保護制度が整えられてその遺跡地図も備わっている。また、水中遺跡の調査・研究機関、保存科学機関や博物館が設置され、独自の立派な調査船を備え、若手研究者の養成もなされている。

また、水中遺跡の調査は、発掘調査だけでなく、前提となる海底の地形や地層を探査し、海底の遺跡の状況を探るための科学的調査も必要であり、そのための調査船や高価な科学的機材・設備も欠かすことはできない。海底の地形調査、音波調査や、水中ロボットによる撮影、レーダーによる海底の地形図・地層断面図の作成などを行うことが求められ、最後に水中への潜水調査を行うことになるのである。水中における遺跡の調査にあたっても、考古学的な知識・技能だけでなく、高度な潜水技術をもつ研究者が必要である。さらに、引き揚げられた船体や木製・金属製などの遺物は、海中に長く浸かってきたことによる脆弱性をもっており、保存科学による保存処理や化学分析を行わなくては、地上で調査・展示もできない。

今日では、水中遺跡とその遺物は、地上に引き揚げずに、水中に遺存したままで現地で保存しつつ、調査・研究・保存・整備・活用する方向が世界的にめざされるようになってきている。どのように整備・活用するかという時には、水中遺跡の歴史的評価が前提として必ず必要となる。そうしたなかで、水中考古学的な調査成果や科学的分析の成果の上に立ちつつ、水中遺跡の歴史的な価値をどのように明らかにして歴史像に結びつけるかが、今日の歴史学には課題として課せられているように思う。そして、歴史像のなかに陸上の遺跡と同様に水中遺跡を的確に位置づけることが、求められているといえよう。

おわりに

史学会大会の公開シンポジウムや本書を通して、西洋・東洋そして日本における水中遺跡をめぐる調査・研究・保護の現状や動向を確認していただけると思う。また、考古学的な水中遺跡の調査・研究による成果・達成の現状も、紹介したつもりである。その上に立って、水中遺跡を歴史学として歴史像のなかにどう位置づけていくのかという方向について、検討をさらに積極的に進めていただければ、幸いである。そして、日本における水中遺跡の文化財的位置づけの進展や、調査・研究・保存・整備・活用のための体制整備が少しでも前進することを期待したい。(末尾ながら、史学会大会の公開シンポジウムの報告や、本書の作成にあたって論考を寄せていただいた報告者・執筆者の方々に、厚く御礼申し上げたい。)

Ⅰ部　日本・アジアの水中遺跡

1章　日本における水中遺跡調査研究の現状

――鷹島海底遺跡における元軍船の調査研究を中心に

池田榮史

はじめに

平成二十三（二〇一一）年十月二十四日午前、長崎県庁記者クラブでは長崎県松浦市鷹島海底遺跡で検出した元軍船についての記者発表が行われた。松浦市松尾紘教育長（当時）の同席の下、筆者は検出した元軍船について海底で撮影した動画資料を用いながら説明するとともに、多くのマスコミ関係者から向けられる矢継ぎ早の質問に答えていた。その前日まで、約一カ月間続けていた水中遺跡調査の疲れは限界に達していたが、それまでの長い鷹島海底遺跡調査の歩みの中で、初めて船体構造が把握できる状態で検出された元軍船についての関心は高く、記者の質問は二時間以上に及んだ。質問が途切れかけた昼頃、記者クラブに置かれていた各社のテレビからは「元軍船発見」のニュース映像が一斉に流れはじめ、これを追いかけるように新聞各社の夕刊と翌日の朝刊の紙面に「元軍船発見」の文字が溢れた。鷹島海底遺跡における水中考古学の調査研究成果が大きく脚光を浴びた瞬間であった。

ここに至るまで、日本の水中考古学研究は目に留まるべき成果を上げていなかった訳ではない。一九七〇年代に始まった北海道江差町開陽丸の調査や、一九八〇年代から本格化した鷹島海底遺跡での調査をはじめとして、さまざまな調査研究が行われ、多くの成果を上げていた。しかしながら、水中考古学は常時、水中環境に置かれた遺構や遺物を調査研究の対象とするため、多くの人々にとって日常生活の中で接する機会は少なく、どうしても馴染みが薄いことは否めない。加えて、調査を行うには潜水技術を要すること、さらには潜水装備を含めた調査経費が高額に上ることなどがあり、考古学の中でも特異な分野と理解されてきた。また、水中遺跡の調査研究に関わるべきである考古学研究者の多くは陸上の遺跡への対応に忙しく、水中遺跡へ関心を向ける人材はきわめて少なかった。このため、水中遺跡の調査研究は開陽丸や鷹島海底遺跡のように否応なく調査せざるを得ない事態が出来した場合に限って実施されており、それ以外では水中遺跡と水中考古学に関心を持つ研究者が研究費を確保した上で取り組む機会を作った場合など、ごく限られた条件の中で散発的に行われるに留まっていた。考古学研究の上では重要な調査研究分野であるという認識はあったとしても、水中遺跡を対象とする水中考古学が一般化するほどの環境が整う状況にはなかったのである。

鷹島海底遺跡における元軍船発見はこのような水中遺跡に対する対応を大きく変える契機となった。報道によって水中考古学研究の存在が広く認知され、国民的な関心が集まるとともに、水中考古学に関心を持つ研究者や学生が大きく増加した。また、文化庁では日本の文化財保護体制の中での水中遺跡の位置付けと取り扱いをめぐって国家的な検討を始めることとなった。日本の水中考古学と水中遺跡に対する評価と取り組みが新たな段階へ進む転換点となったのである。

1　日本における水中遺跡への関心と水中考古学の展開——元軍船発見まで

日本における水中遺跡への取り組みの歩みについては、文化庁が取りまとめた『遺跡保存方法の検討』(1)や荒木伸介による『水中考古学』(2)に詳しい。これらを参照しながら、いくつかの事例について確認することにより、日本における水中考古学と水中遺跡への取り組みがどのような歩みを持つのか振り返っておきたい(3)。

日本における水中遺跡への関心は明治四十二（一九〇九）年に発表された長野県諏訪湖湖底（曽根）遺跡での調査報告に始まるとされる。当時、諏訪郡教育会は日本に湖沼学を広めた田中阿歌麿に諏訪湖の研究を依頼しており、地元で臨時助手を務めていた小学校代用教員の橋本福松は蜆漁で用いるジョレンを使って湖底の地質調査を行っていた。この際、橋本は曽根と呼ばれる水域で二個の石鏃を得、田中の薦めを受けて東京帝国大学理学部教授であった坪井正五郎が主宰する『東京人類学雑誌』に報告したのである。同誌上には曽根遺跡についてヨーロッパの湖上住居に類例を求めて杭上住居趾とする坪井の評価が併載された。その後、坪井は自ら曽根遺跡の現地調査を実施して、その成果を『東京人類学雑誌』に連載報告した。坪井の報告に対しては同じ東京帝国大学理学部鉱物学教授であった神保小虎が地震や地殻変動による遺跡沈降の可能性を指摘する批判を行った。坪井と神保による論争にはその他の研究者も加わり、大正期の鳥居龍蔵らによる調査、戦後の直良信夫や藤森栄一らによる論争を経て、ようやく遺跡沈降説に落ち着くこととなった。なお、この際、藤森栄一は諏訪湖水底での考古学的調査、すなわち水中考古学的調査の必要性を提起したが、一九六〇年代における技術的な問題などから実現には至らなかった。

この曽根遺跡における遺物の発見は水中（海中）から得られる遺物についての関心を誘引した。関係者の一人であった坪井は明治四十四（一九一一）年の『人類学雑誌』に新潟県沖合の海底から引き揚げられた須恵器大甕についての報告を行っており、その後、これを含む各地の海揚がり品に対しては沈没船の積荷、あるいは海の難所に対する献供物と理解することが一般的となった。また、鏡池と呼ばれる各地の寺社の園池や沼沢などから得られた奉納物である鏡鑑の研究にも目が向けられることとなったという。

水面下の遺跡に対する調査研究は日本最大の淡水湖である滋賀県琵琶湖の葛籠尾崎湖底遺跡でも実施されている。大正十五（一九二六）年に現在の長浜市湖北町尾上の漁民が琵琶湖に突き出した葛籠尾崎の沖合湖底から引き揚げた土器について、翌年柴田常恵が『人類学雑誌』に紹介した。これをきっかけとして、昭和三（一九二八）年に嶋田貞彦、昭和二十五（一九五〇）年に小江慶雄、昭和三十二（一九五七）年に江坂輝弥が生成要因を含む遺跡の内容について見解を発表している。このような関心の高まりを受け、滋賀県教育委員会では昭和三十四（一九五九）年に『琵琶湖総合調査』の一環として音響測深器による葛籠尾崎周辺湖底での水底調査および写真撮影を行った。昭和五十七（一九八二）年には「葛籠尾崎遺跡総合調査」を実施し、遺物の広がりが葛籠尾崎の東側だけではなく、沖合に位置する竹生島周辺水域にまで及ぶことを確認している。これを踏まえて昭和五十九（一九八四）年には水深二〇メートルの水底での試掘調査と水中画像の撮影を行ったが、何らかの遺構を含む遺跡の実態を確認するには至っていない。

なお、葛籠尾崎の沖合には竹生島があることで知られており、前掲した小江の所論には長浜市西浅井町菅浦地区に残された『菅浦文書』の中の「竹生島図」（乾元元（一三〇二）年作）が紹介されている。小江は「竹生島図」に描かれた葛籠尾崎の風景に僧堂などの建物が見られることを指摘し、水底遺物はこれに起因すると推論した。しかし、葛籠尾崎は古生層からなる絶壁であり、崖下には平坦地がほとんどないこともあって、現況からは遺跡が立地していたとは考え難いという。また、滋賀県教育委員会による音波探査の所見では葛籠尾崎周辺では過去二〇万年間にわたって陥没などの変動はなかったとされており、遺跡地が沈降したことも想定しづらい。葛籠尾崎遺跡においてこれまでに確認された遺物は縄文時代早期から平安時代に及んでおり、しかも完形資料が多いことが知られているにもかかわらず、遺跡の生成要因や実態は未解明のままとなっている。

琵琶湖ではこの他にも昭和二十七（一九五二）年に藤岡謙二郎による素潜り調査とボーリング調査が行われ、大津市粟津貝塚が確認されている。この頃の琵琶湖は透明度が高く、水面下二〜三メートルに広がる貝殻の分布範囲が視認できたという。その後、粟津貝塚では昭和五十五（一九八〇）年に文化庁の「遺跡確認法の調査研究」事業を受託した京都市埋蔵文化財研究所による試掘調査が行われた。この際にはスキューバ潜水機材と空気の浮力を利用して泥土を吸い上げるエアーリフトを利用した試掘坑二七カ所が設けられ、貝層の分布が東西四九メートル、南北九五メートル以上に上るとともに、貝塚の形成は縄文前期前半以降に始まることを確認している。昭和六十二（一九八七）年には「琵琶湖総合開発事業」に伴う浚渫工事が計画されたことを受けて、再び四次にわたる潜水試掘調査が実施され、粟津貝塚は東西に並んだ二つの貝塚からなることが明らかにされた。この試掘調査の結果を受け、平成二・三（一九九〇・一九九一）年には矢板を用いて囲った調査区を設け、湖水を抜いて陸化した上での発掘調査が行われている。(4)

粟津貝塚で行われたスキューバ潜水機材とエアーリフトを用いた調査は琵琶湖における初めての本格的な水中考古学的調査であった。さらに、ここでは陸上の遺跡調査に従事している考古学担当者に潜水技術を習得させ、海底での発掘作業に動員することを試みている。これにより、琵琶湖での水中遺跡調査の手順と手法が確立され、その後の平成元・二（一九八九・一九九〇）年には大津市瀬田唐橋遺跡での橋脚遺構に対する潜水発掘調査が実施された。(5)なお、琵琶湖における水中遺跡調査の経験は調査を主導した京都市埋蔵文化財研究所の田辺昭三がシリア沖での沈没船調査や中国広東省南海一号沈船の調査を行う契機となった。

琵琶湖を中心とした淡水湖での水中考古学的調査が開始される前の昭和四十九（一九七四）年には、北海道江差港において日本の水中考古学研究を大きく発展させることとなる開陽丸の発掘調査が始められていた。開陽丸は幕末期の江戸幕府がオランダに発注した軍艦で、慶応二（一八六六）年オランダで進水し、翌年日本へ回航された。その一年後の慶応四（一八六八）年四月江戸城が無血開城された際、榎本武揚らの旧幕府海軍関係者は開陽丸を含む軍艦について、明治新政府への引き渡しを拒否し、東京湾から太平洋沿岸を北上して北海道へ逃避した。榎本らは各地で収容した旧幕府関係者とともに函館五稜郭を拠点とし、北海道の制圧を進めた。その過程で同年十一月江差港攻撃に向かった開陽丸は同港沖合で暴風波に遭って座礁し、沈没した。

江差町教育委員会では開陽丸の沈没地点海域について、昭和四十九年に埋蔵文化財包蔵地として周知化した上で、昭和五十（一九七五）年より荒木伸介を海底調査員とした水中発掘調査を実施した。この際、海底に一〇メートル区画の調査区を設定し、後に琵琶湖の調査でも用いられることとなるエアーリフトの他、水圧で泥土を掘り下げる高圧ジェット噴射機、水中サンドポンプ、浚渫用バケットなど、さまざまな器材を用いて海底に堆積した泥土を取り除く作業を試みた。これにより凹地（エンカマ）内に残った船体や遺物を露出させ、実測や写真撮影を行った後に一部については引き揚げを行っている。引き揚げられた遺物には大砲五門、砲弾約二五〇〇発をはじめとする兵器、船具、日常生活用具である繊維製品や皮革製品など約三万点があり、それぞれの素材に応じた保存処理が施された。これらの出土遺物の多くは江差港内に設けられた開陽丸青少年センターで展示公開されており、[6] 遺物の保存処理を含めた開陽丸の水中発掘調査手法はその後の日本における海底遺跡発掘調査の手本となった。なお、開陽丸は防波堤によって二分された外洋側の船体が調査されたのみで、防波堤内側に残った船体の約三分の二は未調査のまま残されている。[7]

この他、昭和五十二（一九七七）年に実施された香川県小豆島町水の子岩遺跡では水の子岩と呼ばれる岩礁の下、水深二〇～四〇メートルの地点から採集された備前焼壺が岡山県立博物館に持ち込まれたことを契機として水中調査が行われた。調査にあたった「水の子岩学術調査団」は海上に台船を設置し、高圧ジェット噴射機やエアーリフトを用いて発掘を行い、遺物散布状況を確認した上で、備前焼鉢や壺、金属製品、石製品など約二一〇点を引き揚げた。引き揚げられた備前焼は十四世紀に位置付けられ、周辺海域で遭難した船の積荷であったと考えられている。

昭和五十五（一九八〇）年からは長崎県松浦市鷹島海底遺跡での調査が開始された。昭和五十五～五十七（一九八〇～一九八二）年の文部省科学研究費特定研究に採択された「古文化財に関する保存科学と人文・自然科学」では「水中考古学に関する基礎的研究」（研究代表者茂在寅男）を設け、鷹島南海岸で音波探査装置（サイドスキャンソナー）を用いた調査とエアーリフトの運用実験を試みた。この調査によって鷹島南海岸周辺は二度目の蒙古襲来の際に元軍船が遭難した海域であることが広く知られることとなり、昭和五十六（一九八一）年には鷹島南岸の東端「干上鼻」から西端「雷崎」までの海岸線約七・五キロ、海岸線より沖合二〇〇メートルの範囲、総面積約一五〇万平方メートルの海域が「埋蔵文化財包蔵地」として周知化されている。また、文化庁では昭和五十四（一九七九）年度から開始した調査研究事業「遺跡保存方法の検討」の一環として、平成元（一九八九）年から三年間をかけて「水中遺跡保存方法の検討」に取り組み、鷹島海底遺跡での音波探査装置を用いた海底地形および地層情報の取得とその成果に基づく潜水確認調査を実施している。茂在および文化庁による調査で用いた音波探査装置は曳航型のサイドスキャンソナーとサブボトムプロファイラーで、サイドスキャンソナーは海底地形情報、サブボトムプロファイラーは海底地層情報の取得を目的とする。なお、文化庁による調査ではサイドスキャンソナーによって海底に沈んだ船体の映像が捉えられたことから潜水調査が行われ、これが現代船であることを確認している。(8)

科学研究費および文化庁による調査によって、海底遺跡における潜水調査手法の模索が進められるとともに、海底遺跡の調査ではそれまで主に海底資源調査で用いられてきた音波探査装置を用いることの有効性が認知されることとなった。しかし、この段階の音波探査装置は曳航型であり、調査船から曳航する音波の発・受信機の位置情報が不明確であること、また調査船に取り付けた位置測位機器（ＧＰＳ）の精度に対する信頼度が現在ほどではなかったことなど、実際の運用には解決しなければならない問題も明らかとなった。

なお、鷹島海底遺跡では昭和五十六（一九八一）年以降、「埋蔵文化財包蔵地」として周知化された海域において計画される港湾工事などの際には着工前の事前調査を行うことが義務付けられ、昭和六十三・平成元（一九八八・一九八九）年には床浪港改修工事に伴う緊急発掘調査、平成六・七（一九九四・一九九五）年と平成十三～十五（二〇〇一～二〇〇三）年には神崎港防波堤工事および港湾改修工事に伴う緊急発掘調査が実施されている。床波港での調査では褐釉壺をはじめとする陶磁器、神崎港での調査では元軍船が用いたと考えられる大型木製椗や船体の部材と考えられる木材、冑や鉄刀などの武器・武具類、櫛や椀などの漆器類、飾金具・椀・鈴などの青銅製品、球形土製品（『蒙古襲来絵詞』に「てつはう」と記載）や四耳壺をはじめとする中国陶磁器など、多数の遺物が出土している。(9)

緊急調査による蒙古襲来関係遺物の発見が続いたこともあり、遺跡を管轄する鷹島町教育委員会〈平成十八〈二〇〇六〉年一月一日に松浦市・鷹島町・福島町の三市町が合併した以降は松浦市教育委員会〉では、平成四〜十一（一九九二〜一九九九）年にかけて、周知の埋蔵文化財包蔵地とした海域において、潜水による目視調査を実施するとともに、平成十二〜十七（二〇〇〇〜二〇〇五）年度には神崎港周辺での遺跡内容確認のための試掘調査を行った。[10][11]この他、学術的な調査も引き続き行われ、平成元〜三（一九八九〜一九九一）年度には西谷正九州大学教授が科学研究費補助金（総合研究A）を受けた「元寇関連遺跡の調査・研究・保存方法に関する基礎的研究」による調査・研究を実施している。[12]

2　筆者らによる鷹島海底遺跡の調査研究――元軍船の発見

鷹島海底遺跡において継起的に行われた科学研究費や文化庁事業、遺跡を管轄する鷹島町教育委員会および松浦市教育委員会による模索的な調査、さらには港湾工事に伴う緊急発掘調査では蒙古襲来に関する軍船の部材や関連遺物が多く得られた。これらの調査成果は鷹島海底遺跡が蒙古襲来に関係する遺跡であることを知らしめる十分な役割を果たした。しかし、これらの調査では東西約一二キロ、南北約七キロに及ぶ伊万里湾において元軍船を含む蒙古襲来関連遺物が海底に埋もれている状況を広域的、総合的に把握する作業を行った訳ではない。伊万里湾に避難した総数四四〇〇艘に上る元軍船団は暴風雨によって一夜のうちに壊滅したと伝えられていることからすれば、遭難した元軍船団の痕跡は伊万里湾内全域に残っている可能性が想定される。にもかかわらず、これまでの調査は関連遺物が多く採取されてきた鷹島の南海岸を中心とした海域で実施されるのみで、伊万里湾全域を対象とした蒙古襲来に係わる関連遺物分布状況やこれを踏まえた海底遺跡形成過程の検討は行われていなかったのである。

このような現状を踏まえ、筆者は平成十五〜十九（二〇〇三〜二〇〇七）年度文部科学省科学研究費補助金特定領域研究

「中世東アジアの交流・交易システムに関する新研究戦略の開発・検討」の採択を受けて、平成十七（二〇〇五）年度より鷹島海底遺跡での調査を開始した。その後、平成十八〜二十二（二〇〇六〜二〇一〇）年度には日本学術振興会科学研究費補助金基盤研究(S)「長崎県北松浦郡鷹島周辺海底に眠る元寇関連遺跡・遺物の掌握と解明」、平成二十三〜二十七（二〇一一〜二〇一五）年度には再び日本学術振興会科学研究費補助金基盤研究(S)「水中考古学手法による元寇沈船の調査と研究」が連続して採択され、継続的な調査・研究を実施することとした。(13)

筆者による調査・研究では遺跡を管理する松浦市教育委員会と協力しながら、まず研究分担者である東海大学海洋学部根本謙次教授と滝野義幸研究員の参画を得て、本来は海底資源や地質調査に用いる音波探査装置を援用した伊万里湾全域の海底詳細地形図と海底地層断層図を作成する作業を開始した。なお、この際に用いた音波探査装置は従来の曳航型ではなく、船側に取り付ける仕様であり、海底詳細地形調査には超高分解能フォーカストマルチビーム測深システム（Sea-Bat7125）、海底地層調査には高分解能地層探査装置（Ocean Date Equipment Corporation 社製 StrataBox、および Innomar 社製パラメトリックシングルナロビーム SBS-SES2000）を用いた。また、以前に比べて、位置測位機器（ＤＧＰＳ、NAVCOM 社製 Star Fine 全世界高精度測位ＧＰＳシステム SF-2050M など）も格段に精度が上昇していたことは言うまでもない。(14) その上で、作成した海底地形図の中で通常の堆積状況とは異なる反応があった場所に対して、水深が深い場合には水中ロボットカメラによる映像撮影、潜水調査が可能な水深の海域では潜水による視認調査を行った。この結果、船体をはじめとする蒙古襲来関連遺物は海底面に露出した状態で検出される可能性はないことを確認した。元軍船発見後にわかったことであるが、その原因は海底面に露出した状態の船体は木材を好むキクイムシやフナクイムシが蚕食し、数年の内には全く姿を残さない状態まで潰えてしまうことにある。

このため、次には海底地層断層図で捉えた海底面下の反応物について、反応の大きさや海底面から埋もれている深さを確認した上で、これを分類し、その中から蒙古襲来関係遺物の可能性が高いと思われる地点について、再度、音波探査装置による詳細な海底地層断層情報の取得調査を行うこととした。この際、最初に実施した海底地層断層図の作成では、伊万里湾全域について調査船を約五〇メートル間隔で航行させていたのに対して、新たな作業では対象地点を中心として約一〇メートル間隔で走らせ、密度の濃い地層情報を取得した。この最初に行った海底地形図と海底地層断層図の作成調査を概査、次の詳細な海底地層断層図作成を精査と位置付けている。

精査を実施した地点については、得られた海底断層反応情報の再分析と類型化を行った上でさらに絞り込みを行い、潜水ダイバーによる長さ二メートルの鉄棒を用いた刺突確認調査を実施した。この刺突確認調査で木材を含む元軍船の可能性が高い堆積物の反応が得られた海底の二地点について試掘調査を行った結果、平成二十三（二〇一一）年十月と平成二十四（二〇一二）年十月の調査で、それぞれ鷹島一号沈没船と鷹島二号沈没船を発見するに至った。また、平成二十六（二〇一四）年の調査では鷹島一号沈没船の発見地点から、海底地形に沿って東西南北の四方向に向けた鉄棒による刺突確認調査を行った結果、鷹島一号沈没船の北方向約一〇〇メートルの位置で、石材と木材の反応を得た。そこで、平成二十五（二〇一三）年度に試掘調査を実施し、一石作りの碇石を装着した木製椗を確認するに至っている。(15)

筆者らによる科学研究費を受けた調査研究は平成二十八（二〇一六）年三月をもって一旦終了した。しかし、発見した元軍船の海底での保存状況に関するモニタリング調査は継続的に実施する必要があることから、現在は松浦市教育委員会に協力しながらこれに取り組んでいる。また、元軍船や木製椗あるいはさまざまな蒙古襲来関連遺物の分布状況の把握、言い換えれば鷹島海底遺跡の全容を把握する作業も科学研究費による調査研究で完了した訳ではなく、これについては松浦市教育委員会が引き継いで実施している。さらにこれまで鷹島海底遺跡で出土した遺物の中で未だに保存処理が完了していない船体用材を含む木材を中心とする保存処理作業については、従前から松浦市教育委員会によって継続的に進められている。

鷹島海底遺跡における元軍船発見のニュースは世界史上の事件である蒙古襲来の具体的な姿を物語る現物資料の検出で

あり、日本国だけではなく世界的な関心を呼ぶこととなった。冒頭で述べた元軍船発見時の記者発表会場における関心の高さはこれを裏付けている。

3　鷹島海底遺跡における調査手法の模索

筆者らによる鷹島海底遺跡での水中考古学的調査成果は元軍船をはじめとする蒙古襲来関係遺物の検出とともに、検出に至るまでの調査手法を確立したことが特筆される。従来の鷹島海底遺跡調査では漁業者による遺物の採取情報や港湾工事による不時発見などによって水中の遺跡や遺物が発見され、調査に至るのが一般的であった。これに対して、筆者らによる調査では伊万里湾全域を対象とした音波探査によって蒙古襲来関係遺物の残存する可能性が高い地点を絞り込み、元軍船の検出を試みた。その結果、広域にわたる海底から蒙古襲来に関する遺物、なかでも元軍船が埋もれている地点を特定し、実際の確認に成功したのである。言い換えれば、従来の受動的要因による調査に対して、筆者らは能動的な調査研究手法を模索し、確立したこととなる(16)。

この能動的な調査を実施する上で欠かせなかったのは海底詳細地形や詳細地層断層情報を獲得する音波探査装置の活用である。二十世紀代に汎用されていた音波探査装置は曳航型が一般的で、位置測位機器（ＧＰＳ）もメートル単位のズレがあった。これに対して、新たに採用した音波探査装置は船側艤装型であり、二十一世紀に入って精度が格段に向上した位置測位装置（ＤＧＰＳ）と併用することによって、音波探査反応地点について海底地形図上の位置を正確に捉えることが可能となった。また、海底における位置の確認についても、従来は調査船上から錘や鋼管を投下し、海底での着底位置を海底地形図上の位置としていたが、新たな調査では音波探査装置を用いて海底に設定した目標物（ターゲット）を捕捉し、その位置を測位することによって正確な海底地形図上の位置を特定することができるようになった。

しかし、音波探査情報はあくまでも音波による海底面および海底地層反応をパソコン上でデジタル画像化した情報であり、海底面や海底堆積層中で捕捉された反応が何であるかを明示している訳ではない。中でも海底堆積層中の反応については海底面からの深度や反応時間の長さ（反応物の大きさ）、反応の強弱（物性の違い）を検討することによって、蒙古襲来に関係すると想定される反応を選び出す作業が必須のものとなる。そこで鷹島海底遺跡の場合には反応時間の長さ（反応物の大きさ）と反応形状に基づいて大きく九つに類型化し、それぞれの反応に対応する物性（碇石、陶器、木材、貝殻、砂層、粘土層など）を想定した上で、最も元軍船に近いと思われる反応地点を選んで調査を実施することとした。この類型化を踏まえた上での調査によって、初めて元軍船に到達したのである。

元軍船の確認は確認以前に取得していた音波探査情報の見直しとともに、発見した元軍船を対象として探査に用いる音波の周波数や調査船の船速をさまざまに変えて確認する実験を可能にし、海底に埋もれた沈没船に関する音波探査情報の拡大に繋がった。さらに元軍船をはじめとする蒙古襲来関係遺物の確認地点について、音波探査装置を用いて作成した海底詳細地形図および詳細地層断層情報図に記載した上での地理学的な再検討を加えることも可能にした。これによって元軍船が埋もれている可能性のある海底地形や海底地層の絞り込みが急速に進んだことは言うまでもない。

この結果、現在までに広域にわたる伊万里湾において元軍船と思われる反応地点を複数個所確認している。しかしながら、これらのすべてについて水中考古学的調査が実施できる訳ではない。その理由の一つは水深の問題である。伊万里湾は周辺海岸に接した浅海域だけではなく、最深部は深度六〇メートルに達する。潜水調査は深度が増すほどに人体に対する負荷が大きくなる。また、深深度での水中調査は作業時間の制限が厳しくなり、これに比例して調査に要する費用も増大する。現在の安全管理の目安からすれば、一回の潜水作業につき水深三〇メートルでは三〇分以内、水深二〇メートルでは四五分以内程度の作業時間が望ましい。このことからすれば、水中遺跡における潜水調査はできる限り浅海域で実施することが理想的である。これを踏まえ、鷹島海底遺跡における調査では水深二〇メートル以浅の海域で確認した音波探査反応地点を中心に調査の対象とし、これより深い海域は調査対象から除外している。

しかし、この水深の海域は伊万里湾で盛んなフグやタイ、マグロなどの養殖生簀の設置環境とも重なるため、海上に養殖生簀が設置されている場合には調査が難しい。その理由は海底堆積土中には繊毛虫（和名―白点虫）が生息しており、海底の掘り下げを伴う発掘調査の場合、巻き上げられた海底堆積土中に生息する繊毛虫が生簀内の魚体に寄生すると白い斑点が生じ、場合によっては魚が死亡することもある。このため、養殖生簀が設置された海域周辺海底での水中発掘調査は基本的に断念せざるを得ないのである。

また、養殖生簀の設置には生簀を固定するためのシンカー（錘）やロープが用いられているため、生簀設置場所だけではなく周辺の航行も制限され、音波探査ですら難しい場合がある。さらに、海底地層断層で得られた反応が海底面からの深さ三メートル以上に及ぶ場合にも調査対象には選び難い。その理由は堆積深度が深ければ、掘り下げなければならない堆積土量がこれに比例して増大する点にある。水中での掘り下げ作業は大型機材を用いることが難しいことから、発掘調査では堆積土を海底で横移動させる水中ドレッジや海面上まで掘り上げるエアーリフトを用いることが一般的であることは前述した。これらの機器の操作は潜水した人手に拠らざるを得ないため、堆積深度が深ければ目的の深度に達するまでに長い時間を要することとなる。また、掘削深度が深まるほどに調査区壁面の崩落が起ることから、これを避けるためには予め調査区を広く設定しなければならなくなり、調査効率が著しく低下する。したがって、広い伊万里湾の中でも水中調査の対象となるのはこれらの条件に叶った反応地点に限られるのである。

なお、水中での発掘の前には必ず音波探査反応がどのような物性を捉えたのかを確認する突き棒調査が重要となる。前述したように音波探査による海底地層断層情報は海底地層から得られた反応をパソコン画面上にデジタル画像として表示したものであり、これだけでは反応物が何であるかを判別できない。これを確認するためには発掘することが最も確実な方法である。しかし、すべての反応を発掘によって確認することは時間的にも経費的にも難しい。そこで、反応の深度に応じた長さの突き棒（陸上の考古学調査で用いるピンポール）を用いて、反応物の物性を確認する作業を行うこととなる。元軍船に伴う遺物は船体を構築する木材、積荷である陶磁器や磚、船体のバランスをとるために積み込まれたバラスト用石材、石弾や球形土製品（てつはう）、刀剣や弓矢、甲冑などの武器・武具類などである。また、これらの蒙古襲来関係遺物が埋もれている伊万里湾の海底堆積層は均質ではなく、貝殻や軟らかい流入土、粘土質のシルト層、硬い砂、海岸からの転石など、さまざまな堆積物によって形成されている。これまでの調査によって、鷹島海底遺跡では多くの場合、海底面の表層に軟らかい浮泥層（約二〇〜三〇センチ）があり、その下は粘土質のシルト層となる。このシルト層は海底面下約一メートル前後で硬いシルト層へ移行するが、この移行面の周辺に陶磁器などの蒙古襲来関係遺物を含むことの多い貝殻層がある。そして、硬いシルト層の中に元軍船や木製椗が埋もれていることも明らかになりつつある。

そこで、突き棒調査では音波探査反応が捕捉された座標上の位置を海底において確定し、ここを基準点として音波探査反応の深度や大きさを念頭におきながら突き棒による刺突確認調査を実施する。突き棒調査は一〇メートル四方の範囲を基準とし、範囲内の一メートルおきに突き棒を刺して反応の確認を行うこととなる。突き棒調査を実施する前には、突き棒によって反応物の物性を判断することは難しいと考えていたが、石材と貝殻層の分別や粘質シルト層と硬い砂層などの判別は比較的わかり易いことが体験的に確認できた。また、発掘調査によって確認した後で明らかになったことであるが、木材もかなり独特の手応えを持つことが体得された。このような突き棒調査の経験を積む過程で、音波探査によって捕捉された海底地層断層情報と突き棒調査によって確認した堆積層中の物性について、ある程度の見極め（判別）が可能となった。この見極めに基づき、木材やバラストと考えられる石材の反応を抽出し、元軍船や木製椗の検出に至ったのである。

その後の海底発掘調査では、突き棒調査の際に設定した基準点を中心として、海底に持ち込んだ磁石によってそれぞれ東西南北に五メートルおきの鋼管を打ち、この間をロープで繋いで一辺五メートル四方の調査区を設定して掘り下げを行う。調査区を五メートル四方としたのはこれよりも狭いと掘り下げに用いる水中ドレッジの操作の際に調査区を区画するロープが邪魔になることなど、海底での作業の利便性を考えた上での設定である。掘り下げる調査区に打った鋼管に目印のブイを結び付け、海上の調査船と調査区との行き来の際のガイドラインとする。また、水中作業には潜水士資格を持つダイバーに従事してもらい、現場海域に停泊した調査船とダイバーとの間では通信ケーブルを繋いで常時連絡がとれる体制を構築するとともに、重要な発掘作業中にはダイバーに小型の水中テレビカメラを装着してもらい、調査の進行状況を調査船上でのモニターで確認しながら作業を進めることとなる。

元軍船をはじめとする関連遺物を海底面に露出させた後は記録静止画像および動画の撮影を行う。しかし、鷹島海底遺跡の場合、海底堆積層の表層にある軟らかい浮泥層やその下に堆積するシルト層を発掘すると細かな粉塵状となって海底面近くを浮遊する。これらの浮遊物はカメラのライトに反応して映像に写り込み、肝心の関連遺物が撮影できないことも多い。この浮遊する泥土については水中ドレッジや水中スクーターを用いて取り除く作業を根気強く続けなければならない。この作業の後に映像を撮影し、その一部は報道機関への配布を行って公開するとともに、これをもとにして三次元画像の製作などに取り組むこととなる。また、映像撮影とともに発掘現況の実測図の作成を行うが、この際には調査区内に陸上の考古学調査でも用いる実測用の枠を設置して手早く実測を行うことが必要である。

発掘調査後の元軍船については早急な引き揚げとその後の保存処理の実施、さらには保存処理後の公開、活用を行うことが望ましい。しかし、鷹島海底遺跡で検出した元軍船については保存処理施設や保存処理に要する費用の問題があり、一旦は海底での現地保存を図ることとなった。このため、現地保存手法について国内外の事例を参考にした上で、平成二十三（二〇一一）年に検出した鷹島一号沈没船と平成二十五（二〇一三）年に検出した一石造り碇石を装着した大型木製碇については北海道江差港の開陽丸で採用された銅網で覆う手法、平成二十六（二〇一四）年に検出した鷹島二号沈没船についてはヨーロッパやオーストラリアで採用されている手法を参考にして船体全体を砂嚢袋で埋め戻し、その上をシートで覆う手法を用いて保存を図っている。また保存処置を施した後には沈没船周辺に酸素濃度計、潮流計、水温計、照度計

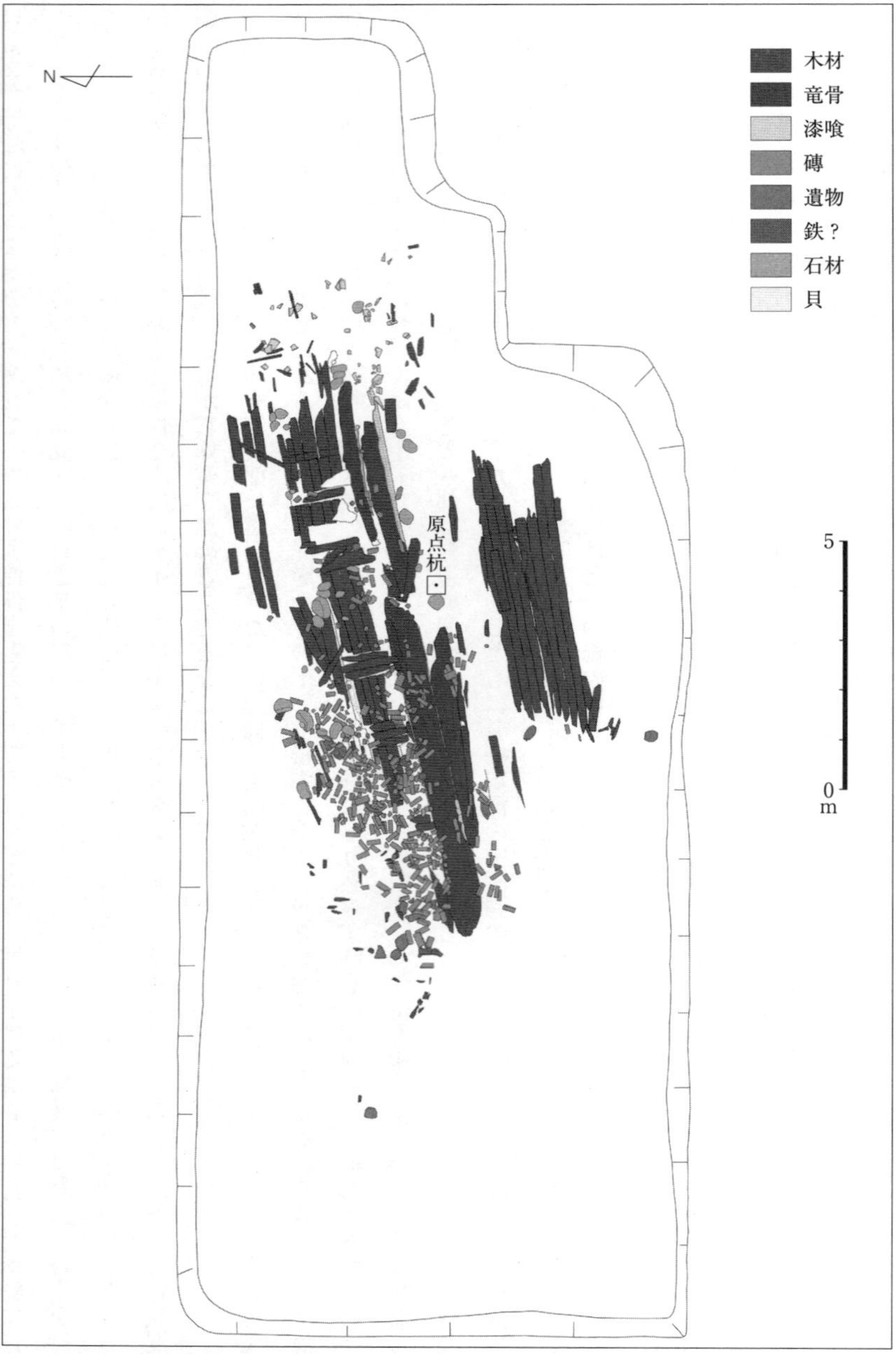

図１　鷹島１号沈没船の実測図（製図協力：パスコ，注(13) 池田2016による）

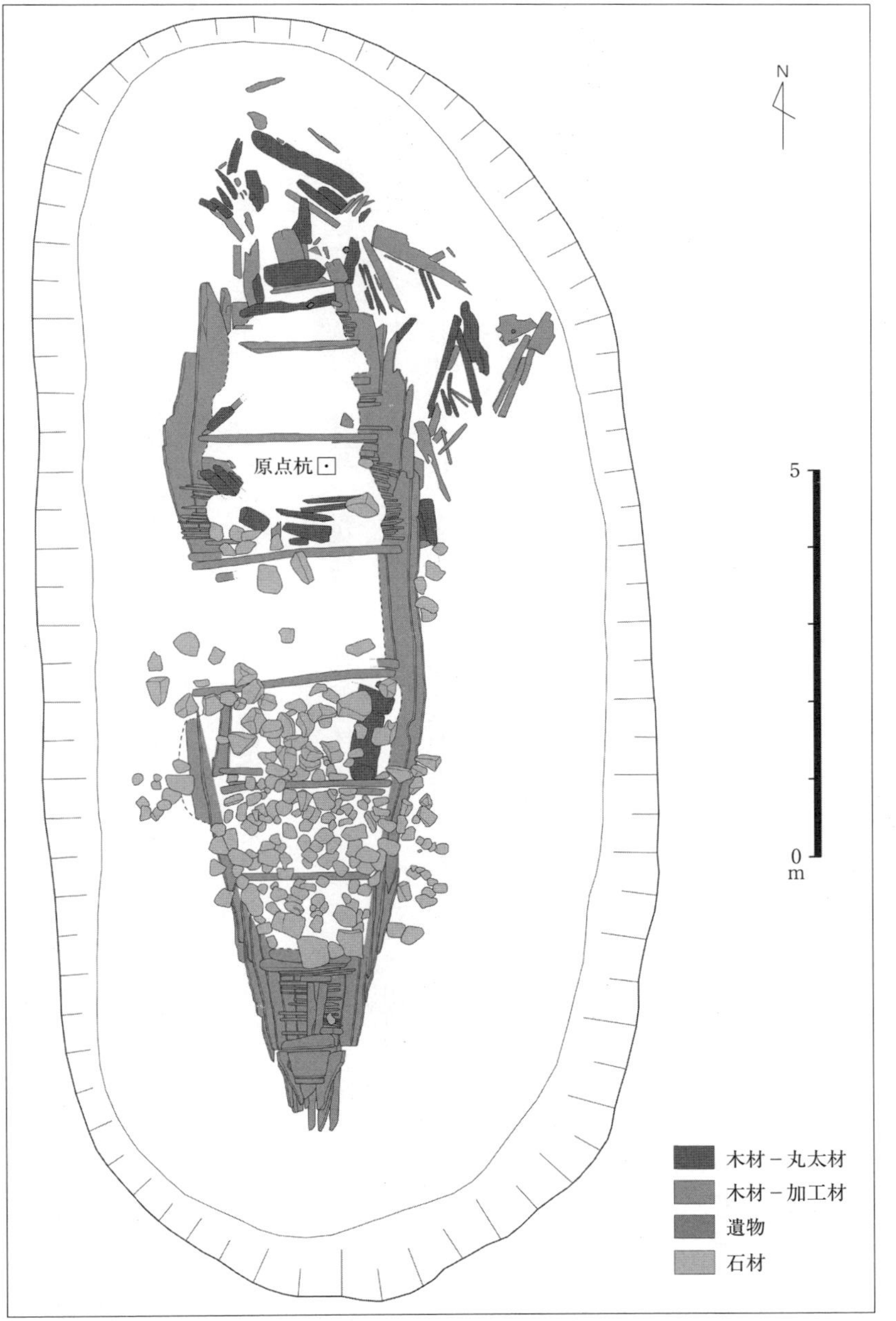

図２　鷹島２号沈没船の実測図（製図協力：パスコ，注(13) 池田2016による）

を設置して環境変化に関する定期的な観測データの取得を行っている。さらに、平成二十七（二〇一五）年度からは現地保存した元軍船や木製椗で採用した現地保存手法の効果を検証するために、鷹島二号沈没船の近くにモニタリング資材を設置した経過観察実験を実施している。なお、このモニタリング実験では鷹島海底遺跡で採用した現地保存手法は一定の効果があるものの完全ではないという結果が得られつつあることから、[17] 今後の追加対策の検討を進めている。

4　鷹島海底遺跡で確認した元軍船および木製椗の内容

鷹島海底遺跡ではこれまでの調査の過程で船体に用いられた木材をはじめとして、陶磁器、武器・武具類、漆器などさまざまな遺物が得られていた。しかし、元軍船の構造が目に見える形で確認されたのは筆者らによる調査が初めてのことであった。そこで、ここでは検出した二艘の元軍船と一石造り碇石を装着した大型木製椗について紹介しておきたい。[18]

鷹島一号沈没船

鷹島一号沈没船の検出地点は鷹島の南海岸最奥部の黒津浦に位置する。海底地形から見れば、黒津浦の谷奥から海底谷が東に延びており、この谷が南側に向かって緩く折れ曲がる部分の東側斜面から谷底部平坦面への傾斜変換点に埋もれていた。海岸線からは沖合約二〇〇メートル、水深約二三〜二五メートル、海底面を一メートルほど掘り下げた位置にあたる。東西方向に延びた船体の基底部分をなす竜骨（キール）とこれに沿った両舷側の板材（外板）が竜骨の北側と南側に開いた状態で残存していた。竜骨の東側が斜面上部、西側が斜面下部に位置しており、東側から西側に向けて深度が深くなる。竜骨は幅約五〇センチの木材を用い、約一二メートルの長さまで確認できるが、中ほどで折れている。上面を露出させた状態で掘り下げを留めているため竜骨の厚さは確認していない。調査の際、外板材との隙間に手を入れて確認した限りでは厚さも五〇センチ前後になると考えられる。竜骨の西側先端部分には木組みのための加工が見られる。これに対して、東側先端部分はフナクイムシに侵蝕されており、原形を留めていない。竜骨の両側面には漆喰と思われる白灰色の塗料が塗り固められており、フナクイムシに侵蝕された東側先端部ではさらに東側に向けて約一・五メートルの範囲で割れ落ちた漆喰が確認された。このことからすれば、本来の竜骨東側先端部分はこの漆喰が割れ落ちた位置まで延びていたと考えられる。割れ落ちた漆喰部分までを加えた竜骨の復元長は最短でも約一三・五メートルとなる。

竜骨に並行して横たわる外板は北側ではほぼ竜骨と接しているのに対して、南側では約一メートル離れた位置にある。外板に用いた木材は竜骨に近い側が厚く、竜骨から遠ざかるにしたがって少しずつ厚みを減じる。竜骨脇の外板材の幅は北側で約三〇センチ、南側で約四五センチを呈する部分があり、竜骨と接する部分の厚みは三〇センチを超すと推測される。その外側の外板材は基本的に幅二〇〜三〇センチ、厚さ一〇〜一五センチである。南側では約二メートルの範囲で長さ五〜六メートルの外板材が並んだ状態で検出される。竜骨から離れていることからすれば、沈没の際、北側の外板が海底面に着底し、後に南側の外板材が海底面に倒れたものと推測される。南側の外板に用いた木材は幅一五〜二五センチ、厚さ約一〇センチのものが多く、長さは一メートル程度の短いものから、六メートル近くのものまでがある。また、竜骨の北側に残る外板は二枚重ねになった部分が多く見られるのに対して、南側は船底から船縁に向けて数枚の板材を連結させた状態が確認される。

竜骨北側の外板では、竜骨や外板に対して直交する木材二〜三枚ずつが間隔を置いて配置されており、これらは船体内部を仕切る隔壁（仕切り板）とこれに沿って用いられる肋材（添え木）と考えられる。隔壁および肋木の厚さはほぼ一〇センチ前後であるが、外板に接したごくわずかな部分が残存しているのみで、明確な構造の確認が難しい。なお、先述した竜骨北側の外板板材が二枚重ねに見える部分では、船内側に位置する板材が隔壁と隔壁の間に嵌め込まれている部分があり、これは船底の内壁に配置された化粧板もしくは床材であったと考えられる。竜骨北側の外板の中には隔壁材や肋材がなくなっている部分もあるが、そこには外板材の小口を切り揃えた部分や表面の色調が変化した部分があり、ここに船体を支える隔壁（仕切り板）を釘で留めたと思われる状態が観察できる。また、外板や隔壁、肋材に用いた木材の接合面には竜骨の両側面と同様に漆喰を塗布した痕跡がいたるところに残っている。

竜骨や外板材の上には大量の磚（レンガ材）や中国産陶磁器（壺、碗など）片、硯片、携帯用砥石、球形土製品片などが散乱した状態で確認される。磚は長さ約二八センチ、幅約九センチ、厚さ約六センチの大きさが一般的で、これにやや幅の大きいものや長さが短いものなどが少し混じり、その半数近くは欠損している。北区にはこれらの遺物集中部分があり、そこで実測した磚の総数は約三〇〇個を超える。これらの磚は船体のバランスをとるためのバラストとして、隔壁で仕切られた船体内部区画のいくつかに積み込まれていたと考えられる。

鷹島一号沈没船は鷹島海底遺跡において、船体構造を残した状態で発見された初めての沈没船である。このため、大きさを含む船体構造の復元、およびこれと積荷の分析を踏まえた元軍船団内での位置付けなどについて、多くの関心を集めることとなった。そこで鷹島一号沈没船に類似する構造を持つ同時期の発見船例を渉猟すれば、日本国内にはなく、中国福建省泉州市后渚港発見船や韓国全羅南道新安郡新安海底遺跡出土船が上げられる。前者は中国南宋代、後者は積荷の文字記録から一三二〇年代に沈没したと考えられ、いずれも中国宋・元代の船舶である。両者とも船底中央に竜骨を据え、竜骨と直交する仕切りのための隔壁材を複数設置する。隔壁材は竜骨から上部に向けて「V」字形に広がる形に配し、これに外板材を釘で打ち付けて船体を構築する。船首部分は船底の竜骨に船首竜骨を組み込み、これに外板材を釘留めして鋭角に作るのに対して、船尾部分は「V」字形をなす外板端部に横板を打ち付けて、やや斜めに立ち上がる平らな船尾とする。中国宋・元代の外洋航海船は基本的にこのような竜骨と隔壁、外板材によって構成される。[19][20][21]

これに対して、近年、韓国において発見が相次いでいる高麗時代沈没船は、複数の大型木材を横に並べ、これを閂（かんぬき）で連結して平らな船底を作ることが一般的である。その上に胴部用材を緩やかに立ち上げながら積み上げ、横梁材で固定して船体を構築する。船首および船尾部分はともに横板を打ち付けた平らな構造となり、中国船のような船首竜骨を設けない。この点からすれば、高麗船は平底で、船体は横梁によって支え、船首、船尾は平らな構造を持つことを特徴とすることとなる(22)。

弘安の役には高麗合浦から進発した東路軍船団と慶元から進発した江南軍船団があったことからすれば、鷹島海底遺跡からは高麗船と中国船双方の船舶が確認される可能性がある。鷹島一号沈没船の場合、上記した船体構造の特徴や積荷の内容からする限り、慶元から進発した江南軍船団の一艘であった可能性が高いこととなる。

なお、新安船と泉州船では船長を復元する場合、竜骨長のほぼ二倍とされている。これを参考にすれば、鷹島一号沈没船の場合、復元船長は二七メートル前後を想定できることとなる。ただし、鷹島一号沈没船の場合、竜骨の東端が欠損していることから、あくまでも推定値に過ぎない。竜骨の幅を参考にすれば、鷹島一号沈没船では泉州船の四二センチよりも広く、新安船の約七〇センチよりも狭い約五〇センチであることから、泉州船（復元船長約三〇メートル）と新安船（復元船長約三三メートル）の中間的な大きさであったとすることも可能である。

ところで、中国明代に編纂された『元史』や『元史紀事本末』には、文永の役に際して、高麗屯田経略使であった忻都や洪茶邱に命じて、「千料舟、抜都魯軽疾舟、汲水舟」の三種の船各三〇〇艘に士卒一万五〇〇〇名を載せ、日本へ向かわせたことが記されている。この記録からすれば、文永の役の際、高麗から進発した元軍船団には「千料舟、抜都魯軽疾舟、汲水舟」の三種の船があったことが知られる。ちなみに千料舟は大型船、抜都魯軽疾舟は小型高速船、汲水舟は水や武器などを積む小型船とされる(23)。弘安の役では高麗からの東路軍船九〇〇艘に加えて、慶元からの江南軍船三五〇〇艘が編制されており、上述の三種を含めてさまざまな役割を持つ船舶があったと推測される。このことからすれば、本発見船の理解を深めるには構造復元が可能な状態の元軍船の発見例を追加し、比較検討を図ることが最も肝要であることとなる。

鷹島二号沈没船

鷹島二号沈没船の検出位置は鷹島南海岸から海底に向かって延びる尾根筋に挟まれた海底の谷間である。海岸線までは約二〇〇メートル、水深一三〜一五メートルの位置にあり、海底地形の上ではほぼ南北方向に延びる谷斜面の途中に埋もれている。音波探査による反応が南北方向で捕捉されており、調査においても船体は南北方向に埋もれた状態で検出された。船首部が南側、船尾が北側となる。船首部分は外板を船首竜骨に向けて狭めて仕上げた構造が確認できるが、船首竜骨材は残存していない。ここから北側に向かって次第に船幅が広がり、残存する船首部材の先端から五メートルほど北側では船体外板の残存部幅が三・〇メートルとなる。また、船首部材の先端から九メートルで残存部幅が最大の三・二メートルとなり、一〇メートルほどまで残存部幅三メートルが続く。そこから次第に狭まり、先端から約一二メートルまで外板や隔壁など船体の木組み構造が確認できる状態で検出された。その北側では木材が多く検出されるものの、鷹島二号沈没船の部材と明確に判断できる状況ではない。また、これらの部材の中には鷹島二号沈没船の残存部材の向きとは異なる方向で揃っているようにも見えるものがあり、あるいは鷹島二号沈没船の下に別の沈没船が存在する可能性が考えられる。

残存する船体部材は右舷、左舷をなす外板材と船内を仕切る隔壁材が本来の船体構造を保った状態で残存する。隔壁は九カ所で確認でき、これによって仕切られた空間八区画（韓国新安船報告書では「艙」とする）が明瞭に確認される。隔壁で仕切られた空間の奥行は船首および船尾部分の空間を除き、南側から約八五センチ、一〇〇センチ、一〇五センチ、一四〇センチ、一五〇センチ、一四五センチ、一一〇センチ、七〇センチを測る。船首部分の空間を第一室とすれば、上記空間は第二室から第九室となり、構造が不明瞭となる船尾部分の空間を第一〇室と仮称することができる。この仮称によれば、第六室の奥行が最大の一五〇センチとなり、その前後の第七室が一四五センチ、第五室が一四〇センチで、さらにその前後となる第八室が一一〇センチ、第四室が一〇五センチ、第三室が一〇〇センチ、第二室が八五センチ、第九室が七〇センチの順となり、次第に奥行長が短くなる。また、隔壁間の奥行が第六室から第九室に向けて狭まっていき、第九室が七〇センチとなる状況と、第九室と第一〇室の間に設けられた隔壁の北側には次の隔壁材が見当たらないことを合わせて考えれば、船尾部分の造作は第一〇室の先には施されていなかったことも想定される。

調査では船首部分の構造に関する情報の収集を念頭において、第一室と第二室の船室内部をはじめに掘り下げた。しかし、船室内堆積土を除去すると、船内壁面や床面に配されていた木材が遊離してバラバラになる可能性があったことから、船室内床面に近い部分の堆積土については敢えて除去しなかった。また、船首竜骨がなくなっている船首部分については、その構造を観察するため、船外部分をかなり掘り下げ、外板の木組みを確認した。その結果、船首部分の外板は下部板材の上端に上部板材の下端を重ね、釘留めしながら積み上げる手法をとるとともに、内底側には外板の上に内壁となる板材を配置した二重構造となっていることが確認された。

第三・四・五室には船底に積んだバラスト材と考えられる大きさが二〇～六〇センチを測る不定形の石材で満たされている。これを取り除いて内底部を確認する作業は行っていないが、石材は第三～五室の船外まで広がって分布していることからすれば、第三～五室内に置かれていたバラスト材が船体の腐食に伴って船外にこぼれ落ちたことが考えられる。第六・七・八室については隔壁材が外板材の内底面から遊離していることから、隔壁材と外板材の上端を確認した状態で掘り下げを留めている。最も奥行が長い第六室の船首側隔壁の残存部上端幅は二五〇センチ、船尾側隔壁の残存部上端幅は二六〇センチである。第九室と第一〇室との間には直径二五～三〇センチ、幅約八〇センチの丸太状木材があり、これを両室の間の区切りとした。しかし、この丸太材の中央部分は摩耗による凹みが見られ、あるいは船尾部分に配置された帆柱の基底部木材とも考えられる。帆柱の基底部とすれば、外側もしくは内側に隔壁が配されるのが一般的であるが、現況では隔壁となる板材を検出できない。丸太材は現位置を移動していることも考えられるため、取り敢えず第九室と第一〇室を区画する目安とした。丸太材の下に、船の主軸方向に沿った板材二枚が重なって検出され、船底を構成する外板材もしくは船底板と推測される。この板材は丸太材の下に潜り込んでいることから、それより下部の掘り下げは行っていない。

船体には基底部をなす竜骨がなければならないが、第一〇室とした部分で確認した板材二枚の下に現状では竜骨材を確認することができていない。これについては今後の課題である。

隔壁材は厚さ九～一五センチの板材を用い、船内内壁間の幅に応じ、船底部に向かって逆台形状に狭まる。隔壁材は船底部から複数の板材を積み上げたと推測されるが、枚数については船内の掘り下げをほとんど行っていないため確認していない。また、外板材は厚さほぼ五センチ程度、幅二〇～五〇センチの板材を用いるが、掘り下げによって外板材一枚の形状を明確に確認できるところがなく、長さについては不詳である。ただし、これまでの鷹島海底遺跡の調査で検出されている船材には、厚さは三～一八センチの間で約三センチを単位とした違いのある板材が知られている(24)。このことからすれば、鷹島二号沈没船ではこの中の中型にあたる木材を主に使用していることとなる。

鷹島二号沈没船の遺物としては、第五室のバラスト材の下から完形の天目碗が得られた他、第一〇室とした船体北端部の外板木材の下から錫製筒形製品が検出された。また、周辺の掘り下げ作業中にやはり完形の白磁碗と褐釉壺が得られている。この他、船内堆積土の中から磚、青磁坏、白磁碗、陶器壺などの破片が出土している。しかし、検出した遺物量は鷹島一号沈没船に比較すればかなり少ない。

鷹島一号沈没船では竜骨を中心として両舷を構築していた外板材が海底面に倒れた状態で検出されたのに対して、鷹島二号沈没船は船体下半部の構造をほぼ維持した状態で確認された。この点においては、船体を構築する木組みの技術や内底部の構造を知る良好な資料となることが明らかである。ただし、二号沈没船では船室内部および船外を完全に露出させていないため、船底の基礎をなす竜骨と船室内床面に設けられたさまざまな施設の配置や構造は明らかにできていない。また、一号沈没船と二号沈没船では船体に用いた木材の厚さや隔壁間の奥行に若干の相違が見られ、二号沈没船がやや小型となる。一号沈没船では竜骨の復元長は最短でも一三・五メートルと推定されているのに対して、二号沈没船では残存長一二メートルの中に基底部の竜骨が含まれることが明らかで、竜骨は現存する船体長一二メートルよりも短くなる。仮に竜骨長を一〇メートルとした場合、復元船体長は二〇メートル前後となり、一号沈没船に比べて小型となる。

一石造り碇石付き木製椗

平成二十四（二〇一二）年度の突き棒による調査で位置を確認し、平成二十五（二〇一三）年に試掘調査を実施した木製椗は、水深約二〇メートルの海底面下一メートルほどに埋もれていた。ほぼ南北方向を向いており、南側が椗の先端方向であることから、これを用いた船舶は椗の北側海上にいたと考えられる。

木製椗は一木から造り出された長さ約一・七五メートル、幅約二五センチの椗身材現存部分と、やはり幅約二五センチ、長さ約一・七五メートルの海底に打ち込むための椗歯材からなる。本来、椗身材と椗歯材はそれぞれ別の木材を用いて造ることが一般的であるが、本例は一本の木材の本体と枝分かれ部分をうまく取り込んで一木造りとしている。椗身材にはホゾ穴が設けられていることからすれば、碇石を挟み込むために組み合わせるもう一本の椗身材とこれに取り付けられた椗歯材が存在しなければならない。しかし、これはフナクイムシに蚕食されて残っていない。

木製椗の先端部から約二・五メートルの位置に椗身材とほぼ直交する状態で碇石が横たわっている。碇石は長さ約二・三メートル、中央部分の幅約五〇センチ、厚さ三五センチ、先端部分では幅約二〇センチ、厚さ約一五センチを測り、東側にやや深く傾いて埋もれていた。また、この碇石からさらに約五〇センチ北側に幅約二〇センチ、厚さ約一五センチ、長さ約五〇センチの角材片があり、検出位置からすれば椗身材の延長部分と考えられる。このことからすれば、この木製椗は少なくとも四メートル以上の木製椗に復元できることとなる。これは鷹島海底遺跡でこれまでに確認された木製椗の中では、神崎港離岸堤工事で検出された大型椗に次ぐ大きさとなる。

なお、鷹島海底遺跡ではこれまで二体一対の分離型碇石のみが発見されており、「鷹島型碇石」と呼ばれてきた。しかし、本碇石は鷹島以外の日本各地で見つかっている一石造りの碇石であり、「鷹島型碇石」しか見つかってこなかった鷹島海底遺跡の常識を打ち破る発見となった。

5　元軍船発見後の動きと今後の展望

筆者らによる鷹島海底遺跡における元軍船の調査開始と前後して日本の水中考古学をめぐる動きも大きく変化しつつある。財団法人日本財団では平成十七（二〇〇五）年度より特定非営利活動法人文化財保存支援機構（三輪嘉六理事長）を介して、鷹島海底遺跡出土遺物の保存処理を援助するとともに、平成二十（二〇〇八）年度までの間、鷹島海底遺跡をはじめとする水中文化遺産の保存活用を目的としたシンポジウムや講演会などを実施した(25)。また、同財団では平成二十一（二〇〇九）年から三年間にわたって特定非営利活動法人アジア水中考古学研究所への支援も行い、同研究所では全国的なアンケート調査を実施した上で、これを踏まえたこれまでの採集資料に関する調査や現地調査の成果をまとめた『海の文化遺産総合調査報告書』五冊を刊行している(26)。なお、鷹島海底遺跡出土遺物については財団法人元興寺文化財研究所でも平成十七〜十九（二〇〇五〜二〇〇七）年度の間に科学研究費を受けた保存処理に関する調査研究を行っている(27)。この他、沖縄県立埋蔵文化財センターでは平成十六（二〇〇四）年度から延べ五年間をかけて、文化庁補助事業による「沿岸地域遺跡分布調査事業」を企画し、沿岸海域の水中遺跡を含む悉皆調査を実施している。その総括報告書は平成二十九（二〇一七）年に刊行された(28)。これらの動きは鷹島海底遺跡をはじめとする水中遺跡や引き揚げ遺物に対する関心が徐々に高まってきた状況を示すものであり、平成十三（二〇〇一）年に国際連合教育科学文化機関（ユネスコ）において「水中文化遺産保護条約」が締結され、批准国が二〇カ国を超えた平成二十一（二〇〇九）年に発効する動きと連動するものと考えられる。

鷹島海底遺跡における元軍船の発見が明らかとなった平成二三（二〇一一）年はこのような水中遺跡および引き揚げ遺物、さらにはこれを調査研究する水中考古学への関心を一気に高める役割を果たした。これを受け、平成二十五（二〇一三）年五月には『月刊考古学ジャーナル』第六四一号誌上で「水中考古学―元寇船最新研究の成果―」、『季刊考古学』第一二三号誌上で「水中考古学の現状と課題―日本・韓国・中国・東南アジアの水中遺跡―」の特集が組まれている。

元軍船発見とその後の社会的関心の高まりを受け、文化庁では発見した鷹島一号沈没船を含む鷹島南海岸沖合約三八万四〇〇〇平方メートルの海域を平成二十四（二〇一二）年三月二十七日付けで海底遺跡としては日本で初めての国史跡に指定した。また、平成二十五（二〇一三）年二月には「水中遺跡調査検討委員会」を設け、我が国の水中遺跡の調査、保存および活用についての検討を行うこととした。「水中遺跡調査検討委員会」では五年をかけた検討を行い、平成二十九（二〇一七）年十月に『水中遺跡保護の在り方について』[29]の報告書を刊行した。文化庁による報告書の刊行は日本の水中考古学が新たな段階に進んだことを明示している。

このような動きの象徴的存在が鷹島海底遺跡を管理する長崎県松浦市によって平成二十九（二〇一七）年四月に設置された市立水中考古学研究センターである。同センターではこれまでに松浦市が実施してきた鷹島海底遺跡に関する調査研究を継承するとともに、日本における水中考古学研究の拠点化を目指したさまざまな活動を行うことを目指している。これまで日本には水中考古学の専門研究機関はなく、また人材育成機関も存在しなかった。今後は同センターがその一翼を担うことが期待されるとともに、日本における水中考古学研究の着実な発展のためには同センターだけではなく、日本政府をはじめとして全国の大学や博物館、考古学関係機関での水中文化遺産と水中考古学に対する調査研究への積極的な取り組みが切望される。

（1）　文化庁『遺跡保存方法の検討―水中遺跡―』（二〇〇〇年）。
（2）　荒木伸介『水中考古学　考古学ライブラリー35』（ニュー・サイエンス社、一九八五年）。
（3）　水中考古学史に関する本章の内容は文化庁が刊行した『遺跡保存方法の検討―水中遺跡―』（前注〈1〉書）に採録された石原

渉による「第2章2　日本における水中遺跡調査の歩み」を参考にして取りまとめた。

(4)　瀬口眞司「琵琶湖に眠る縄文文化　粟津湖底遺跡」『シリーズ遺跡を学ぶ107』(新泉社、二〇一六年)。

(5)　滋賀県教育委員会・財団法人滋賀県文化財保護協会「唐橋遺跡」『瀬田川浚渫工事関連埋蔵文化財発掘調査報告書Ⅱ』(一九九二年)。

(6)　財団法人開陽丸青少年センター『開陽丸』(一九九〇年)。

(7)　江差町教育委員会『開陽丸　海底遺跡の発掘調査報告Ⅰ』(一九八二年)。

(8)　前注(1)書。

(9)　鷹島町教育委員会「鷹島海底遺跡Ⅲ」(長崎県北松浦郡鷹島町神崎港改修工事に伴う緊急発掘調査報告書)『鷹島町文化財調査報告書』第二集(一九九六年)、同「鷹島海底遺跡Ⅴ」(長崎県北松浦郡鷹島町神崎港改修工事に伴う緊急発掘調査報告書②)『鷹島町文化財調査報告書』第四集(二〇〇一年)、同「鷹島海底遺跡Ⅳ」(鷹島海底遺跡内容確認発掘調査①)『鷹島町文化財調査報告書』第三集(二〇〇一年)、同「鷹島海底遺跡Ⅶ」(長崎県北松浦郡鷹島町神崎港改修工事に伴う発掘調査概報)『鷹島町文化財調査報告書』第六集(二〇〇二年)、同「鷹島海底遺跡Ⅵ」(鷹島海底遺跡内容確認発掘調査②)『鷹島町文化財調査報告書』第五集(二〇〇二年)、同「鷹島海底遺跡Ⅷ」(長崎県北松浦郡鷹島町神崎港改修工事に伴う発掘調査概報②)『鷹島町文化財調査報告書』第七集(二〇〇三年)、同「鷹島海底遺跡Ⅸ」(鷹島海底遺跡内容確認発掘調査③)『鷹島町文化財調査報告書』第八集(二〇〇三年)、同「鷹島海底遺跡Ⅹ」(鷹島海底遺跡内容確認発掘調査④)『鷹島町文化財調査報告書』第九集(二〇〇四年)、同「鷹島海底遺跡Ⅺ」(鷹島海底遺跡内容確認発掘調査⑤)『鷹島町文化財調査報告書』第一〇集(二〇〇五年)。

(10)　前注(9)書。

(11)　松浦市教育委員会「松浦市鷹島海底遺跡」(平成十三・十四年度鷹島町神崎港改修工事に伴う緊急調査報告書)『松浦市文化財調査報告書』第二集(二〇〇八年)、同「松浦市鷹島海底遺跡　総集編」『松浦市文化財調査報告書』第四集(二〇一一年)。

(12)　西谷正『鷹島海底における元寇関係遺跡の調査・研究・保存方法に関する基礎的研究』(平成元〜平成三年度科学研究費補助金(総合研究A)研究成果報告書(研究代表者西谷正九州大学文学部教授)、一九九二年)。

(13)　池田栄史編「長崎県北松浦郡鷹島周辺海底に眠る元寇関連遺跡・遺物の把握と解明」『平成十八〜二十二年度科学研究費補助金基盤研究(S)研究成果報告書』第三冊(最終報告書、二〇一一年)、同編「水中考古学手法による元寇沈船の調査と研究」『平成二十三～二十七年度科学研究費補助金基盤研究(S)研究成果報告書』第三冊（最終報告書、二〇一六年）。

(14) 池田栄史・根元謙次「長崎県北松浦郡鷹島周辺海底に眠る元寇関連遺跡・遺物の把握と解明」『平成十八～二十二年度科学研究費補助金基盤研究(S)研究成果報告書』第一冊（二〇〇九年）。

(15) 前注(13)書（二〇一六年）。

(16) 筆者らの鷹島海底遺跡における調査の推移については科学研究費補助金による報告書に詳述した。詳細については同書（前注〈13〉書〈二〇一六年〉）を参照していただきたい。

(17) 柳田明進・池田榮史・脇谷草一郎・高妻洋成「鷹島神崎遺跡における鉄製遺物の腐食に及ぼす埋蔵深度および共存する木製遺物の影響」『考古学と自然科学』第七四号（日本文化財科学会、二〇一七年）参照。

(18) 鷹島海底遺跡で検出した鷹島一・二号沈没船と一石造り碇石付き木製碇についても科学研究費補助金による報告書（前注〈13〉書〈二〇一六年〉）に詳述している。

(19) 宇野隆夫「第一章　船と港」『シルクロード学研究23　中國沿海地帯と日本の文物交流―港・船と物・心の交流―』（シルクロード学研究センター、二〇〇五年）。

(20) 松木哲「沈船は語る」『アジアの中の日本史Ⅲ　海上の道』（東京大学出版会、一九九二年）、同「中国の船舶とその変容」『しにか』八―七（一九九七年）。

(21) 山形欣哉「歴史の海を走る―中国造船技術の航跡―」『図説中国文化百華』第一六巻（〈社〉農山漁村文化協会、二〇〇四年）。

(22) 韓国文化財庁・国立海洋文化財研究所「泰安馬島二号船」『国立海洋文化財研究所学術叢書』第二二集（ハングル語、二〇一一年）、同「泰安馬島三号船」『国立海洋文化財研究所学術叢書』第二七集（ハングル語、二〇一二年）。

(23) 佐伯弘次『日本の中世9　モンゴル襲来の衝撃』（中央公論新社、二〇〇三年）。

(24) 前注(13)書（二〇一二年）。

(25) 特定非営利活動法人文化財保存支援機構『鷹島海底遺物を中心とした引き上げ遺物の保存と活用　平成十八年度事業報告書』（二〇〇七年）、同『水中文化遺産の保存と活用のためのネットワーク構築　平成十九年度事業報告書』（二〇〇八年）、同『水中文化遺産の保存と活用のためのネットワーク構築　平成二十年度事業報告書』（二〇〇九年）。

(26) 特定非営利活動法人アジア水中考古学研究所『海の文化遺産総合調査報告書―総論・九州編―』（二〇一二年）、同『海の文化

遺産総合調査報告書—南西諸島編—』（二〇一二年）、同『海の文化遺産総合調査報告書—瀬戸内編—』（二〇一二年）、同『海の文化遺産総合調査報告書—日本海編—』（二〇一二年）、同『海の文化遺産総合調査報告書—太平洋編—』（二〇一二年）。

(27) 植田直見「海底遺跡出土遺物の調査・分析・保存に関する基礎的研究」『平成十七〜十九年度科学研究費補助金基盤研究(B)研究成果報告書』（二〇〇八年）。

(28) 沖縄県立埋蔵文化財センター「沖縄県の水中遺跡・沿岸遺跡—沿岸地域遺跡分布調査報告—」『沖縄県立埋蔵文化財センター調査報告書』第八七集（二〇一七年）。

(29) 文化庁『水中遺跡保護の在り方について』（報告、二〇一七年）。

2章　韓国と中国の水中遺跡をめぐって

森　達也

はじめに

東アジアでは近年沈船を中心とする水中文化遺産の調査例が急増している。その中心となっているのは、一九七六年の新安沈船の調査開始以来、継続的に水中文化遺産の調査研究を行っている韓国と、二十一世紀に入ってから全国的に沈船調査例が急増している中国である。本章では、韓国と中国における水中文化遺産の調査状況を概観するとともに、沈船から引き揚げられた膨大な量の陶瓷資料が、歴史研究や考古学研究資料としてどのように活用可能であるのかということについて、新安沈船の陶瓷資料の分析例を示しながら紹介したい。

1　韓国における水中遺跡調査

日本を除く東アジア地域における水中遺跡の本格的な考古学的調査は(図1)、一九七六年の韓国・新安沈船の調査開始を嚆矢とする。新安沈船は一九七五年に発見され、一九七六年から一九八四年までの九年にわたる調査により、二万点

図1　東アジアの主要沈船，水中遺跡

図2　新安沈船船体（国立海洋文化財研究所，韓国）

余りの中国陶瓷のほか、金属器、漆器、木製品、石製品（茶臼、硯など）、ガラス製品、書画（の軸）、紫檀木、香木、銀錠、約二八トンの銅銭などの膨大な遺物と、残存長二八メートルで、全長三四メートルと推定される木造船の船体が引き揚げられて世界の注目を浴びた（図2）。新安海域は海流の流れが激しく水の透明度も低かったため、潜水作業は海軍の協力を得て高度な潜水訓練を受けた海軍のフロッグマン達によって行われた。

新安沈船の発見後、日元貿易、積載された中国陶瓷、船体構造、航路などさまざまな分野の研究が大きく進展し、大規模なシンポジウムが何度も開催され、さまざまな学術分野へ大きな影響を及ぼしている。

新安沈船以後の韓国の水中文化遺産の調査は、主に高麗時代（九一八〜一三九二年）の沈船を対象として進展した。

新安沈船の調査がまだ進行していた一九八三年と一九八四年に、全羅南道莞島郡で高麗青瓷を積んだ莞島沈船の調査が実施され、三万点余りの高麗青瓷（鉄絵青瓷など）、陶器、金属製品などが引き揚げられ、年代は十一世紀末から十二世紀と推定されている。船体は木造の平底構造で、推定長九メートル、推定幅三・五メートル。現在は木浦の国立海洋文化財研究所の展示室に展示されている（一〇三ページ図13）。

一九九一年から一九九二年にかけて全羅南道珍島郡で、十三世紀から十四世紀と推定される珍島沈船が発掘調査された。残存長約一七メートルの大形の丸木船で、宋銭が発見されたことなどから中国船として報告されたが、準構造船の船体構造から日本船である可能性も指摘されている。

一九九四年に、海洋文化遺産を保護・発掘・研究するための「国立海洋遺物展示館」が木浦で開館し、以後の調査・研究は、この機関を中心に実施された。当初は引き続き海軍の協力によって水中調査が実施されたが、潜水技術をもった専門家の養成が始まり、二〇〇三年以降は海軍の協力を得ずに独自の人員で調査が行われている。

一九九〇年代には、そのほかに全羅南道木浦市の達里島沈船（十三〜十四世紀の平底木造船が出土）や全羅南道務安郡の道里浦水中遺跡（十四世紀の高麗青瓷約六三〇点を引揚げ）などの調査も行われた。

二〇〇〇年代になると水中調査の実施例は増加し、二〇〇二年から二〇〇三年には全羅北道群山市の飛雁島水中遺跡（十二〜十三世紀の高麗青瓷約三〇〇〇点引揚げ）、二〇〇三年から二〇〇四年には全羅北道群山市玉島面古の群山十二東波島沈船（十一〜十二世紀の高麗青瓷約八〇〇〇点、金属製品、木造船体など引揚げ）、二〇〇四年から二〇〇五年には忠清南道保寧市鰲川面の元山島海域水中遺跡（十三世紀の上質高麗青瓷約一〇〇〇破片引揚げ）などの調査が実施された。

二〇〇七年以降は、忠清道の泰安半島周辺の水中遺跡の調査が集中して実施されている。泰安半島は朝鮮半島西岸中央部が西方に突き出した地形で、周辺の海域は海の難所として知られ、高麗時代には半島南部の穀物などを都開京（開城）に運搬するための漕運船が多数沈没した記録が残されている。

泰安海域では一九八一年から一九八七年にかけて水中文化遺産の分布調査が実施され、高麗青瓷や朝鮮時代の白瓷などが発見されていたが、二〇〇七年から二〇〇八年に泰安沈船が発見・調査されたことを契機に、この地域での本格的な調査・研究が始まった。泰安沈船からは約二万四〇〇〇点の高麗青瓷、陶器、金属製品とともに、三七点の木簡・竹簡が引き揚げられた。木簡・竹簡には、荷の内容と数量、送り主、受取人などの記載があり、当時の漕運の実態を示す貴重な文字資料となっている。木簡には「辛亥」の紀年があり、船体の木材の年代測定結果（一一二六〜一一五〇年の間に伐採）や高麗青瓷の十二世紀前半という年代と併せて、一一三一年の可能性が高いとされている。

二〇〇九年から二〇一〇年には泰安・馬島一号沈船が調査され、約三〇〇点の高麗青瓷、陶器、金属製品、木製品などとともに荷札の木簡が六九点発見されている（図3）。木簡には泰安沈船と同様、荷の内容と数量、送り主、受取人などの記載があり、一二〇八年に出港、沈没したことが明らかになった。

二〇〇九年には「国立海洋文化財研究所」が設立され、以後の調査・研究はこの組織を中心に実施されている。

同年に泰安・馬島二号沈船が発見され、二〇一〇年に調査が行われた。高麗青瓷約一六〇点、陶器、金属製品、木簡五八点が引き揚げられ、木簡にはやはり荷の内容と数量、送り主、受取人などの記載があった。木簡には紀年はなかったが、受取人である官人の活動時期などから十三世紀初頭頃の船と考えられている。

二〇一一年には馬島三号沈船が調査され、高麗青瓷四一点、陶器四〇点、金属製品、木製品、木簡三五点が引き揚げられた。木簡には荷の内容と数量、送り主、受取人などの記載があり、発送地は全羅南道の麗水あたりで、沈没時期は一二六五年から一二六八年頃と推定されている。

泰安海域で発見された泰安沈船、泰安・馬島一号、二号、三号沈船から多数の木簡が発見されたことにより、十二世紀前半、十三世紀初頭、十三世紀後半にわたる高麗時代の漕運に関する文字資料が得られ、それまで文献資料上で漠然としか知られていなかった高麗時代の国内輸送や物流の実像が、実物資料と文字資料とによって明らかにされたのである。

図3　大安馬島１号沈船船体，引揚げ高麗青瓷

図4　新昌里水中遺跡引揚げ中国陶瓷

表1　韓国における水中遺跡発掘調査例(1976～2015年)

調　査　年	遺　跡　名	調査機構	発見遺物
1976～1984	新安沈船(1323年)	文化財管理局・韓国海軍	木造船, 陶瓷器2万点余, 金属器, 漆器, 香料, 紫檀, 銅銭
1980・1983・1996	済州　新昌里遺跡(12～13世紀)	文化財管理局・済州大学博物館	中国陶瓷, 金製装飾品
1981～1987	泰安半島水中発掘(14～17世紀)	文化財管理局・韓国海軍	高麗青瓷40余点, 朝鮮白瓷ほか
1983～1984	莞島沈船(11～12世紀)	文化財管理局	平底木造船, 高麗青瓷3万点余, 陶器, 金属製品
1991～1992	珍島沈船(13～14世紀)	木浦海洋遺物保存処理所	丸木船, 宋銭
1995～1996	務安　道里浦　水中発掘(14世紀)	国立海洋遺物展示館・韓国海軍	高麗象嵌青瓷638点
1995	木浦　達里島沈船(13～14世紀)	国立海洋遺物展示館	平底木造船
2002～2003	群山　飛雁島遺跡(12～13世紀)	国立海洋遺物展示館・韓国海軍	高麗青瓷等2,939点
2003～2004	群山　十二東波島沈船(11～12世紀)	国立海洋遺物展示館	木造船, 高麗青瓷等8,122点
2004～2005	保寧　元山島遺跡(13世紀)	国立海洋遺物展示館	高麗青瓷香炉破片等
2005	新安　安佐島沈船(14世紀)	国立海洋遺物展示館	木造船, 高麗象嵌青瓷等4点
2006～2009	群山　夜味島遺跡(12世紀)	国立海洋遺物展示館	高麗青瓷4,547点
2006	安山大阜島1号沈船(12～13世紀)	国立海洋遺物展示館	木造船船体
2007～2008	泰安　泰安沈船(12世紀)	国立海洋遺物展示館	木造船, 高麗青瓷等25,043点
2009～2010	泰安　馬島1号沈船(13世紀)	国立海洋文化財研究所	木造船, 高麗青瓷等940点
2009～2010	泰安　馬島2号沈船(13世紀)	国立海洋文化財研究所	木造船, 高麗青瓷等974点
2010	泰安　原安海域(12世紀)	国立海洋文化財研究所	高麗青瓷等531点
2011	泰安　馬島3号沈船(13世紀)	国立海洋文化財研究所	高麗青瓷等336点
2011～2012	泰安　馬島海域	国立海洋文化財研究所	高麗青瓷等667点
2010・2012～2013	仁川　霊興島沈船(9世紀)	国立海洋文化財研究所	木造船, 高麗青瓷等723点
2012～2014	珍島　鳴梁大捷路海域	国立海洋文化財研究所	青瓷, 銃筒等589点
2014	泰安　馬島海域	国立海洋文化財研究所	青瓷, 白瓷等289点
2015	安山大阜島2号沈船(12世紀)	国立海洋文化財研究所	木造船, 高麗青瓷等79点
2015	泰安　馬島4号沈船(15世紀)	国立海洋文化財研究所	木造船, 粉青沙器等105点

注　韓国水中遺跡主要報告書

(新安沈船)

文化広報部・文化財管理局『新安海底遺物資料編Ⅰ』(1981年)。

文化広報部・文化財管理局『新安海底遺物資料編Ⅱ』(1984年)。

文化広報部・文化財管理局『新安海底遺物資料編Ⅲ』(1985年)。

文化広報部・文化財管理局『新安海底遺物　総合篇』(1988年)。

文化財庁・国立海洋遺物展示館『新安船』(2006年)。

(その他)

文化広報部・文化財管理局『莞島海底遺物発掘報告書』(1985年)。

木浦海洋遺物保存処理所『珍島碧波里丸木舟発掘調査報告書』(1993年)。

国立海洋遺物展示館・木浦市『木浦達里島船発掘調査』(1999年)。

国立海洋遺物展示館『務安道里浦海底遺蹟』(2003年)。

国立海洋遺物展示館・全羅北道『群山飛雁島海底遺蹟』(2004年。)

国立海洋遺物展示館『群山十二東波島海底遺跡』(2005年)。

国立海洋遺物展示館・新安郡『安佐船発掘報告書』(2006年)。

国立海洋遺物展示館『保寧元山島水中発掘調査報告書』(2007年)。

国立海洋遺物展示館・群山市『群山夜味島水中発掘調査報告書』(2007年)。

国立海洋遺物展示館『群山夜味島水中発掘調査報告書(2)』(2008年)。

国立文化財研究所『群山夜味島Ⅲ』(2009年)。

国立文化財研究所『高麗青瓷宝物船　泰安竹島水中発掘調査報告書』(2009年)。

国立文化財研究所『泰安馬島１号船水中発掘調査報告書』(2010年)。

国立文化財研究所『泰安馬島２号船水中発掘調査報告書』(2011年)。

国立文化財研究所『泰安馬島３号船水中発掘調査報告書』(2012年)。

国立文化財研究所『泰安馬島出水中国陶瓷器』(2013年)。

(参考)

申鍾国「韓国水中文化財発掘の現況と泰安海域の調査成果」『新発見の高麗青磁　韓国水中考古学成果展』(大阪市立東洋陶磁美術館，2015年)。

大阪市立東洋陶磁美術館編『新発見の高麗青磁　韓国水中考古学成果展』(大阪市立東洋陶磁美術館，2015年)。

出典　申鍾国「韓国水中文化財発掘の現況と泰安海域の調査成果」『新発見の高麗青磁　韓国水中考古学成果展』(大阪市立東洋陶磁美術館，2015年)の表２を一部改変。


泰安海域では、二〇一五年には馬島四号沈船が調査され、十五世紀の粉青沙器約一〇〇点が引き揚げられた。この調査を契機に、韓国の水中文化遺産の調査研究の対象は朝鮮時代（一三九二〜一九一〇年）へと広がり始めている。

中国船の調査や中国陶瓷の引揚げは、新安沈船以後あまり行われていないが、新安沈船の調査がまだ行われている一九八〇年に済州島の新昌里の海底で中国陶瓷や金の装飾品が発見され、一九八三年、一九九六年にも調査が実施された。船体は発見されていないが、十二世紀末から十三世紀初頭の中国・龍泉窯青瓷や福建陶瓷などがまとまって引き揚げられており（図４）、沈船であった可能性も考えられる。

二〇一四年には泰安・馬島海域で新昌里水中遺跡と同時代の、十二世紀末から十三世紀初頭の中国・龍泉窯青瓷や福建青瓷・白瓷・陶器などがまとまって引き揚げられた。新昌里水中遺跡と馬道海域遺跡の中国陶瓷の様相は博多遺跡など日本の同時代の遺跡での中国陶瓷の組成と共通性が見られるが、逆に朝鮮半島の遺跡ではほとんど見られない組成である。こうしたことから、これらの遺跡で発見された中国陶瓷は日本との関係も推定されている。

以上のように、韓国の沈船を主とした水中遺跡の調査・研究は一九七四年の新安沈船の発見・調査を契機として始まり、その後は、高麗時代の沈船の調査・研究を主要な流れとして発展してきたが、近年は調査・研究の対象が朝鮮時代へも広がる動向が見られる。

2　中国における水中遺跡調査

中国の水中考古学（中国では「水下考古学」と呼ぶ）の調査は、一九八〇年代後半から始まった。一九八七年に中国歴史博物館（現中国国家博物館）・水下考古学研究室を中心に水中考古学事業実施のための調査・研究が開始され、一九八九年よりオーストラリアの水中考古学者の協力を得て水中調査人員の訓練が始められた。一九九〇年には訓練を兼ねて福建省定海沈船の確認調査と試掘を実施、一九九五年に本格調査を開始し、二〇〇二年まで複数回にわたって実施された。その成果は調査終了から一〇年を経た二〇一一年に『福建連江定海沈船考古』（科学出版社）として出版された。

定海沈船の調査を皮切りに中国では本格的な沈船調査が行われるようになり、一九八七年には広東で南海一号沈船が発見され、二〇〇〇年より本格的な調査が始まった。南海一号沈船は、秦始皇帝の兵馬俑坑の発見に匹敵する中国考古学上の大発見として新聞やテレビで盛んに報道され、国内外の大きな注目を集めた。日本では一九九三年に朝日新聞社が展覧会を開催し、引き揚げられた陶瓷器や金製装身具などが紹介された(1)。二〇〇七年には船体を海底の土砂ごと鉄製の大形枠で囲ってクレーンで引き揚げ、海浜に建設された広東海上絲綢之路博物館の水槽まで運んで保存処置が開始された。二〇一三年から船体内部の埋土の除去が始まり、その作業は現在も続いている(2)（図5）。

一九九一年から一九九七年には遼寧省綏中三道崗沈船の調査が実施され、河北省磁州窯で生産された陶瓷器が大量に引き揚げられた（図6）。発見された当初は、磁州窯の製品を海外に輸出する船であったと考えられた。しかし、この船に積み込まれていた陶瓷器は、磁州窯で生産されたものだけであり、韓国で発見された新安沈船を始めとする宋・元時代の

図５　南海１号沈船

図６　綏中三道崗元代沈船引揚げ陶瓷

海外交易船には複数の産地の陶瓷器が積載されていることから見て、この船は外貿船ではなく、国内輸送用の船であるという説も示されている。

一九九六年には西沙群島での沈船調査が開始され、五代（十世紀）から清時代（十九世紀）にわたる数多くの沈船と陶瓷器の集中地点が発見された。その中で、特に注目されるのは華光礁一号沈船で、「壬午」（一一六二年）銘の墨書のある青瓷を含む膨大な量の中国陶瓷が引き揚げられ、残存長約二〇メートルで一一の隔壁をもつ木造船体が引き揚げられた。陶瓷器には、景徳鎮窯の青白瓷、龍泉窯の青瓷、福建省内の各地の窯の青瓷、白瓷、天目などが含まれていた。なお、二〇〇六年に出版された報告書『西沙水下考古　一九九八〜一九九九』（科学出版社）では、三艘の沈船と九カ所の遺物集中地点が報告されている。

二〇〇〇年には福建省南端部の東山湾の海浜部で冬古沈船が発見され、二〇〇一年と二〇〇四年に発掘調査が実施された。この船は十七世紀後半に位置づけられ、青銅製の小形砲七門と甲冑の小札が発見されていることから武装船と考えられ、鄭成功が率いた鄭氏政権の軍船であった可能性が指摘されている。武器・武具のほかには、徳化窯の白瓷、景徳鎮窯や漳州窯の青花瓷器、宜興窯の紫砂茶壺などのほか、日本の有田窯の青花（染付）碗も発見されている。鄭氏政権と日本との関係を示す実物資料として注目される。

二十一世紀に入ると水中考古学の調査はさらに大規模となり、福建省、広東省、海南省、浙江省、山東省、遼寧省の海域で数多くの沈船が発見され、本格的な調査が進められている。

二〇〇五年に福建省平潭海域で清朝前期の碗礁一号沈船が発見され、同年と二〇〇八年に調査が実施された。残存長一三・五メートル、残存幅三メートルで一四の隔壁をもつ木造船が発見され、一万七〇〇〇点余りの中国陶瓷が引き揚げられた（図7）。陶瓷器は景徳鎮窯の製品がほとんどで、青花瓷器を中心に五彩瓷器、青花釉裏紅瓷器などがあり、沈没年代は康熙年間の前半期、十七世紀末頃と推定されている。

二〇〇六年には、同じ福建省平潭海域で、元時代の龍泉窯青瓷を積載した大練島元代沈船が発見され、二〇〇六年と二〇〇八年に調査が行われた。この船から引き揚げられた陶瓷器は龍泉窯青瓷のみであり（図8）、磁州窯製品のみが積載されていた綏中三道崗沈船と同様に、中国国内輸送の船であった可能性が高い。

二〇〇七年には広東省汕頭の近海で明代後期の南澳一号沈船が発見され、二〇一〇年と二〇一二年に調査が実施された。この沈船からは景徳鎮窯の青花瓷器と五彩瓷器、福建省漳州窯の青花瓷器、福建省磁竈窯産と考えられる褐釉龍紋壺などが大量に引き揚げられた(3)。沈没年代は十六世紀後半期と推定されている。

二〇〇八年には、浙江省寧波沿海で清代後期の小白礁一号沈船が発見され、二〇〇九年と二〇一〇年から二〇一三年まで調査が行われた(4)。この沈船からは「道光通宝」とともに景徳鎮窯の青花瓷器と五彩瓷器、産地不明の粗製青花瓷器、産地不明の陶器壺、金属製品、印章、石製品などが引き揚げられ、道光年間（一八二一〜一八五〇年）の沈没年代が推定されている。青花瓷器の台付盤（豆）や五彩有蓋鉢などの器形はタイで発見される中国陶瓷の器形と共通性が高く、タイ向けの貿易船であった可能性がある。

二〇一〇年には西沙群島の一連の調査の中で、石嶼二号沈船が発見されて調査が行われ、元代青花瓷器と福建の青瓷・白瓷などが引き揚げられた[5]。中国の沈船で元代青花が初めて発見された例であるが、引き揚げられた元代青花は、東南アジアなどで出土する粗製のタイプが主である。沈没年代は元代末期から明代初期、十四世紀後半とされている。

図７　碗礁１号沈船引揚げ瓷器

図８　大練島１号沈船引揚げ瓷器

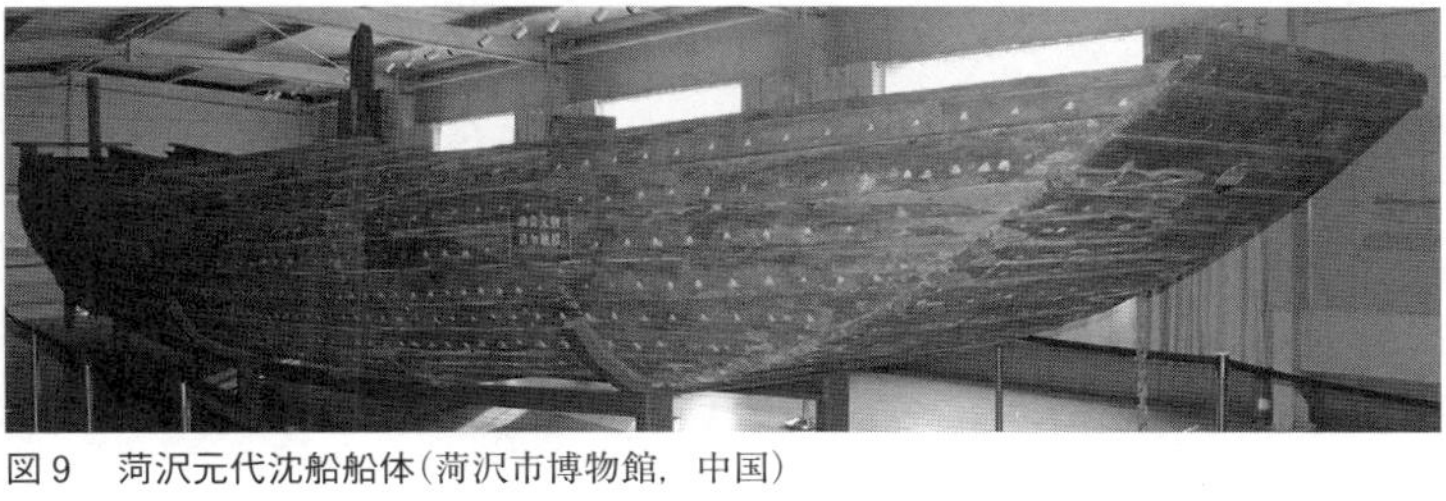
図９　菏沢元代沈船船体（菏沢市博物館，中国）

石嶼二号沈船の発見と同じ年に、もう一艘の元代青花を積んだ沈船が山東省の内陸部の菏沢で発見された[6]。菏沢元代沈船は大運河に注ぐ河流跡の土中から発掘されたもので、残存長約二〇メートルの平底の木造船がほぼそのまま掘り出された(図9)。船体内からは景徳鎮窯の上質の元代青花瓷器と龍泉窯青瓷、磁州窯陶瓷などが発見されている。これらの上質な陶瓷器は輸送中の積み荷ではなく、船上で使われた什器か、乗客の携帯物と考えられている。

一九九六年の西沙群島の調査の際に発見されていた珊瑚島一号沈船が、二〇一〇年、二〇一二年、二〇一五年に本格調査され、明代後期の石像、建築用の石柱や石板と、清代後期の陶瓷器などが引き揚げられた[7]。石板や石柱はタイやシンガポールで華人が建てた明代の祠堂や廟の石材と共通性が高く、石像は東南アジアの華僑の墓に立てるためのものと思われ、当時の在外華僑社会と中国本土との密接な繋がりを示す資料として重要である。

二〇一三年には、遼寧省の丹東市西南の五〇海里域内で清代末期の鉄鋼船、丹東一号沈船が発見され、二〇一五年にかけて調査が実施された[8]。この船は日清戦争の黄海海戦(一九九四年九月)の際に日本艦隊に撃沈された巡洋艦「致遠」(イギリスにて建造)で、清代末期の清朝海軍の実像を知る貴重な資料が得られた。

ここで紹介した沈船の調査例以外にも、全国的な規模で水中文化遺産の確認調査が進められ、遼寧省沿海、山東省沿海、浙江省沿海、福建省沿海、広東省沿海、海南島周辺、西沙群島などで多数の遺跡が発見されており、その一部は試掘調査が進められている。

中国では一九九〇年から本格的な水中遺跡の調査・研究が始まり、これまでに五代、南宋、元、明、清の各時代にわたる沈船遺跡が発見・調査・研究されてきた。こうした調査研究の主体となったのは一九八七年に設立された「中国歴史博物館・水下考古学研究室」であり、この組織は後に「中国国家博物館・水下考古研究中心」と改名された。二〇〇九年には国家文物局が中国文化遺産研究院の中に「国家水下文化遺産保護中心」を設立し、一時的に「国家水下文化遺産保護中心」と「中国国家博物館・水下考古研究中心」の二つの組織が水中文化遺産の調査・研究を行ったが、二〇一二年に両組

表2　中国における水中遺跡発掘調査例(主要なもののみ)

調　査　年	遺　跡　名	年　　代	発見遺物
1990～2002	福建連江定海　白礁1号沈船	13～14世紀	福建産黒釉瓷器，白瓷
1991～1997	遼寧　綏中三道崗沈船	14世紀	瓷州窯系陶瓷
1989・2001～2004	広東　南海1号沈船	12～13世紀	木造船船体，龍泉窯青瓷，景徳鎮窯青白瓷，福建陶瓷
2000・2001・2004	福建　東山　冬古沈船	17世紀	青銅製砲，武具，陶瓷器，銅銭など
2005・2008	福建　平潭　碗礁1号沈船	17～18世紀	景徳鎮窯青花瓷器，五彩瓷器
1996・2007～2008	西沙群島　華光礁1号沈船	12世紀	木造船船体，景徳鎮窯青白瓷，福建陶瓷，龍泉窯青瓷
2006・2008	福建　平潭　大練島元代沈船	14世紀	木造船船体，龍泉窯青瓷
2007・2010～2012	広東汕頭　南澳1号沈船	16世紀	木造船船体，景徳鎮窯瓷器，福建漳州窯陶瓷ほか
2010	西沙群島　石嶼2号沈船	14世紀	景徳鎮窯元代青花瓷器，福建陶瓷
2008・2009・2010～2013	浙江　寧波　小白礁1号沈船	19世紀	木造船船体，景徳鎮窯青花瓷器など
2010	山東　菏沢元代沈船	14世紀	木造船船体(河船)，景徳鎮窯青花瓷器，龍泉窯青瓷，玉器，漆器，金属製品など
1996発見，2010・2012・2015	西沙群島　珊瑚島1号沈船	16世紀，18～19世紀	石像，石製建築用材，青花瓷器など
2013～2015	遼寧　丹東1号沈船(致遠艦)	19世紀末	兵器，砲弾，陶瓷器など

注　中国水中遺跡主要報告書(単行本のみ)

張威主編『綏中三道崗元代沈船』(科学出版社，2001年)。

碗礁一号水下考古隊『東海平潭　碗礁一号出水瓷器』(科学出版社，2006年)。

中国国家博物館水下考古研究中心『西沙水下考古1998～1999』(科学出版社，2006年)。

中国国家博物館水下考古研究中心・厦門大学海洋考古学研究中心・福建博物院文物考古研究所ほか『福建連江定海沈船考古』(科学出版社，2011年)。

広東省文物考古研究所『「南海Ⅰ号」的考古試掘』(科学出版社，2011年)。

中国国家博物館水下考古研究中心・福建博物院文物考古研究所ほか『福建平潭大練島元代沈船遺址』(科学出版社，2014年)。

広東省文物考古研究所・広東省博物館『孤帆遺珍　南澳1号出水精品文物図録』(2014年)。

王結華主編『漁山遺珠　寧波象山小白礁1号水出文物精品図録』(寧波出版社，2015年)。

国家文物局水下文化遺産保護中心・中国国家博物館・福建博物院・福州市文物考古工作隊『福建沿海水下考古調査報告(1989～2010)』(文物出版社，2017年)。

(参考)

張威「水下考古学在中国的発展」『水下考古学研究』第1巻(科学出版社，2012年)。

張威「新科学，新探索－水下考古学在中国的発展－」『中国国家博物館　水下考古成果』(安徽美術出版社，2015年)。

織が統合され、「国家文物局水下文化遺産保護中心」が設立され、現在に至っている。当初は国立博物館の中の一組織であった水中文化遺産の調査研究組織が、次第に規模を拡大し、国家文物局が直轄する組織へと成長し、調査・研究規模を拡大してきた背景には、多くの重要発見による中国社会や世界での注目度の高まり、調査技術の発達、中国の経済発展による豊富な資金、国家威信の発揚を目的とした海洋調査など、さまざまな要因が認められる。

3 沈船出土陶瓷の研究例

アジア地域で発見・調査された多くの沈船からは多量の陶瓷器が発見されている。これは、九世紀以降のアジア地域の海上貿易の商品として陶瓷器が極めて重要な位置を占めたことによるとともに、沈船の多くが漁民の網にかかって引き揚げられた陶瓷器を契機として発見されていることにもよる。

沈船から発見される陶瓷器は、当時の貿易や人と技術の交流を明らかにする重要な資料であり、ここでは沈船引揚げ陶瓷資料が歴史研究や考古学研究資料としてどのように活用可能であるのかということについて、新安沈船の陶瓷資料の分析例を示しながら紹介したい。

新安沈船の中国陶瓷組成の研究

新安沈船は、韓国西南端の全羅南道新安郡沿海において一九七五年に発見され、一九七六年から一九八四年にかけて一一次にわたる水中調査が実施された。全長約二八メートル、幅約九メートルの木造帆船の船体と、陶瓷器二万余点、金属製品七〇〇余点、銅銭約二八トン、銀錠、木製品、漆器、石製品（茶臼、硯など）、ガラス製品、香料、木材（紫檀）など多彩な遺物が引き揚げられた。

発見された「至治三（一三二三）年」銘の木簡、「筥崎」（博多の筥崎八幡宮）銘の木簡、「東福寺」銘の木簡、「慶元路」銘の青銅錘などから、この船は一三二三年に日本の博多に向けて慶元（寧波）を出航した、京都の東福寺と関係の深い貿易船であったと考えられている。また、瀬戸窯陶器、日本将棋、日本の下駄、日本刀の部品などから乗組員や乗客に日本人が少なくなかったことが明らかである。

引き揚げられた陶瓷器は、二万余点の中国陶瓷のほか、高麗青瓷七点、日本陶瓷四点がある。中国陶瓷の半数強は浙江省の龍泉窯青瓷、三分の一は江西省の景徳鎮窯瓷器で占められ、そのほかに、福建省の白瓷、青瓷、黒釉瓷、褐釉壺、華北地域の磁州窯系陶瓷、江西省の吉州窯瓷器と贛州七里鎮窯陶瓷、広東省の石湾窯褐釉四耳壺、河北省の定窯白瓷、江蘇省南部または浙江省北部の褐釉四耳壺、浙江省の金華鉄店窯、浙江省杭州の老虎洞窯青瓷など中国各地の産地の製品がある（図10）。新安沈船は中国の寧波を出港し、博多に向かった貿易船であったと考えられているが、なぜこの船に中国の広い地域にわたるさまざまな産地の製品が積み込まれたのか。

本節では、こうした問題を解明するために出港地の寧波とその付近の杭州の遺跡、目的地の博多を中心とする日本各地の遺跡、東南アジア各地の遺跡、

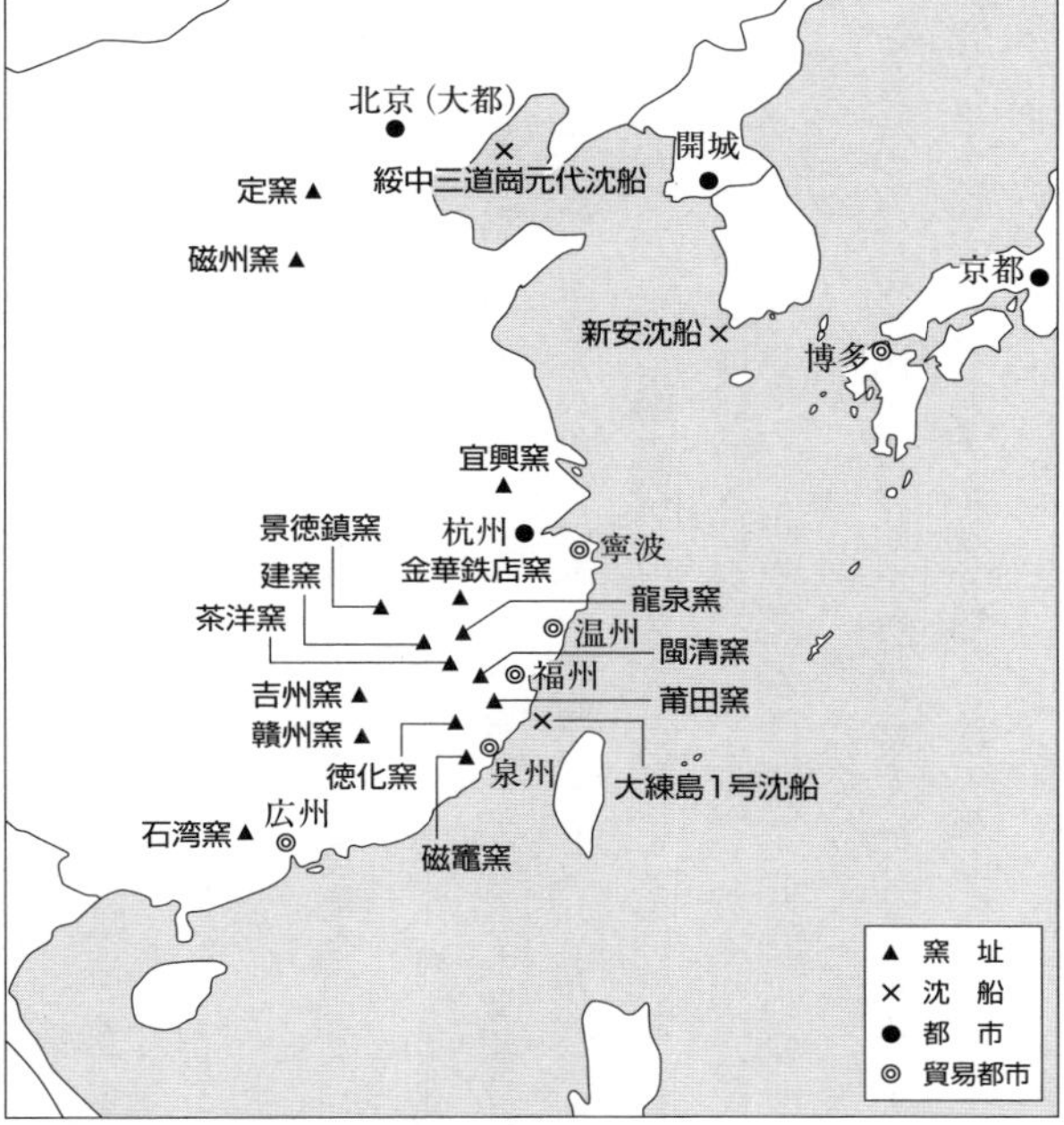

図10　新安沈船引揚げ中国陶瓷の産地

イランを中心とした西アジアの遺跡などで出土した元時代の中国陶瓷の産地組成や器種組成を比較検討し、新安沈船に積み込まれて日本に運ばれる予定であった陶瓷器の特性を考察する。(9)

新安沈船発見陶瓷の産地と数量

新安沈船から引き揚げられた陶瓷器の分類や数量を知ることができる資料は、一九八一年から一九八五年にかけて出版された『新安海底遺物資料編』Ⅰ〜Ⅲと、(10)一九八八年に出版された報告書『新安海底遺物　総合篇』(11)(以下『総合篇』)である。『総合篇』の表1(三六八〜三七〇頁)で示された分類された陶瓷器の数量の合計数(一九八三年までの引揚げ数)は一万八八三二点であるが、表1の下の追記によると、一九八四年に引き揚げられた陶瓷器が二〇一八点あり、それを加えると合計二万八五〇点の陶瓷器が引き揚げられたことになる。しかし、一九八四年の引揚げ遺物の分類と内訳は示されていないため、産地や機種別の数量が分析できるデータは『総合篇』の表1の総計一万八八三二点のみであり、この数値を基に分析を進めた。

これらの報告書の陶瓷器分類や産地の特定は、三〇年以上も前の中国陶瓷の研究成果を基にしたもので、これに最新の研究成果を加えて陶瓷器の産地分類を再度実施して産地ごとの数量を示したのが表3である。(12)なお、これまでの報告書の中で詳細な数量を確認できないところは「約」で示している。

この新たな産地分類では、新安沈船の陶瓷器の中で最も数が多いのは龍泉窯青瓷で一万六二七点(五六%)を占める。次は景徳鎮窯瓷器約四一〇〇点(約二一%)、福建産陶瓷約一六五〇点(八・八%)、浙江省の金華鉄店窯の陶瓷器一一四四点(六・一%)、宜興窯または浙江省北部の陶器壺類九六七点(五・一%)、江西省贛州七里鎮窯陶瓷八二点(〇・四四%)、磁州窯系陶瓷七〇点(〇・三七%)、広東省石湾窯の褐釉四耳壺二二点(〇・一二%)、浙江省杭州・老虎洞窯の倣官窯青瓷一八点(〇・一%)、江西省吉州窯陶瓷一一点(〇・〇六%)、高麗青瓷七点(〇・〇四%)、日本陶器四点(〇・〇二%)、河

表3　新安沈船引揚げ陶瓷の産地別数量

	産　地	数　量	比　率(%)
1	龍泉窯 	10,627	56
2	景徳鎮窯 	約4,100	21
3	福建 	約1,650	8.8
4	金華鉄店窯 	1,144	6.1
5	宜興窯(または浙江省北部) 	967	5.1
6	江西省贛州七里鎮窯 	82	0.44
7	磁州窯系 	70	0.37
8	広東省石湾窯 	22	0.12
9	杭州老虎洞窯 	18	0.1
10	吉州窯 	11	0.06
11	高麗青瓷 	7	0.04
12	日本 	4	0.02
13	定窯 	2	0.01
14	不明	約120	0.64
合計		18,832	

注　比率は，$x \div 18,832 \times 100$。
合計の数量は，『新安海底遺物　総合篇』表1の数値。

北省の定窯白瓷二点（〇・〇一%）、産地不明約一二〇点（〇・六四%）となる。

　こうした陶磁産地を地図上に示したのが図10である。その分布範囲は、北は河北省から南は広東省までの広域にわたり、当時の中国全土の代表的な陶磁産地の製品のほとんどが新安沈船に積み込まれていたと言っても過言ではないのである。

新安沈船発見陶瓷の年代

　新安沈船で発見された陶瓷器の大部分は、沈没年代の至治三（一三二三）年より少し前に生産されたものと考えられる。しかし、その中には建盞のように元時代には既に生産されていない陶瓷器もあり、明らかに古い時代の陶瓷器も含まれている。

　建窯（水吉窯）で生産された建盞（表4―33）は、窯址の発掘調査の結果から南宋末期には生産が終わっていたことが明らかにされている。新安沈船で発見された建盞の大部分には内底部に茶を点てる際についたと思われる擦痕が認められ、口縁に金属製の覆輪をはめたものもあることから、古物であることが明らかである。新安沈船の年代より半世紀以上前に生産された建盞が四二点[13]（『総合篇』の表1、分類から集計した数値）も発見されていることから、これらはたまたま新安沈船に積み込まれたものではなく、意図的に古物を集めて日本向けの船に積み込んだものと考えられる。

　新安沈船で発見された二点の定窯白瓷も同様で、金時代に生産された古物である[14]。

　また、大量に発見された龍泉窯青瓷の中にも、明らかに古物と思われるものがある。『総合篇』で示された一万六二七点の龍泉窯青瓷のうち、南宋様式（Ⅰ―2―①類）とされるものが三七点（〇・三五%）、元様式の優良質および良質（Ⅰ―三―①類）とされるものが一一七点（一・一%）、大部分を占めるのは元様式の一般質（Ⅰ―三―②類）とされるもので一万四六九点（九八・五%）を数える。

　この南宋様式の三七点が伝世品であるか同時代のものかが発見当初から問題にされていたわけであるが、一九九八年に亀井明徳はこれをアンティックと考える必要はなく、新しい様式が作られ始めてもしばらくの間は古い様式のものが一定量残る現象の現われであるとしている。[15] また、同じ一九九八年に出川哲朗は「砧青瓷」タイプは新安積み荷の中のわずか〇・二％であり、「日本で人気のあった十三世紀の砧青瓷が「古美術」として運ばれた」とまったく逆の意見を述べており、[16] 意見の一致は見ていない。

なお、新安の報告書の中には使用痕があると解説されている鎬蓮弁文盤があるが、[17] 蓮弁の幅が広く高台の作りも非常に丁寧で、南宋時代の製品と考えられる。また、二点の大形双鯱耳瓶のうち一点の鯱の尾の部分に傷があるが、実見したところでは古い傷のように思える。明確な根拠はないがこれも伝世品の可能性がある。

建盞や定窯白瓷のように明らかに古物の一群があり、また龍泉窯青瓷の「南宋様式」とされる一群の中にも少なくとも一、二点は古物が含まれていることから、亀井の言うように龍泉窯青瓷すべてが同時代のものとすることはできない。

報告で「南宋様式」とされ写真が発表されているものには、双鯱耳瓶（大）二点、双鯱耳瓶（小）一点、双鳳耳瓶（小）二点、筍瓶一点、下膨瓶一点、五管瓶二点、袴腰香炉一一点、双耳三足香炉一点、査斗一点、鎬蓮弁文盤一点、鎬蓮弁文端反り碗一点、束口碗三点、斗笠碗一点、碗蓋一点などがある。元様式とされるものの多くが同形のものが複数あるのと比べると、南宋様式とされるものは袴腰香炉を除くと各器種の点数は一点か二点で、様相が異なる。

このうち双鯱耳瓶（大）、鎬蓮弁文盤、鎬蓮弁文端反り碗、査斗、斗笠碗は形態的には南宋後期の四川・遂寧窖蔵[18]や四川・東渓園芸場墓[19]の出土品と近似しており、十三世紀前半段階まで遡り得るが、ほかのものについては、遡っても十三世紀後半の南宋末から元初期の段階までであろう。[20]

日本では、南宋時代龍泉窯の粉青色青瓷を「砧青瓷」と呼んで特に珍重したが、新安沈船で南宋様式と分類された三七点の青瓷は、いずれもこの「砧青瓷」のタイプである。このすべてが南宋時代の産品とは限らないが、建盞と同じように日本人の嗜好にあわせて古物が集められた可能性が高い。

浙江省 金華鉄店窯	江西省 吉州窯	江西省 贛州窯	江蘇省 宜興窯	広東省 石湾窯	河北省 磁州窯系	高麗青磁
8	9 10		11		12 13	14
20	21	22	23		24 25	26
39 40	41 42	43	44 45	46	47 48	49 50

1〜13：南宋太廟遺跡出土
14：南宋恭聖仁烈皇后宅遺跡出土

15〜20, 23〜25：永豊庫出土　21, 22, 26：寧波市内採集

表4　元代中国陶瓷の組成比較

	浙江省 龍泉窯	江西省 景德鎮窯	福建諸窯
杭州出土	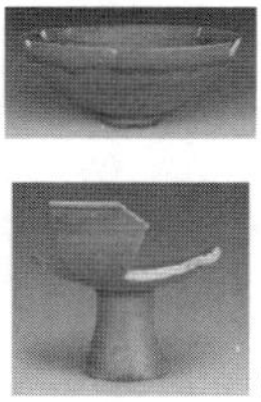 1 2	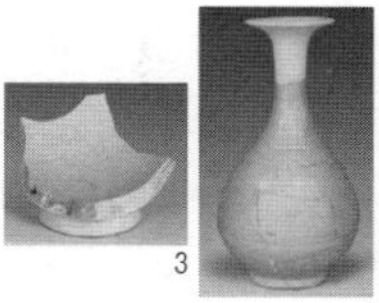 3 4	 5 6 7
寧波出土	 15 16	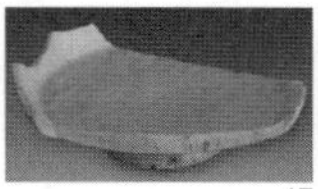 17	 18 19
新安沈船	 27 28 29	 30 31 32	 33 34 35 36 37 38

そのほか、景徳鎮窯製品にも青白磁枕など南宋時代の製品である可能性が指摘されているものがある。吉州窯の梅花天目碗（表4―42）も南宋の製品である。また、高麗青瓷もすべてが同時代のものではなく、多くは生産年代が十三世紀以前に遡るものである。

以上のように新安沈船で発見された陶瓷器の中には、少量ではあるが、生産年代が南宋時代まで遡る古物が含まれている。こうした古物は、日本人の嗜好を意識して、意図的に集められたものである可能性が高いと思われる。

新安沈船発見陶瓷と杭州、寧波、日本出土の元代中国陶瓷との比較

近年、広州市内や寧波市内の遺跡の発掘調査報告で数多くの出土陶瓷器が報告され、新安沈船発見の陶瓷器と比較することができる良好な資料が増えてきた（表4）。

特に重要なのは、南宋太廟遺跡の元時代と明時代の文化層の出土遺物で[21]、龍泉窯青瓷、景徳鎮窯製品、福建陶瓷のほかに磁州窯系陶瓷、江西省吉州窯製品、宜興窯醤釉四耳壺、浙江省金華鉄店窯倣鈞瓷、定窯白瓷などが出土しており、その内容は新安沈船で発見された陶瓷器の生産地と一致する点が多い。

南宋太廟遺跡の報告書では出土層位ごとの陶瓷器の数量が示されている（同報告書、附表一・二、一二〇頁）。元時代に相当する第三層からは六一二点の陶瓷器片が出土しており、最も量が多いのは龍泉窯青瓷で四一二点（六七％）、次いで多いのが景徳鎮窯および生産地不明の青白瓷で一三一点（二一％）である（生産地不明の青白瓷には福建製品が含まれている）。福建陶瓷は数値化されていないが、生産地不明の青白瓷の多くや黒釉瓷器の一部が福建製品であり、また産地不明の青瓷の多くは浙江省金華鉄店窯倣鈞瓷で、この二つの窯の製品の量が景徳鎮窯に次いで多い。それ以外の磁州窯系陶瓷、宜興窯醤釉四耳壺、定窯白瓷の出土数はごく少量である。このように、龍泉窯青瓷が半数以上を占め、景徳鎮窯陶瓷がそれに次ぎ、福建陶瓷と鉄店窯の製品がさらにその次に位置づけられる状況は前述した新安沈船の陶瓷器組成とよく似ている（表

4―一段目）。

南宋朝の首都であった杭州は、元時代にも中国南部最大の都市として繁栄し、華南の政治・経済の中心であった。南宋太廟遺跡の元・明代文化層出土遺物の様相から、元時代に全国各地の陶磁器が杭州に運ばれて消費されていたことがわかり、各地の製品が杭州に集まる流通システムが確立していたと考えられる。

新安沈船の出港地である寧波市内でも、正式な考古発掘による資料ではないが、杭州出土陶瓷と同じような産地の製品が出土している(22)。ここでは杭州の南宋太廟遺跡では出土していない贛州窯製品も発見されている。また、近年報告書が刊行された寧波・永豊庫（元時代の倉庫）でも、龍泉窯青瓷、景徳鎮窯瓷器、福建陶瓷、金華鉄店窯倣鈞瓷、磁州窯系陶瓷、定窯白瓷などが出土しており、杭州や新安沈船と近似した陶瓷器組成が確認できる（表4―二段目）。

寧波と杭州は運河で結ばれており、杭州で使用された全国各地の陶瓷器が、運河を通じて寧波に運ばれて流通し、その一部が日本向けの船に積み込まれたと考えてよいであろう。海路を通じて杭州にもたらされた陶瓷器は寧波を経て運ばれた可能性も高い。なお、新安沈船の陶瓷器は、大部分が龍泉窯青瓷と景徳鎮製品で占められており、他の産地の製品はこの二つの窯に比べるとかなり少量である。龍泉窯青瓷と景徳鎮製品は輸出向けの商品として大量に寧波に運ばれていたと考えられるが、福建陶瓷をはじめとするほかの窯の製品は、輸出向けの商品として杭州や寧波に運ばれたのではなく、国内消費のために杭州や寧波で流通したものの一部が日本向けの輸出にまわされた可能性も考えられる。

新安沈船と同時代の日本国内の遺跡で出土する中国陶瓷は、龍泉窯青瓷が最も多く、次いで福建陶瓷と景徳鎮窯瓷器とが一定量を占める。博多や京都、鎌倉など当時の大都市では、磁州窯系陶瓷、吉州窯製品、贛州窯製品、宜興窯醤釉四耳壺、浙江省金華鉄店窯倣鈞瓷、広東省石湾窯醤釉四耳壺など新安沈船で発見された各産地の陶瓷器が少量ではあるが出土しており、新安沈船の陶瓷器組成と共通性が高い。こうしたことから、新安船に積み込まれていた陶瓷器の組み合わせが（表4―三段目）、当時日本に輸入された中国陶瓷の標準的な組成を示していると考えられるのである。

新安沈船発見陶瓷と東南アジア、西アジア出土元代中国陶瓷との比較

筆者は二〇〇七年にペルシア湾のキーシュ島（Kish 基什島）とマフルバーン遺跡（Mafruban）で中国陶瓷の調査を行ったが、新安沈船とほぼ同時期の元代陶瓷についてはどちらの遺跡でも龍泉窯青瓷が過半を占め、次に量が多いのは福建の白瓷、青瓷であった。景徳鎮の白瓷や青花瓷器は福建陶瓷よりも少なく、広東省石湾窯の褐釉壺も少量確認できた[23]（図11）。二〇一四年、二〇一六年に再びイラン調査を実施し、旧ホルムズ遺跡群（図12）を調査したがその際にもほぼ同様の組成が確認できた。

東南アジア・西アジアなどで発見される元代の中国陶瓷は龍泉、福建、景徳鎮、広東の製品にほぼ限定されており、まれに磁州窯系陶瓷が出土する。量的には龍泉が過半を占め、次いで福建陶瓷、さらに景徳鎮、広東の製品がそれに次ぎ、磁州窯系陶瓷は微量である。

こうした陶瓷組成を新安沈船と比較すると、龍泉窯が過半を占める点は共通しているが、福建瓷器と景徳鎮瓷器の割合が逆転して、福建陶瓷の占める割合が高くなっている。これは、東南アジアや西アジアへの陶瓷器輸出が主に福建・泉州を拠点として行われたため、泉州に近い福建省内で輸出目的に生産された陶瓷器が大量に船積みされたためと考えられる。

東南アジア・西アジア発見の元代中国陶瓷は龍泉、福建、景徳鎮および少量の広東製品という組成を示し、ほかの窯の製品はまれに微量の磁州窯系陶瓷が伴うことがある程度である。これは、泉州からの陶瓷輸出は、貿易港泉州に輸出のために大量に集積された龍泉窯、福建、景徳鎮窯の製品にほぼ限定されていたためと考えられる。

一方、華南第一の都市杭州に近い寧波では、輸出用に大量集積されていた龍泉窯と景徳鎮窯瓷器だけでなく、巨大都市杭州に国内流通によって集まった中国各地の陶瓷器を、古物も含めて入手することができ、そうした国内市場で流通した陶瓷器を日本向けの船に積み込ことが可能であったため、新安沈船のような多彩な陶瓷組成が形成されたと考えられるのである。

龍泉窯

景徳鎮窯

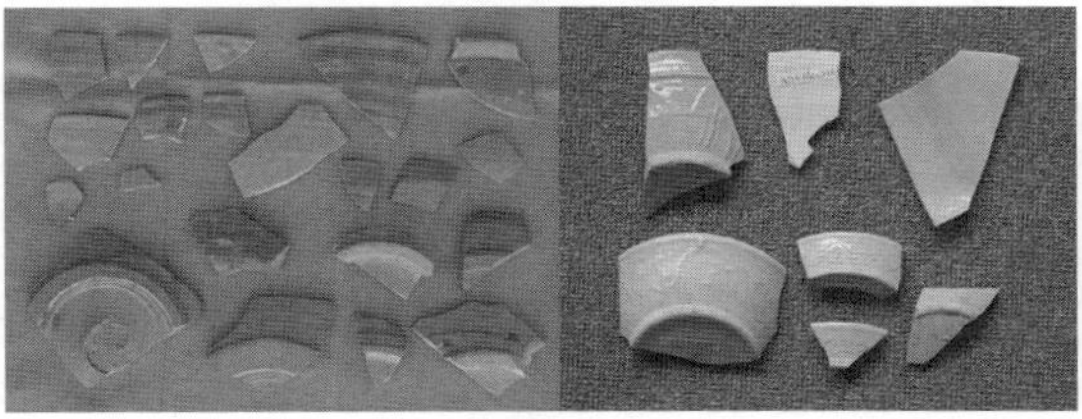

福建陶瓷

広東省石湾窯

図11　キーシュ島ハリーレ遺跡採集中国陶瓷（イラン）

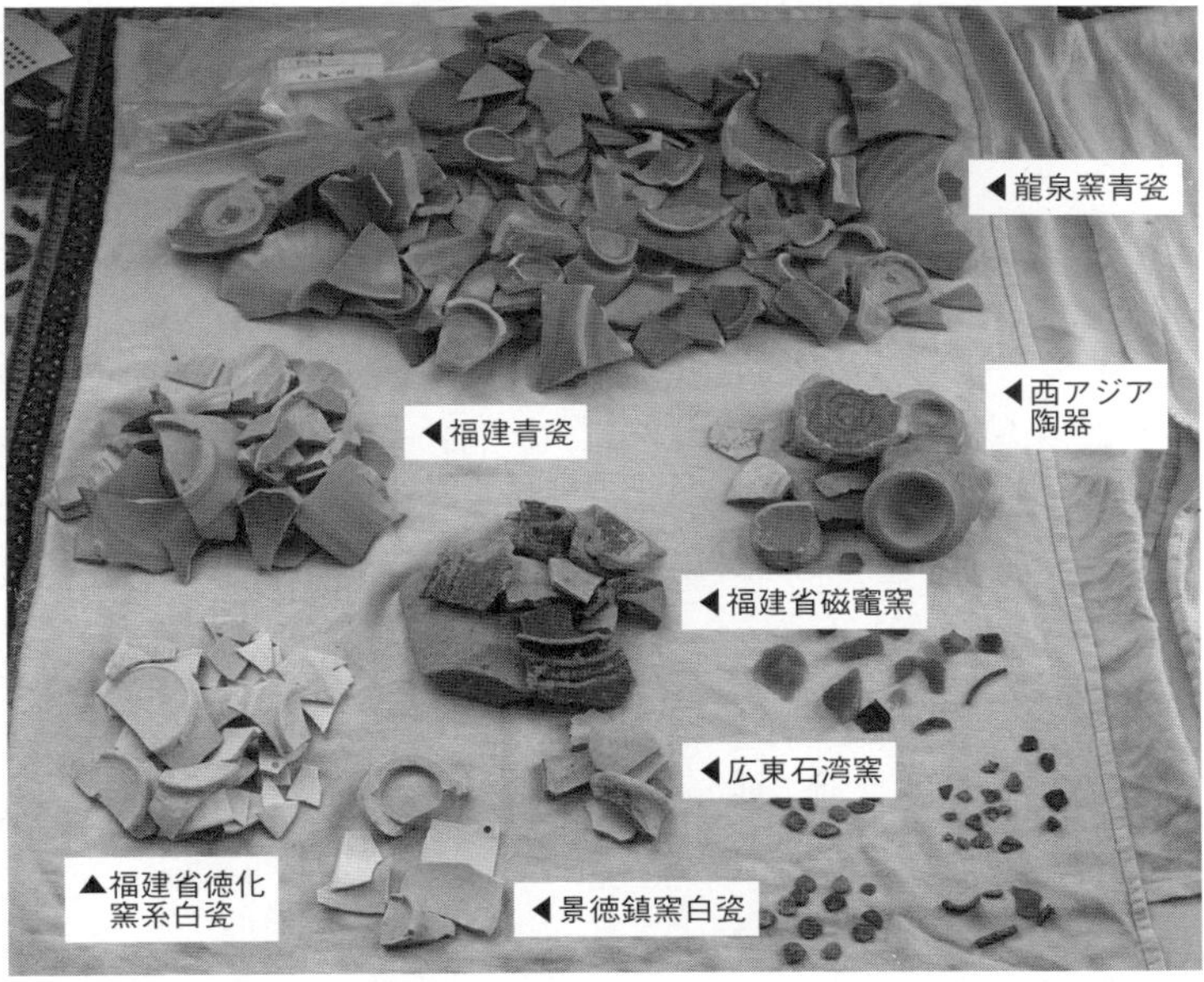

図12　旧ホルムズ遺跡採集陶瓷（イラン）

結論

以上のように、新安沈船の陶瓷組成は、当時の杭州や寧波での陶瓷流通の状況を色濃く反映していることが明らかであり、さらに同時代の日本出土の中国陶瓷の組成とも共通性が高い。

日本との交流の窓口が杭州に近い寧波に置かれていたことによって、泉州を窓口とした東南アジアや西アジアに比べて多彩な中国陶瓷器が日本に運ばれたわけであるが、その原因は、寧波が大都市杭州に近かったという地理的要因だけでなく、日本人が中国へ強い憧憬意識をもっていたという日本側の要因も大きく働いていたと思われる。

十二世紀から十四世紀中頃にかけて日本からは多くの留学僧や商人が中国に渡航した。(24) 留学僧は単に仏教を学ぶだけでなく、多彩な中国文化を学び日本に伝え、商人たちは中国のさまざまな器物を日本に運んだ。その結果、当時の日本人は中国とその文化に強い憧れを抱き、中国から輸入した器物を「唐物」と呼んで珍重したのである。

新安沈船からは陶瓷器だけでなく、儒教礼器を中心としたさまざまな金属器や漆器なども発見されており、当時の日本人は陶瓷器だけでなく、中国のさまざまな器物に興味をもち、受容していたことがわかる。新安沈船では書画の木製の軸が発見されているが、この時代には中国の書画や書籍なども盛んに輸入され、日本には数多くの伝世品が残されている。

中国への憧憬意識を基に、日本から寧波に渡航した商人は、寧波または杭州で手に入るあらゆる種類の陶瓷器を買い付けて日本に運ぼうとし、その結果、当時の寧波や杭州で流通していた陶瓷器の組成を色濃く反映した陶瓷器群が新安船に積み込まれたのである。

また、当時の日本人は単に中国の器物を好んだために盛んに輸入しようとしたのでなく、その器物の背景にある中国文化をも併せて中国から移入しようとしていた。例えば、茶碗を輸入する背景には茶文化の受容があり、儒教礼器輸入の背景には儒教の受容があったのである。ただ単に器物を輸入するだけでなく、その器物をどのように使用するのかといった、文化的背景までをも併せて日本に輸入しようとしていたのである。

同時代の西アジアの中国陶瓷の受容は、こうした日本の受容とは異なり、その器物の背景にある中国文化は興味の対象ではなく、美しくかつ堅牢で完成度の高い器物しての興味を基とした輸入であった。つまり中国でどのように使われていたかは問題ではなく、彼らがどのように使えるかという観点で輸入されたのである。そのため、中国や日本で茶道具として珍重された建盞は、西アジアにはほとんど輸出された痕跡がなく、彼らにとっては輸入する必要のない器物として扱われていたと考えられる。

このように、基本的には日本人の中国文化への憧憬意識と寧波の地理的要因が新安沈船の多彩な陶瓷組成を成立させたと考えることができるわけである。一方、建盞や定窯白瓷、龍泉窯の砧青瓷など新安沈船で発見された古物の陶瓷器からは、日本人の中国文化に対する独特の受容のあり方をも知ることができる。

中国では既に廃れ始めていた一時代前の茶文化や茶道具が日本では引き続き流行していて、そうした古い茶器を意識的に買い集めた行為や、日本人が特に憧れた宋時代の中国陶瓷を代表する龍泉窯の砧青瓷や定窯白瓷などの古物を求める行為の中から、当時の日本人は同時代の中国文化へ憧れると同時に、自分たちが親しんできた一時代前の中国文化に対する憧れを強く抱き、複層的に中国文化および器物を受容したことが新安沈船の陶瓷器組成から知ることができる。

このように新安沈船で発見された陶瓷器は、当時の日中交流の精神的な背景までをも知ることができる稀有な研究資料と位置づけることができるのである。

おわりに

本章では、前半で韓国と中国における水中遺跡の二十世紀末から今日に至る調査・研究の発展状況について紹介し、後半では水中文化遺産調査で得られた資料からどのような研究が可能であるのかについて、陶瓷器の研究事例を挙げて紹介した。後半の研究事例は、新安沈船発見四〇周年の記念シンポジウムの際に筆者が発表した内容を加筆、修正したものであるが、新安沈船の最後の正式報告書『新安海底遺物　総合篇』（一九八八年）が出版されてから約三〇年後に、近年の研究成果を基に報告書の内容を再検証しながら新たな観点を示したものである。

水中文化遺産の調査は、ともすれば「発見」に注目が集まり華々しく報道が行われるが、その後の遺物保存処理や分析、研究などの地道な活動については注目されることは少ない。ここで紹介した水中文化遺産の「発見」の数々は、今後長い時間をかけた地道な分析や研究を経て、考古学や歴史研究の資料として輝きを増し、さらに大きな研究成果をもたらすことになるのであろう。

（1）朝日新聞社編『はるかなる陶磁の海路展―アジアの大航海時代―』（朝日新聞社、一九九三年）。
（2）「広東〝南海一号〟発掘収穫」『二〇一五　中国重要考古発現』（文物出版社、二〇一六年）。
（3）「広東南澳一号明代沈船　二〇一二年水下考古発掘」『二〇一二　中国重要考古発現』（文物出版社、二〇一三年）。
（4）「浙江寧波小白礁一号清代沈船遺址」『二〇一二　中国重要考古発現』（文物出版社、二〇一三年）。
（5）中国国家博物館水下考古研究中心、海南省文物局「西沙群島石嶼二号沈船遺址調査簡報」『中国国家博物館　館刊』二〇一一年第一一期。
（6）王守功・張启龍・李罘「菏沢古沈船出土元代青花瓷」『文物天地』二〇一一年第一期。
（7）「海南島西沙群島〝珊瑚島一号〟沈船遺址二〇一五年水下考古」『二〇一五　中国重要考古発現』（文物出版社、二〇一六年）。
（8）「遼寧〝丹東一号〟沈船水下考古調査」『二〇一五　中国重要考古発現』（文物出版社、二〇一六年）。
（9）本節の内容は、森達也「新安沈船発見中国陶瓷の組成研究―中国、日本、東南アジア、西アジア出土元代陶瓷との比較を通じて―」『美術研究』（韓国）国立中央博物館、二〇一六年）一一〇～一四二頁、を基に加筆と一部省略を加えたものである。
（10）文化広報部・文化財管理局『新安海底遺物資料編Ⅰ』（一九八一年）、文化広報部・文化財管理局『新安海底遺物資料編Ⅱ』（一九八四年）、文化広報部・文化財管理局『新安海底遺物資料編Ⅲ』（一九八五年）。

(11) 文化広報部・文化財管理局『新安海底遺物　総合篇』(一九八八年)。
(12) 本章では陶瓷産地の再分類の詳細については割愛した。
(13) 一九八三年までの引揚げ資料の総計。一九八四年調査の引揚げ資料を加えると六〇点を超えると言われている。
(14) 一九八四年の調査でも数点の定窯白瓷が引き揚げられており、その中には元代の製品もあるが、正式な資料提示がされていないためここでは取り上げなかった。
(15) 亀井明徳「倭好賞翫の青瓷　試論」『専修大学人文科学年報』第二八号(一九九八年)八〇頁。
(16) 出川哲朗「遂寧窖蔵出土の龍泉窯青磁と新安沖沈船及び日本伝世品との比較」『封印された南宋陶磁展　図録』(朝日新聞社、一九九八年)一二二～一二六頁。
(17) 『新安海底遺物　総合篇』四二二頁、図11。
(18) 成都文物考古研究所、遂寧市博物館『遂寧金魚村南宋窖蔵』(文物出版社、二〇一二年)。
(19) 四川省文物管理委員会「四川省簡陽県東渓園芸場元墓」『文物』一九八七年第二期。
(20) 森達也「宋、元代竜泉窯青磁の編年的研究」『東洋陶磁』二九(東洋陶磁学会、二〇〇〇年)。
(21) 杭州市文物考古所『南宋太廟遺址』(文物出版社、二〇〇七年)彩版三八、五〇、五一、五二、五四、五七、一一五～一二〇、一二五、一四〇、一四一ほか。ただし、報告では大部分の福建陶瓷が「未定窯口(窯不明)」と表示されている。
(22) 朱勇偉・陳鋼『寧波古陶瓷拾遺』(寧波出版社、二〇〇七年)、寧波市文物考古研究所『永豊庫　元代倉儲遺址発掘報告』(科学出版社、二〇一三年)。
(23) 森達也「伊朗波斯湾北岸幾個海港遺址発現的中国瓷器」『中国古陶瓷研究』第一四輯(紫禁城出版社、二〇〇八年)四一四～四二九頁。
(24) 榎本渉『東アジア海域と日中交流―九～十四世紀―』(吉川弘文館、二〇〇七年)ほか。

3章　海上の道、海底の船

村井章介

1　"Five Centuries of Maritime Trade"

筆者は、二〇一一年三月十一日、二〇〇九〜二〇一一年度科学研究費補助金「鉛同位体比を用いた東アジア世界における金属流通に関する歴史的研究」[(1)]（代表者—別府大学客員教授平尾良光）の連携研究者として、マニラのフィリピン国立博物館（Pambansang Museo）[(2)]を訪れた。調査団の目的は、引き揚げられた古沈没船に積まれていた鉛製品の精査で、おもな目あては一六〇〇年にマニラ沖で沈んだスペイン軍艦サン・ディエゴ号の積荷だったが、同館二階第一室には「西欧勢力到達以前の海洋交易に関する専門家むけの積荷展示」と銘うった"Five Centuries of Maritime Trade"という展示があり、十一世紀末〜十六世紀中葉の五つの沈船からの引き揚げ遺物が並べられていた。博物館のウェブサイトに掲げられた英語の紹介文を拙訳で掲げる。

スペイン勢力の到来より数世紀前から、商船はすでに東南アジアを貫いて航海し、貿易商品をフィリピン諸島へ運んでいた。そうした船のある部分は何ごともなく海を渡ったが、ある部分は自然の災害や海賊の襲撃によって沈んでしまった。その後きわめて長い時間、これらの船の遺物は、宝物狩人《トレジャーハンター》や探検家や考古学者によって発見されるまで、海

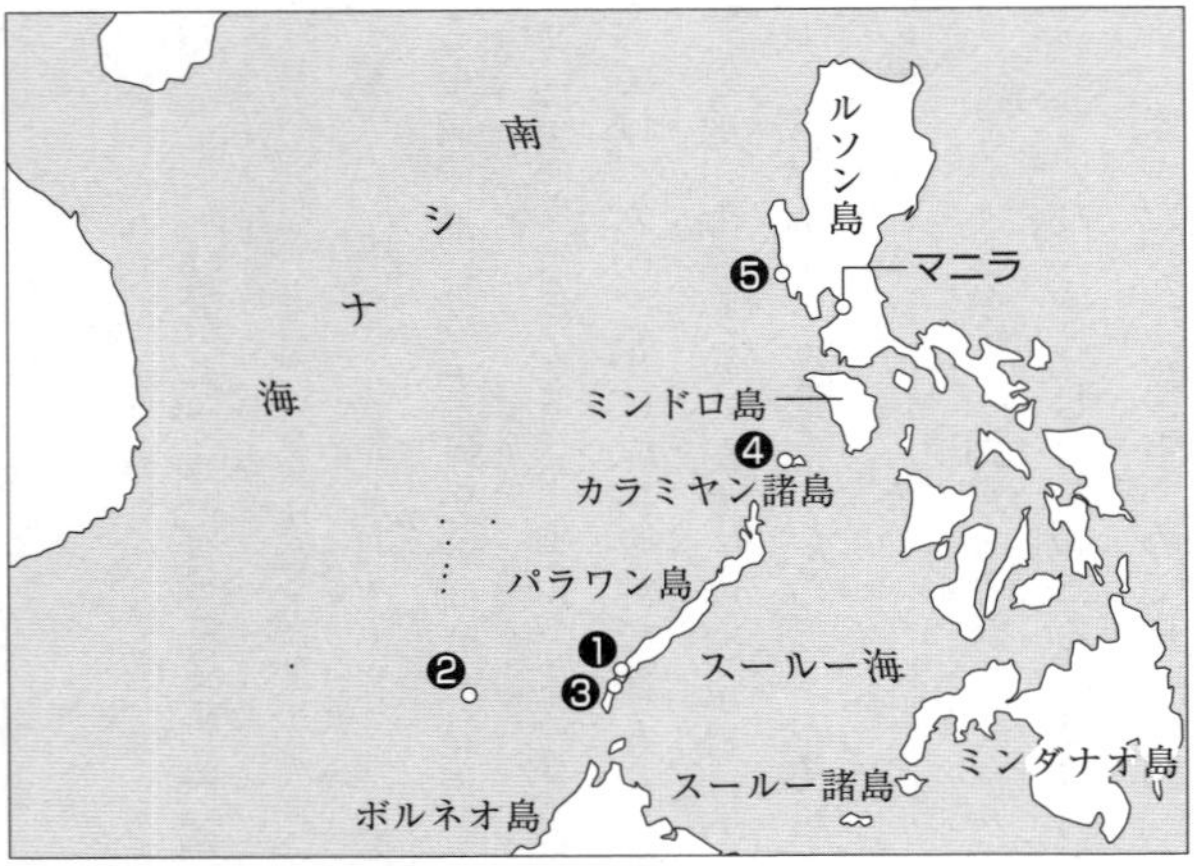

図1　沈船の発見された場所

底に眠っていた。これらの船の発見は、ヨーロッパ人が来るより前から、東南アジア地域の人びとの間に活発な貿易があったことの確かな証拠である。これらの船はさまざまな陶磁器やその他の商品を中国、ベトナム、タイから運んだ。

五つの船の様式はいずれも中国式外洋船ジャンクである。発見された地点は、ボルネオ島東北端とミンドロ島をつなぐ細長いパラワン島およびその付属島嶼と、ルソン島西岸に集中しており（図1）、南シナ海の東南縁に沿って東南アジアと中国南部を結ぶ海路との密接な関係がうかがわれる。この海路は中国沿岸をスルーする捷路だが、島や浅瀬・岩礁の多い難所でもあった。

本章では、この第一室の展示物と英語による説明文（博物館ウェブサイトの簡介をふくむ）をもとに、フィリピンにおける沈船事例の特徴をあらあら紹介するとともに、十六世紀後半にポルトガル人が作った地図にあらわれたこの海路の特徴的な姿を瞥見し、また右述のサン・ディエゴ号の展示との対比を試みたい。あくまでソースは二〇一一年時点での博物館展示に限定されており、フィリピンの水中考古学調査・研究の現水準を反映したものではないこと、説明文の拙訳は（とくに陶磁器用語において）心もとない部分があることをおことわりしておきたい。

本章で中心的にとりあげる十五世紀の二事例に入るまえに、十三世紀以前の二事例にふれておく。〔❶パラワン島西南ブレーカー礁[3]のジャンク船〕は、十一世紀末～十二世紀初と年代判定され、博物館ウェブサイトではつぎのように説明されている。

この船の発見により、中国中南部産業地帯のジャンクが果たした役割について、最初の証拠が得られた。沈船には薄緑色に発色する施釉炻器（越州窯系青磁か—筆者補）、磁州窯の絵入陶器、白磁（porcelain with a feldspathic glaze）などが積まれていた。回収された陶磁器、とりわけ磁器は、南シナ海でこれまでに発見されたもののなかでもっとも古い。

〔❷パラワン沖カラヤーン群島インベスティゲータ瀬のジャンク船〕[4]は、パラワン島南端西方のカラヤーン（南沙）群島域に属する水深三〜四メートルの浅瀬で発見され、十三世紀末の年代が与えられている。ウェブサイトおよび展示説明文にはこうある。

> 貴重な貨物は主として青磁または青白磁の杯・碗・受け皿・皿だった。その多くは側面を帆立貝風に造り、疑いなく蓮華の花弁に象られていた。なかには櫛でらせん状の文様を彫りつけたすばらしい水差しもあった。遺物の一つは五四キログラムものブロンズのブレスレットを詰めこんだ大きな壺で、上に茶を敷きつめて隠してあった。この時代にはすべての金属類の持ち出しが皇帝の命により禁じられていたので、このジャンクが密輸に使われた違法船だったことは疑いないと思われる。

以上二例の積荷は中国陶磁が中心で、華南の窯業基地で船積みされて東南アジア海域をめざす途中で遭難したものと考えられる。目的地がフィリピン群島内にあったことを示す確かな証拠は見つかっていないようである。

2　十五世紀の二つの沈船をめぐって

十五世紀に入ると、この海域の交易ルートに大きな変化が生じた。その画期をなしたのはイスラム王国スールー（蘇禄）の登場である。[5]スールー王国はミンダナオ島西方、ボルネオ島との間のスールー諸島に発祥し、内海であるスールー海全域に勢力をひろげていった。その成立は十四世紀にさかのぼるという説もあり、いずれにせよ十四世紀末にイスラム教がフィリピン諸島に伝わったことが、変革の契機となった。いまなおミンダナオ島西部やスールー諸島ではイスラム勢力が強く、カトリック勢力への抵抗を続けていることはよく知られていよう。

〔❸パラワン南部パンダナン島沖の難破船(6)〕は❶の場所のほど近く、島の海岸から二五〇メートル、水深四二メートルの海底で一九九三年に発見され、一九九五年までの調査で四七〇〇点あまりの遺物が回収された。年代は永楽通宝（一四〇三〜一四二四年）の存在から十五世紀初頭とされ、遺物の八〇％は無傷だった。船の様式は「中国式商船」だが、遺物の多くはベトナムとタイの産品だった。ベトナムで建造された可能性もある。遺物の概要と引き揚げ作業のジオラマの説明を左に掲げる。

一九九三年、真珠養殖場の潜水夫がパラワンのパンダナン島海岸から大きな陶磁器の水差しを発見した。発見後すぐ、国立博物館との提携により管理された発掘が行なわれた。積荷は奇跡的に無傷で、捕食生物から守られ、何百年間も平穏に過ごした。専門的考古学者、プロのダイバー、そして科学者は、西洋人によって記述されてきたフィリピン史を書き替えるかもしれない過去への重要なリンクを解明した。学者たちによれば、積荷は中国式商船によって、インド化されたチャンパ王国からフィリピンに持ちこまれ、林産物、金、そして有名な「南海真珠」と取引きされた。

発掘が一九九五年五月五日に終ったとき、ダイバーは水中で合計一〇四四時間を過ごし、九四七回の潜水を行なった。この模型は考古学者たちがどのように水中調査を実施したかを再現している。作業台として造られた木製の筏は、沈船の上に係留され、貯蔵所、動力基地として機能し、潜水用の圧縮空気を供給した。水中発掘は、計測のための基準点として使われた中心線によって誘導された。移動可能な四角いグリッドを下して、それぞれの考古学的標本が回収された場所を記録し、特別な装置を用いて写真が撮影された。あるダイバーは水ポンプにつないだ真空ホースを使って発掘し、別のダイバーは海底を真空で掃除しながら点検している。

〔❹パラワン北部ブスアンガ島沖レナ瀬のジャンク船〕は、一九七七年、沿岸警備隊が漁師から五〇〇点の陶磁器を押収したことから発見され、遺跡はフランスの水中考古学者フランク・ゴディオ Franck Goddio とフィリピン国立博物館の協力のもと、珊瑚礁水域の四八メートルの深さの場所で確認された。十五世紀末、一四九〇年ころの年代が与えられている。博物館の展示説明はつぎのように述べている。

この発見の価値がわかっていた地元の美術商は、金や宝石を見つけてくれると信じて、人びとに歩合を払って貧弱な装備で五〇メートルの深さまで潜らせた。実際には、積荷は小さな青銅砲や象牙さえもふくむ五〇〇〇点近くの品で構成されていたので、予想よりはるかに貴重なものだった。

遺物目録はきわめて豊かな情報をもたらし、ある程度までジャンク船の航路を示した。船は龍泉窯の青磁や景徳鎮の青花を積んで中国の港を出帆した。その後、海岸づたいに安南とシャムの港に入り、それぞれの停泊地で取引きと荷積みを行なった。シャムのスワンカローク青磁の存在がこれを説明している。ジャンク船は航海を続け、その後とつぜん姿を消した。おそらく暴風雨に捕まったか、海賊の襲撃に逢う運命だったのだろう。

この船に積まれた陶磁器、とりわけコバルトブルーで彩られた磁器（青花）はすばらしい。形状は均質でよく造形されており、胎土はきわめて純粋なカオリンをふくみ、高度に専門的な職人の技能によって装飾的な意匠が施され、釉薬は光沢がありかつ透明だ。いくつかの品はイスラム教徒の顧客を示唆している。これと同等の豊かなコレクションを展示しているのは、イスタンブールのトプカプ・サライとテヘランのアルデビル廟だけだ。この積荷はおそらくスルタンが目あてだったのだろうか？

船の最終目的地については、フィリピン諸島のイスラム王国、ボルネオ島、マルク諸島など諸説あり、マラッカで西アジアへの輸出用に売却されるはずだった、という説もある。(7) しかし十六世紀のスペイン到来以前、ルソン島にはブルネイの影響下にある都市が多く存在し、その首長の何人かはブルネイのスルタンの娘を妻としていたという。十五世紀にいたって、沈船❸❹にベトナムやタイの陶磁器・象牙・錫のインゴットなどが積荷にふくまれるようになる背景として、フィリピン諸島にイスラム王国が林立し、それらの商品の顧客となったことを想定してさしつかえないだろう。

3　十六世紀後半ポルトガル製地図に描かれた"Costa de lucõis"

一五一一年にマラッカを占領したポルトガル勢力は、東に進んで当初の目的である香料諸島方面へ進出するだけでなく、東北方向、中国南部の沿岸部へ進んで明との交易を開こうとし、紆余曲折を経て浙海の密貿易基地双嶼（リャンポー）に拠点を定めるにいたった。そのころポルトガル人が作成したアジア地域を収める地図のなかに、きわめて特徴的な地形描出があらわれる。ボルネオ島から東北方向に延びて小琉球 lequio peqeno（台湾島）にいたる直線状の海岸がそれで、ルソン海岸 Costa de lucõis という名が付されている。これを現在の地図と照合すると、ボルネオ島北端とバラバク海峡をはさんで西南から東北へほぼ四五度の角度で連なる、パラワン島、カラミヤン諸島、ミンドロ島、そしてルソン島西岸におおむね比定できる。先述の五つの沈船事例のすべてが、まさしくこの「ルソン海岸」に集中しているのである（❹のブスアンガ島はカラミヤン諸島の一つ）。

この海岸描写が最初にあらわれるのは、一五六三年にラザーロ・ルイス Lazaro Luiz の作った「世界図」（リスボン、科学アカデミー蔵、図2）で、これをほぼ踏襲したのが、一五六八年にフェルナン・ヴァス・ドゥラード Fernaõ vaz Dourado の作った「世界図」（マドリード、アルバ公爵蔵、本稿では推定一五七六年リスボン国立図書館蔵本を掲げる。図3）である。一五七三年のドミンゴス・テイセラ Domingos Teixeira の「世界図」（パリ、フランス国立文書館蔵）はドゥラードのアトラスを一枚の画面に合成したものとみられる。この「ルソン海岸」という地名表記は、ルイス図では borneo や Siao（シャム）とおなじサイズの字で大書されている。さらに、三地図ともにほぼおなじ意味の、地図中の記載にしては長いポルトガル

図2　ラザーロ・ルイス「世界図」(部分，南が上)

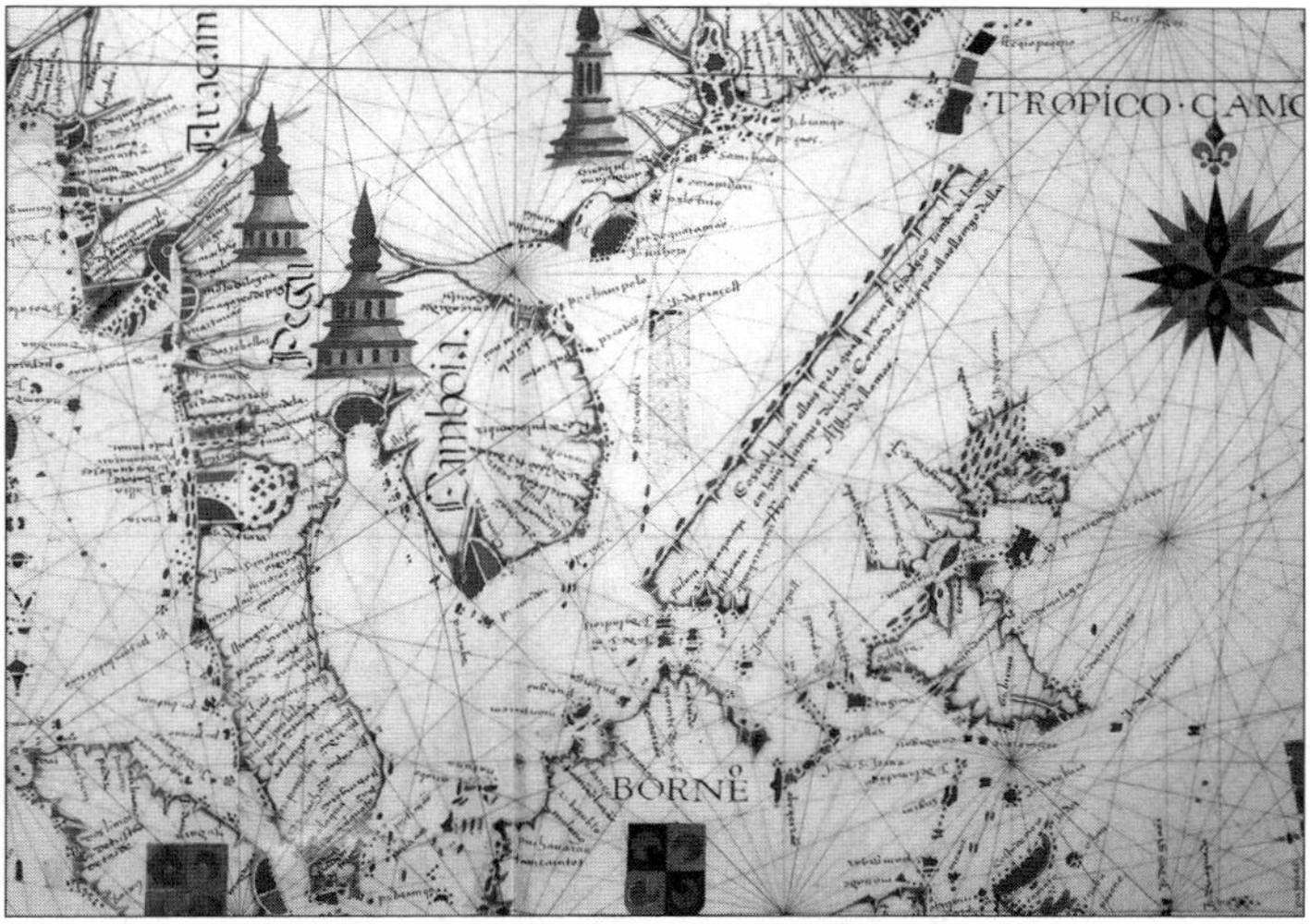

図3　フェルナン・ヴァス・ドゥラード「世界図」(部分)

語の文章が付されている。(8) ルイスのものを示すとつぎのとおりである。日本語訳は浅見雅一氏にお願いした。

> Costa de lucõis e laos por omde pacou po fidalgo vimdo de borneo Num Jumco de chins e coreo com temporal ao longo dela foi tomar llamaõ（ルソンとラオスの海岸。このあたりを中国人のジャンク船に乗ってボルネオから来た、ペロ（またはペドロ）というフィダルゴ（小貴族）が通った。彼は暴風雨によってその海岸に沿って進み、リヤマン島を奪いに行った。）

laos（ドゥラード図ではllaus）はルソンの近くの地名らしいが明らかでない。リヤマン島は小琉球と海峡をはさんでむかいあう中国沿岸に、ルイス図ではI.de lamaõ、ドゥラード図ではI.llamaõと見える（I.はIlha＝島の略記）。広州湾よりは東のほぼ北回帰線上に記されており、広東東端の汕頭《スワトウ》あたりに比定できそうだ。「ペロ（またはペドロ）というフィダルゴ（小貴族）」は、一五四四年に種子島に来て、鉄砲伝来とも多少のかかわりをもったスペイン人、ペロ（ペドロ）・ディエスPero（Pedro）Diezの可能性が高い。かれはマレー半島のパタニから福建の漳州を経て、同年に「日本の諸島」にいたっている。種子島から紀伊国根来《ねごろ》に鉄砲を伝えた津田監物《けんもつ》は、同年に種子島に滞在していた「皿伊旦崙《ペイタロ》」から「阿留賀放至arcabuz」（スペイン語で鉄砲）の技術を学んだ。(9) 漳州は福建の西端にあり、汕頭から北東方向へさほど遠くない著名な貿易港だ。ディエスはパタニから「中国人のジャンク船」、おそらくは密貿易船に乗って、ボルネオ、リヤマン島、漳州とたどり、種子島へ到達したのであろう。「リヤマン島を奪いに行った」という表現から知れるように、かれはまさしく後期倭寇の海賊集団に加わっていたのである。

さて、五つの沈船の最後の事例、〔❺ルソン島サンバレス海岸サン・イシドロ沖沈船〕は、十六世紀中葉の年代が与えられている。一九九五年、ルソン島沖で失踪したオランダ船の探索中に、水深五〇メートルの海底から発見された。解説文にはこうある。

> 回収された品の大部分は中国南部汕頭地域の窯で生産された陶磁器だった。それらは景徳鎮で用いられるもっとも高

度な製法の模倣によるもので、自発性と単純性の双方を示す。中国南部沿岸のいたるところで勃興して大窯業基地と貿易利潤を分けあった小企業の製品と考えられる。

南シナ海をはさんでむきあう広東東部・ルソン島間の局地交易の船と考えられる。一五六七年、明は郷紳勢力の海外交易への熱望に圧されて、国是だった海禁を一部解除した。その舞台こそが漳州府海澄県の月港で、ここを起点に中国商人の海外展開がさかんになるが、もっとも通船の頻度が高かったのがルソン島だった(10)。❺の遭難が海禁解除以前である可能性も相当あるが、いずれにせよディエスの軌跡にあらわれた「ルソン海岸」と中国南岸をつなぐ海路の活況を示す実物資料だといえる。

4 "Treasures of the SAN DIEGO"

国立博物館の展示全体を見渡して印象的なのは、一六〇〇年十二月十四日にマニラ近海（off the coast of Nasugbu, Batangas）で沈んだスペイン軍艦サン・ディエゴ号San Diego に関する展示が、異様に大きなシェアを占めていることである。同船は、『フィリピン諸島誌』の著者として知られるフィリピン総督代理アントニオ・デ・モルガ Antonio de Morga の旗艦で、オランダ艦隊を深追いして逆に沈められた。一九九一年から一九九三年にかけて、フランスの調査隊とフィリピン国立博物館の共同で発掘・引き揚げ調査が実施され、船体をふくむおびただしい遺物が回収された(11)。

博物館のギャラリーは三階建ての一〜三階にあり、一階がサン・ディエゴⅠ（沈船現場の復元）と Hugao House（未確認）、二階が第一室＝今回紹介した展示、第二室＝サン・ディエゴⅡ（歴史）と Linnaeus and Linnaeans（リンネ植物学関係か）、第三室＝サン・ディエゴⅢ（宝物）、三階が起源から現代にいたるフィリピン人民の歴史、となっている。つまりサン・ディエゴ関係がほぼ三分の一を占め、これに二階第一室を加えると、沈船関係だけでほぼ半分を占めることになる。

ちなみに、二階第一室の展示についての図録は作られていないが、サン・ディエゴ号については"Treasures of the SAN DIEGO"と題するりっぱな図録が一九九六年に同博物館から刊行されている。ニューヨークで開催された同題の展覧会にむけて出版されたもので、使用言語は英語だけである。

フィリピン考古学が専門の東京外国語大学大学院総合国際学研究科小川英文氏の「博物館の見どころ[12]」によると、現在の博物館はフィリピン革命百周年にあたる一九九八年に、旧大蔵省の建物を全面改修して旧館から移転したもので、考古と民族の展示が中心だという。同氏はサン・ディエゴ号展示の価値を充分に評価しつつも、「しかしひとりの来館者としては、博物館全体の展示スペースの中でなぜサンディエゴ号に半分近くが割かれているのかという疑問が残る」と感想を洩らし、さらにつぎのように述べている。

実はサンディエゴ号の遺物をめぐっては開館前から、テレビや新聞を舞台とした国民的な議論が持ち上がっていた。発掘調査が終了したサンディエゴ号の遺物は旧国会議事堂で小規模な展示会が開催された後、フィリピン国外に持ち出され、……一九九七年暮までフィリピンに戻ってくることはなかった。これに対してメディアは敏感に反応し、新聞紙上やテレビ番組の中で、なぜフィリピンから出土したものを海外でこれほどまでに長く展示するのかという問題が取り上げられた。その結果、国立博物館の館長宛てに多くの人々から投書が寄せられ、サンディエゴ号の展示は国民感情を慎重に配慮して検討され、現在のように広い展示スペースを確保するようになったという経緯があった。

しかしそれでもなお、なぜスペインの遺物をフィリピンの文化遺産として取り戻そうとするのかという疑問が残る。サンディエゴ問題が議論されていた九〇年代中ごろは、独立革命百周年を迎えるにあたって国民意識を見直そうとする機運が高まった時期で……あった。こうした国民意識をめぐる議論には、たとえスペインの遺物であっても、フィリピン国内で発見された以上フィリピンの歴史の一部であり、フィリピン人としてのアイデンティティ確立のための文化遺産として、その歴史的意義を認識していこうとする姿勢をうかがうことができる。……

「フィリピン人」のための「国立」博物館の展示として、どのような内容が望ましいのか、軽々しく感想を述べることはさしひかえたいが、考えさせられる事例である。

(1) その成果は平尾良光・飯沼賢司・村井章介編『大航海時代の日本と金属交易』別府大学文化財研究所企画シリーズ③「ヒトとモノと環境が語る」(思文閣出版、二〇一四年)にまとめられている。
(2) pambansang はタガログ語で national を意味する。
(3) reef を礁と仮訳した。
(4) shoal を瀬と仮訳した。Investigator Shoal はフィリピン、中国、ベトナム等が領有をあらそっているカラヤーン群島(タガログ語。中国語名南沙群島、英語名スプラトリー群島)にふくまれ、「楡亜暗沙」という中国名が与えられている。
(5) 松浦章「明清時代における中国蘇禄関係史」関西大学人文科学研究所『関西大学文学論集』三〇巻二号(一九八〇年)、三王昌代「私の研究ノート—東アジア交流史のなかの「蘇禄(スールー)」—」『歴史地理教育』六三九号(二〇〇二年)。
(6) 田中和彦「フィリピン、パンダナン島沖沈船遺跡出土の土器について」林田憲三編『水中文化遺産—海から蘇る歴史—』(勉誠出版、二〇一七年)。
(7) http://www.franckgoddio.org/projects/ancient-trade-routes/lena.html(二〇一七年十二月十五日閲覧)
(8) ドゥラード図では、「ルソン海岸」は、北は中国・日本、南はボルネオ島までを収める画面と、同海岸以南、ジャワ島方面を収める画面の二カ所に記されており、前者に本文でふれた長い文章が、後者に LVCÕIS の大きい字が、それぞれ入っている。テイセラ図は文章のみで大字表記を欠いている。
(9) 村井章介『日本中世境界史論』(岩波書店、二〇一三年)二九五頁。
(10) 梅木哲人「福州柔遠駅と琉球・中国関係」中国福建省琉球列島交渉史研究調査委員会編『中国福建省・琉球列島交渉史の研究』(第一書房、一九九五年)一一一〜一一七頁。
(11) 田中和彦「マニラ沖に沈んだスペイン船サン・ディエゴ号が語るもの」前注(1)書、所収。沈没のいきさつを語る文献史料が、ほかならぬ『フィリピン諸島誌』である。

（12） http://www.tufs.ac.jp/ts/personal/kidlat/gyouseki/Museum%20of%20the%20Philippine%20People.htm（二〇一七年十二月十五日閲覧）

Ⅱ部　世界の水中遺跡

1章　沈没船遺跡の考古学

木村　淳

はじめに

本章では、水中遺跡のなかでも、沈没船遺跡について、その発掘調査及び研究事例を概観し、その成果が、どのように歴史理解につながるかを考える。先史時代からの丸木舟・葦舟・筏などの原始的な舟の利用に限らず、数千年間の船の役割は、海上交易、移住、入植、紛争さらに海上覇権など人類史上の様々なテーマに関連する。海域世界の証言者として、現代に残された船の遺跡は、その役割を果たしていれば、港に着いて、その先の陸上世界へとヒトやモノを運ぶはずであった。〝水中考古学（Underwater Archaeology）〟は、海上交通が盛んであった地中海で始まり、これまで多くの沈没船遺跡が発掘調査されてきた。陸上と同様の原理原則を、水中環境での発掘調査に適用することへ考古学は成功し、沈没した船や沿岸部の港跡などの遺跡空間の詳細な研究を行う手段を確立した。人類史における海上活動の物質痕跡となる資料の増加は、学問領域の拡大と専門化をもたらし、諸外国では〝船舶考古学（Nautical Archaeology）〟と〝海事考古学（Maritime Archaeology）〟という分野が認知されるに至っている。国内でも沈没船の発掘調査事例があるが、沈没船遺跡の研究が、考古学分野において十分に認知されているわけではない。考古学と歴史学は、学際的関係を築くことが求められてきたが、沈没船遺跡研究において、こうした点は今後の課題となっている。以下に、ヨーロッパや東アジア・東南アジアでの沈没船の積み荷や船体の発掘調査事例を紹介し、造船史と海上交易に着目しながら、沈没船遺跡研究の在り方を提示する。

1　沈没船は遺跡であるのか

沈没船とは、自然現象やあるいは人為的な行為が理由で水中に没した船のことである。突風や暴雨風、波浪などの自然災害が船を水没させるほか、不用となった船の廃棄、海上での襲撃（海賊行為）、海戦によって船が沈む（沈められる）場合もある。あるいは自然現象と人為ミスが重なって船が座礁などする場合もある。また船の運命が、葬送として終わる場合、陸地に埋められる船もある。失われる場所が海域であれば、沿岸付近や遠洋と様々である。文献記録上、地中海の紀元前八世紀から十五世紀までの沈没船約一一〇〇隻の位置については、統計的には沿岸や港付近座礁や難破が多いことが分かっている。(1) 船の沈没は、海岸や停錨地の近場で頻発していたのである。後述するように、二十世紀から、地中海沿岸部沖合いの海底で考古学者が潜水をしての遺跡探査や発掘調査を開始、その学術報告は、水中考古学の所産として評価された。ヨーロッパやアメリカの研究機関による初期の水中発掘調査の成果は、考古学の下位分野に、海底に良好な状態で遺存した船体や積み荷の解釈を専門とする船舶考古学や海事考古学を位置づけた。(2)

今日、沿岸部や浅海だけでなく、深海でも海洋環境・資源の開発や利用が盛んであり、近年ではより深い海での新たな沈没船遺跡の探査も進んでいる。航海の最中、沖合いで沈没の憂き目に遭った船は、行方知れずとなって、詳細な記録が残らない場合がある。遠洋の深い海に沈んだ船の詳細については、近年まで明らかにされていなかった。一九九〇年代の終わりからマサチューセッツ工科大学の研究班が、地中海イスラエル沖や黒海での深海海底の探査を開始、沈没船遺跡調査における〝深海考古学（Deepwater Archaeology）〟の道を開いた。[3] 船材を分解するバクテリアなどの活動が低調な嫌気環境が保たれ、開発事業や漁業活動の影響が少ない深海では、良好な状態で沈没船遺跡が保存されていることが判明した。二〇一五年からサウサンプトン大学の海事考古学研究所（Center for Maritime Archaeology）ほか、アメリカのコネティカット大学、ブルガリア政府水中考古学機関などの研究機関が加わった〝黒海海事考古学プロジェクト（Black Sea Maritime Archaeology Project）〟では、一二年間の探査で六〇隻以上の沈没船が深海底で発見された。最古級で紀元前四～五世紀の沈没船ほか、ヘレニズム時代の交易船、ローマ時代のガレー船、十世紀頃のビザンツ帝国時代の船、さらにはオスマン帝国時代の船など、多岐にわたる時代の沈没船遺跡が確認された。これまでは文献上に記録され、図象に描かれたりする断片的な情報によって、古代の船舶を概括してきたが、深海考古学の成果によって、我々は、マストが直立したままの状態で海底に埋没するガレー船の残骸を目にすることができるまでになった（図1）。

図1　黒海海底で発見されたローマ時代のガレー船　船体のほとんどが埋没しているが，直立したマストが沈んだ当時のままで残っている。

　良好に保存された船の残骸や、積載された状態で発見される一括性の高い交易品、あるいは船上生活を伝える航海者の身の回りの品など、独特の資料価値を有する沈没船は、考古遺跡の空間として五〇年以上前から発掘されてきた。遺跡価値について、沿岸に残る港湾等の遺跡や、陸上の生産地あるいは消費地遺跡との関係や比較において理解する見方が今日では主流となっている。陸上と水中問わず出土した船の残骸は、船体考古資料として、造船技術や、ヒト・モノの水上輸送の実態解明のため研究されてきた。

2　日本の水中遺跡研究における沈没船

国内では、没した船の歴史的価値は、どの程度認知され、どのような研究が進んできたのか、以下に簡単に述べる。日本では、水中考古学の特殊性を、水中という環境に関連づけ、そこで発掘調査することの実現性が常に着目されてきた。この見方では、陸上と同じ精度での作業実施こそがその目標とされてきた。言い換えれば、潜水することなく陸上と同様の作業が実施可能であれば、水没した遺跡での水中発掘調査は必ずしも要求されない。把握が難しい遺跡を対象にした文化庁報告『遺跡保存方法の調査研究』では、一九八〇年に琵琶湖の粟津湖底遺跡を事例とした検討が行われ、その後の琵琶湖での遺跡発掘調査では、湖底を陸地化する方式が採用された。日本の水中遺跡研究の成果としては、小江慶雄の葛籠尾崎湖底遺跡研究を嚆矢に、(4)縄文時代の湖底遺跡研究がまず挙げられる。

二〇〇〇年刊行の文化庁報告では、全国三二四五市町村（当時）向けの水中遺跡の所在地のアンケート調査の結果が示されており、うち所在が判明している二一六件の水中遺跡については、水中遺跡名や遺跡所在地のほかに、遺跡立地、年代、遺跡・遺構・遺物の種類等の記載がある。詳細不明を除いて、立地面では、海に一〇九遺跡と湖沼・河川に八八遺跡、全体の時代区分別では縄文時代とされる水中遺跡が約七〇件で最多、石器・土器の散布地の件数が約七〇と最多で報告されている。日本国内で水中遺跡として確認されている沈没船の数であるが、詳細が分からないものも含めて二〇件を超えた程度に過ぎない。(5)

学史上、北海道江差町沖の徳川幕府海軍旗艦であった開陽丸の水中発掘調査は大きな意味をもつ。(6)開陽丸は、海防充実と西洋式船による軍備増強を目指した徳川幕府によってオランダで建造された。海軍の主力艦となる蒸気補助機関を備えた木造船は、一八六五年に竣工した。戊辰戦争勃発の後に、榎本武揚によって開陽丸は蝦夷地箱館の五稜郭に回航されていた。江差を占領し港外に停泊していた開陽丸は、戦局打開の期待を背負っていたが、一八六八年十一月十五日夜半、暴風に見舞われ座礁、沈没してしまう。幕末史、日本近代海事史、造船史に名を残す開陽丸は、その積載物のサルベージが断続的に行われた。一九七〇～一九八〇年代になって江差港の改修工事の際に、遺跡として発掘調査が行われた。行政主導で行われた国内初の本格的な沈没船遺跡の水中発掘調査として記録される。出土した多量の武器類を含む約三万三〇〇〇点の金属遺物と有機遺物については、当時国内で海揚がり遺物の保存処理法が確立していないなか、様々な先駆的な保存の取り組みが試みられた。引き揚げ遺物は開陽丸青少年センター内に展示されることで活用・公開が図られている。二〇一五年は、開陽丸の竣工から一五〇年にあたり、造船所があったオランダのドルトレヒトでは、建造記念プレートが設置され、両国の交渉に新たな歴史を刻んだ。考古遺跡として、複数の関係国にとって歴史的価値を有する沈没船遺跡を特に〝共有海事遺産（Shared Maritime Heritage）〟として保全する考え方が水中文化遺産保護を推進する国際社会にあり、開陽丸にもそのような価値を求めることができる。

国内では、その後も、蒸気補助機関を搭載した十九世紀の幕末～明治初期の沈没船遺跡群が確認されてきた。海援隊のいろは丸（一八六七年）、フランス郵船のニール号（一八七四年）、オスマン帝国海軍のエルトゥールル号（一八九〇年）などである。日本近代史の転換期にあって、重大な海難事故として知られる災害遺跡としての沈没船である。また、ニール号とエルトゥールル号は、外国船籍という点で、フランスとトルコの両国と歴史価値を共有する遺跡でもある。各沈没船の発掘調査は、NPO法人水中考古学研究所、伊豆西南海岸沖海底遺跡沈船調査研究会・東海大学、テキサスA&M大学船舶考古学研究所トルコ支部によって行われた(7)（図２）。国内で限られた沈没船遺跡の発掘調査は、開発行為等に伴う緊急発掘調査ではなく、学術目的の発掘調査として実施された。一方で、十九世紀幕末～明治初期沈没船遺跡群の発掘調査の成果については、埋蔵文化財行政や国内の学術分野では関心が低調との印象も受ける。十九世紀の幕末～明治初期の沈没船の発掘調査の成果が共有されて、遺跡群として評価するような研究分野は成立していない。数千年間、風を動力とした

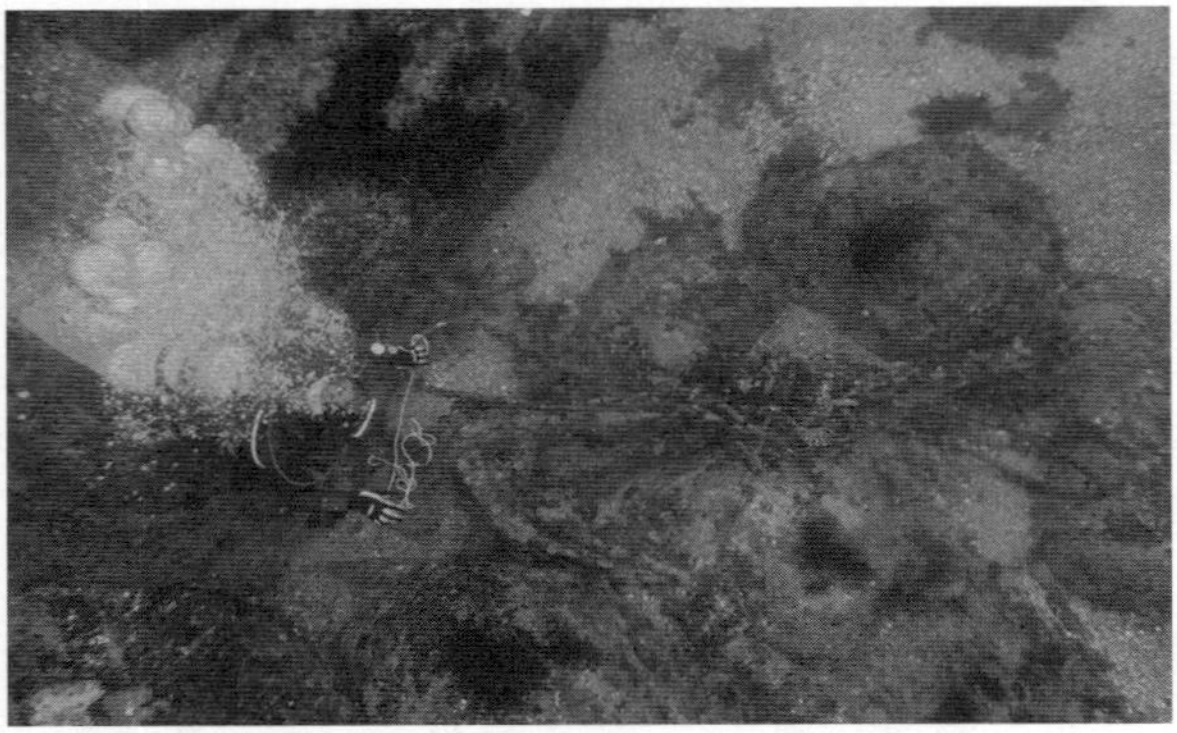

図2　静岡県指定遺跡フランス郵船のニール号の確認潜水　中央は錨。

帆船と隣り合ってきた日本人にとって、蒸気機関を動力とした船の登場は、十九世紀から二十世紀までの社会構造の変革や産業化理解の原点でもある。保全対象となる歴史時代の沈没船を〝史跡沈没船（Historic Shipwreck）〟とするが、幕末～明治時代の史跡沈没船について、国内での歴史評価の基準が整備されることを期待したい。

3　水中考古学と古代地中海世界沈没船の船舶考古学

国内での沈没船遺跡の把握の実数は少なく、発掘調査事例も希少であるが、水中遺跡＝沈没船遺跡との見方も根強くある。この背景には、諸外国で水中遺跡として発掘調査された沈没船事例が紹介されたことも大きい[8]。

水没した考古遺物の存在は早くから報告されており、近年になってその研究成果が新たな知見として報告される事例もある。一九〇一年に海綿採りのダイバーによって、ギリシアのアンティキテラ島沖で、ブロンズ像の腕が発見され、紀元前に沈んだ船の積み荷の存在が知られるようになる。やがて二〇〇点を超えるアンフォラ壺、オイルランプなどの遺物が引き揚げられた。引き揚げ遺物には、のちにアンティキテラメカニズムと呼ばれる青銅製品が含まれていた[9]。二〇センチほどの遺物は錆と付着物で覆われていたが、精巧な歯車が確認され、発見後から機械仕掛けの機構が注目されてきた。発見から一〇〇年以上を経た高解像度のX線分析等により、アンティキテラメカニズムは紀元前二世紀頃に作られた太陽と月の運行を計測するための装置と判明している（図3）。二〇〇〇年以上海底にあったため機構の部品の多くは失われているが、復元作業の結果、本来は三〇個の歯車からなる精巧な装置であると推定されている。装置は古代ギリシアで用いられた太陰太陽暦に合わせて、バビロニア等差数列を基に、月食や日食も予測できたとされる。古代ギリシア世界での天体への理解は知られるところであるが、その正確な運行を宗教儀式や農耕などへ役立てるために、機械を開発していたことは驚きをもって受け止められた。アンティキテラメカニズムは恐らくは輸送途中で水中に没したと考えられるが、その発見は、陸上の目的地に辿り着いたならば失われてしまうような遺物が、水底には残っている可能性を例証した。

地中海では、フランス人海洋学者ジャック・イヴ・クストーらが、一九四〇年初頭に自ら開発したスキューバ式潜水技術を用いて、一九五一〜一九五七年にかけて、フランスのマルセイユのリウ島沖で沈没船遺跡の学術探査を開始する。この時に調査されたグラン・コグリエでの沈没船調査は、水中遺跡の学術探索の幕開けとなった。(10) 発掘調査から二〇年が経過したのち、詳細な引き揚げ遺物の分析が行われた、現在では二隻の沈没船がほぼ同じ地点で沈んだという考え方が有力になっている。一隻は、紀元前二世紀頃に遡る交易船で、四〇〇点のワイン用のアンフォラ壺、シャンパーニュ産陶器皿片が約七〇〇〇点のほか、ほぼ完形の三〇点のギリシア産アンフォラ壺が発見されている。さらにもう一隻のグラン・コグリエ船は、紀元前二世紀末〜紀元前一世紀初頭頃の船で、約一二〇〇点のワイン用の大型アンフォラ壺を積載しており、古代ローマにおいて港市であった現在のイタリア・トスカーナ州のコーサで積み込まれたと考えられている（図4）。ローマ海上交易の繁栄期であった紀元前一〇〇年〜紀元後一〇〇年には、最大五〇〇トンもの積み荷を積載できる交易船が沿岸航海に従事していたとされる。クストーらが発掘したのは輸出地から消費地に届かずに失われた輸送中ワインであり、その交易の実像をそのままに反映するものであった。

地中海世界での沈没船遺跡探査は、ペンシルバニア大学のジョージ・バス（当時）らによって著しい進展をみせる。トルコの海綿採りのダイバーによって、海底から多くのアンフォラ壺が引き揚げられていると報告を受けたバスは、水中に残るであろう沈没船遺跡を精度の高い技術で発掘調査することを計画した。(11) 一九六〇年、良好な遺跡の存在が想定されたトルコ西南のケープ・ゲラドニャで、考古学者を中心とした潜水チームが組織され、二六〜二八メートルの海底で青銅器時代の沈没船遺跡の発掘が行われた。ケープ・ゲラドニャの沈没船遺跡の主要な遺物には、数トンに及ぶ金属品が含まれており、紀元前一二〇〇年頃、これらを海上輸送する途中で沈没した地中海最古級の交易船であることが判明した。重さ二五キロにもなるほぼ純正の銅の鋳塊（加工前の銅原材料）三四点は、三二〇〇年前に船に積載された当時のまま折り重なった状態で出土した（図5）。また錫原材料や、壊れた青銅道具が発見された。青銅品の原材料である銅に錫、再利用のための廃品青銅道具、そして遺跡から発掘された金属加工工具が、職人を乗せた青銅原材料の海上輸送に従事していた船であったことを推定する物証となった(12)。

地中海世界を代表する青銅器文明を築いたミケーネ文明は紀元前一三〇〇年頃まで繁栄を謳歌したが、その一〇〇年後には海の民の脅威にさらされたとされる。紀元前一二〇〇年頃のケープ・ゲラドニャで発掘された船の遺物は、中近東を拠点にしていた航海民の海上交易面での実像に光を当てるものであった。船上生活で明かりを灯したランプが出土しているが、古代カナンと呼ばれた地域で作られたと考えられている。一見エジプト産に見えるスカラベは、シリア・パレスチナ起源で、この地方の航海民が船を操っていたと考えられる。地中海東部沿岸の海上交易に関わったのが中近東の航海民であったことの実態は、エジプト古代都市の貴族墓の遺跡の壁画に描かれるシリア人が抱え上げる銅の鋳塊の形状が、ケープ・ゲラドニャ沈没船遺跡で発掘されたものと一致することからも知られる（図6）。一方でバスは、ゲラドニャ沈没船の発掘の現代におけるこのような意義は、遺跡発掘当時、ミケーネ文明を地中海交易の旗手と考える古典考古学主流派の間で、理解されなかったと回顧している(13)。バスは陸上と同精度での沈没船遺跡発掘調査の水中環境での実現という評価を早くから確立したが、地中海東部海域において海上輸送に従事して航海技術と経済力を蓄えた航海民の活動を沈没船遺跡の研究を通して明らかにしたという本質的な評価を得るまでには時間を要した。

バスは、沈没船を遺跡空間として研究し、船舶考古学を実践する研究所をテキサスA&M大学に設立し、さらに地中海

図4　グラン・コグリエ沈没船発掘の紀元前100年前後のワイン壺（メトロポリタン美術館蔵）

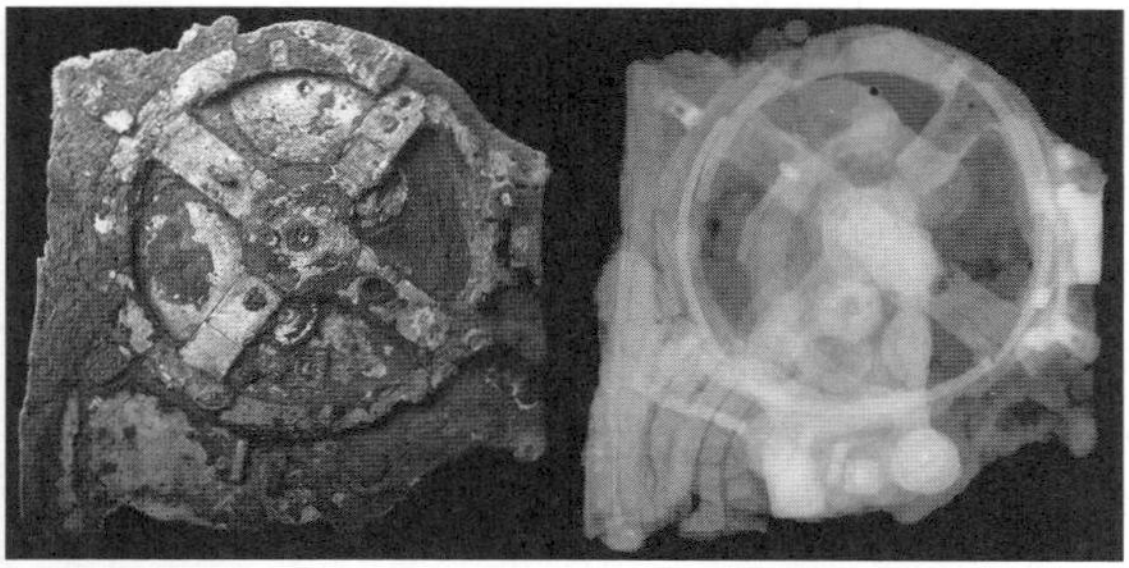

図3　古代コンピューターと評されるアンティキテラメカニズム（アテネ国立考古学博物館蔵）

図5　ケープ・ゲラドニャ沈没船出土の銅原材料（トルコ）

図6　テーベ貴族墓に描かれる銅原材料（エジプト）

図7　ウルブルン沈没船水中発掘調査と銅原材料（トルコ）

での水中発掘調査を継続した。中近東の航海民の地中海交易の担い手としての役割がこれまで考えられていた以上に長期にわたっていたという説は、青銅器時代の最古級とされる三三〇〇年前のウルブルン沈没船の水中発掘調査によってさらなる確証を得るに至った。トルコのアンタルヤ県カシュ近郊のウルブルン沖の水深四五メートルで発見された沈没船遺跡は、一九八四年から一一年の歳月をかけて発掘調査された。発掘中に出土した一五〇点のカナンで生産された甕などから、ケープ・ゲラドニャ船より古い紀元前十四世紀後期頃の中近東の交易船と判明している。ケープ・ゲラドニャ沈没船遺跡と同型の銅鋳塊を含めて三五四点（約一〇トン相当）の銅原材料が発見されており、鉛同位体の分析によって二つの沈没船遺跡から発掘された銅は、共通してキプロス島産であることが分かっている（図7）。さらに錫が一トン見つかっており、青銅器時代におけるその製品の原材料輸送を行った船であることが判明した。ウルブルン船が海上輸送した交易品の原材料品には様々なものが含まれていた。コバルト青色ガラスの円筒形を含むガラス鋳塊は、現存するガラス原材料出土例としては最古である。象牙も出土しているが、カバの歯も多量に確認された。カナン産宝石類を含めて、エジプトへの貢物と考えられる上等な交易品が発掘されており、ミケーネとエジプト間の地中海交易において紀元前十四世紀末の段階でシリア・パレスチナ系の航海民が活躍していた事実をウルブルン沈没船は例証した。

　ウルブルン沈没船では船体の船材も出土しており、航海民が使用した古代の交易船が、どのような姿をしていたのかが復元された[14]。ウルブルン船の復元船長は一五メートル程とされている。古代地中海の海の民の船は、船底の基礎となる竜骨材があるものの、平材で、船底は緩い丸底であった。肋材のようなフレームは使われておらず、船体の強度は外板を組上げた船殻だけで保たれていた。また釘を使用せずに、船材にほぞ穴を開けて門状のほぞを挿して、木栓で固定する造船技法で建造された。ほぞ継ぎで外板同士を強固に接合して船を組立てあげる技術は、前八〜九世紀頃地中海東部海域で活躍したフェニキア人が使用した出土船にも確認されている。キプロス島北部のキレニア沖合いで発見された紀元前四世紀頃の古代ギリシア時代の沈没船は六〇％が遺存しており、船長一四メートルで幅四・五メートルの船体は、四〇〇〇カ所をほぞ継ぎにして外板同士を接合して建造されていた。地中海の造船技法の転換期は、トルコ沿岸沖で発掘された東ローマ帝国（ビザンツ帝国）時代の七世紀ヤシアダ船の詳細な分析の結果明らかになっており、竜骨材と肋材で船の骨格を組上げて外板を張る技術の出現が確認されている。船長二一メートルの船体に六〇トン以上の積み荷を積載しての長距離航海に耐えられたと考えられている。『オデュッセイア』に断片的に描写される地中海交易は、水中考古学発掘調査で沈没船遺跡から出土した輸送中の積み荷の詳細な分析でその実態が明らかとなり、航海民の使用した船の出土と、これら船体考古資料の増加により船舶考古学分野の可能性を提示した。

4　海事考古学研究の確立——ヴァイキング船・ヨーロッパ王朝海軍船・オランダ東インド会社船

水中考古学と船舶考古学が結実し、歴史理解が進んだのは、航海の民として集団移動と軍事力の行使に船を使用したヴァイキングの船文化である。八世紀に災害や政治的混乱を原因にスカンディナヴィア半島を離れた集団は、北海やバルト海に進出し、襲撃者としてそして交易者として、初期ヴァイキング時代（七〇〇〜八四〇年）を築く。民族移動経路は、航海による開拓の道でもあった。ノルウェーのオーセベリで一九〇四年に発掘されたのは船長二一メートル程のヴァイキングの葬船であった。八二〇年頃に建造された船で、船幅の広い初期ヴァイキング船の姿を伝える。オーセベリほか、ノルウェーのゴクスタやチューンで発掘された船体も類似し、いずれも外板を重ねて接合した鎧張りの幅広な流線型船体をもつ。造船技術はすでに高水準に達し、財貨とともに集団移動が可能であった。やがて九世紀末にはスカンディナヴィア半島では、さらに船体が極端に長く、巨大な四角帆に風を受けて数十名のオールの漕ぎ手で推進力を得るロングシップが普及した。中期ヴァイキング時代（八四〇〜九五〇年）にはヨーロッパ沿岸部を軽快に航海して組織的な襲撃を繰り返した。フランク王国や、アングロサクソン人が支配していたイングランドはヴァイキングの艦隊侵入を受けており、八六五年には最大規模の襲撃に見舞われた。やがて後期ヴァイキング時代（九五〇〜一一〇〇年）には、北海帝国（一〇一八〜一〇三五年）が勃興し、ヴァイキング航路が発展、その航海圏が、大西洋のアイスランド、グリーンランドを経て、彼らがヴィンランドと呼ぶ現在のカナダ沿岸の北アメリカ大陸にまで及ぶようになった。ヨーロッパにおいては地中海や内陸にまで進出を果たした。襲撃者、征服者としてヴァイキングの原動力となった船は多様な進化を遂げた。デンマークのかつての中世都市ロスキルドのスクルゼレウ沖合いの海底で発見された五隻の船は、ヴァイキング時代の船の解明の貴重な船体考古資料である（図８）。これらは、フィヨルド湾奥のロスキルドを守る侵入障害壁として、十一世頃に意図的に海底に沈められた船であった。[15] 一九六二〜一九六四年に水中考古学調査と海底を陸地化して発掘されたのは、五〜六名で操船可能な船長約一六メートルで積載量二〇〜二五トンの沿岸輸送船（スクルゼレウ一号）や、船長三六メートルの七八名もの漕ぎ手を必要とした戦闘用ロングシップ（ロスキルド六号）であった。出土した船は大小型の戦闘用の船のみでなく、漁業用、さらには沿岸と遠洋輸送用と、その用途は幅広いものであった。ヴァイキングの造船技術は広く普及し、入植と定住化までを果たした集団が、北ヨーロッパ沿岸の社会・文化・経済活動を支えていた。北海やバルト海、大西洋、そして地中海という海域を舞台にしたヴァイキング船研究は、スカンディナヴィアの歴史動態の解明に新たな見方を示し、デンマークでは、その後、水中に没した沈没船遺跡の把握調査が進んだ。

スカンディナヴィアを中心に北ヨーロッパを席巻したヴァイキング船は、交易・商業用途の船の需要の高まりとともに、徐々に姿を消すことになるが、培われた造船技術は後世にまで影響を与えた。鎧張りの船体は北ヨーロッパの造船技術の伝統として、交易・商業目的に適した大型商船コグの建造にも受け継がれた。北ヨーロッパの造船技術と地中海の造船技術の出会い（造船技術同士の融合）は、地中海海域世界に商業活動に適した新たな船の出現という結果を生んだ。このハイブリッド型地中海コグは、骨格（肋材）を先に組上げて外板張りをする前述の地中海の長年の造船伝統に則って建造されるが、大型四角帆や舵構造は北部の影響を受けていた。十三～十四世紀ハンザ同盟の台頭や地中海交易の発展を受けて、商船は複数の帆柱をもち積載量が増えキャラベル型やキャラック型へと大型化する。キャラック型船の発展は、ヨーロッパにおける海軍力の拡張を促すこととなる。イングランド王立海軍を創設したヘンリー八世によって一五一〇年に建造された軍艦メアリー・ローズ号もキャラック型であった。

出土したヴァイキング船がスカンディナヴィア海域史の理解に寄与したように、一九五〇～一九六〇年代のイングランドのメアリー・ローズ号やスウェーデンのヴァーサ号の引き揚げ事例では、沈没船遺跡の価値を、国家形成史や王朝海軍の歴史に位置づけることに成功したことが見てとれる。テューダー朝期に整備されたイングランド海軍で三四年にもわたって主力艦の地位にあったメアリー・ローズ号は、英仏戦争のソレント海戦で多数の乗員や兵士と共に海に没した。その発見と甲板が残る船体の発見は、イギリスの水中考古学発掘調査の進展に大きく影響した。若い水中考古学者も多く参加したメアリー・ローズ号の発掘調査と、一九八二年の船体引き揚げは、王室の支援を受けて実現したものであった。引き揚げ遺物と船体の保存処理はポーツマスのイギリス海軍基地に隣接する博物館施設で実施された（図9）。この一般公開展示には三〇年近くの年月を要したが、一貫したイギリス国民の支持の下、船体保存と並行して考古学研究も進められた。出土武器類に基づくテューダー朝の艦船戦闘能力分析ほか、海戦時下に船と運命を共にしたイギリス海軍士官や外科医らの船内生活の復元といった成果を上げた。(16) イギリスでは水中遺跡の価値認識が広く共有され、メアリー・ローズ号が沈没した海底を含む六四件を国指定の沈没船遺跡として管理保全している。

ヨーロッパでは、沈没船遺跡の船体の引き揚げによって、絶対王政の創出期における海軍力の整備、海洋覇権を争った時代の国家像が明らかとなった。一九五六年に船体引き揚げが行われたヴァーサ号もまたスウェーデンのヴァーサ王朝の旗艦であった。同船はグスタフ二世アドルフによって一六二八年に建造されるも進水後すぐに過剰な自重で沈没した。しかしながら、ストックホルム湾海底の嫌気環境が幸いしてその船体は九五%以上が遺存していたため、大規模な引き揚げが行われた。ヴァーサ号博物館では、十七世紀としては例外的に保存状態が良いその船体の研究成果が近年になってまとめられ(17)、保存処理の経過分析は未だ継続中である（図10）。スウェーデン王国の海軍系譜に連なる重要な船という認識は、

図８　ロスキルド沖スクルゼレウ出土のヴァイキング船（ヴァイキング船博物館，デンマーク）

図９　メアリー・ローズ号博物館展示船体（イギリス）

図10　ヴァーサ号博物館展示船体（船尾より撮影，スウェーデン）

引き揚げ後も不変であり、保存処理された船体には王室関係者のみ立ち入りが許されている。メアリー・ローズ号同様に、ヴァーサ号は、スウェーデン立憲君主国家発展史のなかでその歴史的位置づけが明確であり、派生的に沈没船遺跡への理解が深まった。同国国内では、沈没船関連遺跡としては三五〇〇件近くの登録があり、その積載物・港湾施設・桟橋・漁労施設などの航海・海上活動全般にわたる考古資料を広く研究対象とする海事考古学が普及した。

オーストラリアにおいても海事考古学は、自国領海内に沈んだ史跡沈没船の発掘調査を契機として、先住民の陸上考古学との対比で、船舶が植民地国家建国の歴史理解につながるという位置づけでその研究が進んだ。したがって、同国で発展した海事考古学は、当初は歴史考古学との関連性が強く、沈没船遺跡についても時代区分をヨーロッパ人移入以前と、植民地としての発展段階である入植期および開拓期と、区分されて調査研究が進められてきた。その端緒となったのは、オーストラリア大陸西岸海域で沈没した十七世紀のアジア進出に関わるオランダの沈没船遺跡の発掘調査であった。オランダ東インド会社は東南・東アジア進出拠点をインドネシアのジャワ島に定め、バタヴィアを建設、貿易管理と政庁機能をもたせ植民地支配の拡大を図った。のちに平戸で商館長を務めたヘンドリック・ブラウエルは、十七世紀初頭オランダ船団の司令官の地位にあった時期に、喜望峰からインド洋を横断しオーストラリア大陸西岸に到達後に北上してバタヴィアを目指す航路を開発したことで知られる。オランダ東インド会社によるアジア進出において画期的であったこの航路は、オーストラリア西岸沖が最大の難所であった。現在までに、四隻のオランダ東インド会社の沈没船の存在が確認されている。オーストラリア西海岸ではオランダ東インド会社船の生存者が残した慶長丁銀や元禄丁銀も発見されている。オランダ東インド会社の一隻、一六二九年に沈んだバタヴィア号は、一九七三〜一九七六年にかけて水中発掘調査が進められた(図11)。同船沈没後の生存者間の虐殺は、オランダ東インド会社船の航海史上の悲劇として知られるところであり、上陸地であったアブローズ群島の発掘調査により、犠牲者の遺骨が確認されている。バタヴィア号の水中考古学調査により、オランダやドイツで鋳造された多量の銀貨、漳州窯産の中国陶磁器類など多数の関連遺物が回収された。また左舷一部や船首尾が遺存しており、建設中であったバタヴィア要塞の城門に使用される予定であった門柱石材と共に発掘され、西オーストラリア海事博物館で展示されている（図12）。アジア交易に関わる遺物の出土は、オランダ東インド会社公式記録を補完する有益な考古資料で、歴史学からの資料評価も期待される。オーストラリアでは、バタヴィア号の水中発掘調査に続き、各州で入植期と開拓期の沈没船遺跡調査が進められ、州政府と連邦政府による史跡沈没船の法的保護と管理体制が構築されていった。新しいものではシドニー湾に沈む、旧日本海軍の特殊潜航艇も、水中文化遺産として保護下にある。国家形成、植民地化、物質文化社会の成立に、船舶による海上輸送が大きな役割を果たしたという理解の下で海事考古学研究が進展した。その後は、オーストラリア近現代史で唯一直接の攻撃を受けた第二次大戦中の相手国の潜水艇を戦跡遺跡として保護管理する状況に至っている。

5　東アジア海域史と船体考古資料研究

海域史、造船技術史、対外交流史、海事史、港市史、または生産地と消費地遺跡との相対的な関係のなかで、日本における沈没船遺跡研究はまだ低調である。日本考古学と歴史学における船の考古学は、国内で一二〇艘を超える丸木舟の出土と、それが準構造船へと形態変化を遂げる理論を一貫して支持してきた。丸木舟が耐航性能を高めるために、舷側板や竪板を船首や船尾に配置する工夫があったことは丸木舟資料にも確認される。丸木舟は、砂洲の発達した潟湖地形などを係留地や港とするなかで、日本沿岸の航海で長く使用された。技術的には、古代においては釘の使用ではなく、木栓や樹皮による船材の端部同士を縫合（緊縛）する技法の痕跡がこれまで確認された出土丸木舟に管見できる。また丸木材を複数利用して、複材刳舟を造り上げて大型化を図ったことも資料に認められる。一方で、日本国内の造船技術の発展を、丸木舟から準構造船への生物進化のように捉える見方には限界も指摘できる。準構造船関連の船体考古資料は圧倒的に不足

図11　オランダ東インド会社船バタヴィア号の海底発掘(オーストラリア)

図12　西オーストラリア海事博物館沈没船館展示バタヴィア号

図13　国立海洋文化財研究所展示莞島船船体(韓国)

しており、さらには船材の接合方法の発展や船体建造方法といった造船技術視点での船舶考古学分析論の不在、そして既存の理論が日本列島での船舶発展で完結し、他地域からの技術の流入や伝播、交渉という視点を欠くといった課題がある。沈没船遺跡研究はこれらの克服を説く。

船体考古資料に基づく東アジア海域全体での造船技術史については、拙著『Archaeology of East Asian Shipbuilding』で、黄海、東シナ海、そして南シナ海と、各海域ごとの造船技術の特徴と歴史をまとめながら、海域間の技術融合について議論した[18]。黄海域と東アジア海域の沿岸での発展については陸上と水中で発掘調査された資料をまとめて個々に論述している。特に北東アジアの朝鮮半島沿いの〝黄海系造船伝統〟[19]については、新羅王朝時代から李氏朝鮮時代の沿岸部や海底の沈没船遺跡で、一三隻以上の船体考古資料が確認されていることから検証可能となっている。一九八〇年代に全羅南道莞島沖の海底で、十一世紀末〜十二世紀初の沿岸航海用の船が発掘されて以降、高麗王朝時代の船の発見が相次いだ。全てが鉄釘を使用せず木釘で建造された平底船で、共通の構造と造船技術が確認されている（図13）。二〇一三年、仁川の甕津郡島の霊興島沖合い海底では、新羅時代の沈没船が発掘調査された。青磁、炻器、鉄鍋など五六点の遺物とともに、船体が出土した。出土したのは大型材を並列に組んで閂で接合する平底船底の一部と外板で、構造と建造法はのちの高麗王朝時代の船体と共通する。

遣新羅使や新羅使の渡海実態は、専門家の協力を仰ぎたいが、新羅船については、船体考古資料に表れている航海性能と、当時の乗船した人間の間での評価が一致するものと考えられる。後者に関して、『続日本後紀』に断片的な記述があることを改めて言及する必要もないかもしれないが、朝鮮半島在来の黄海系造船伝統で建造された船について、どのような認識にあったのかを議論するうえで興味深い。九世紀までに新羅型の船は高い航海性能をもつという評価が定着、太宰府近郊で、同型の船の建造が試みられたと考えられる。韓国での船体考古資料の発掘事例では、新羅〜李氏朝鮮時代まで全てが沿岸航洋船であるが、新羅人が黄海を中心に朝鮮半島周辺海域を広く航海した際には、この平底船を使用したと推測される。八三九年、円仁ら遣唐使が在唐新羅人に助力を願い提供された船の詳細について、明確な記述はないが、朝鮮半島在来技術で建造された船であった可能性もある。新羅海商の海上活動を支えた側面には、水中で発掘された沈没船遺跡で確認される黄海系造船伝統の発展があったという視点について、歴史学との学際的議論の場が設けられることを期待したい。

沈没船遺跡研究では、水中に限らず陸上出土の船体考古資料を扱うが、中国造船技術史上、長く続いた内航水運用の船の建造の時代についての検証はこうした資料による。浙江省・江蘇省など杭州湾以北で、出土した隋代・唐代の船体考古資料は、河川・運河で運用されていた小型船が中心である。江蘇省如皐市出土の河船は平底であるが、外板の接合に鉄釘を使用し、船底を隔壁で仕切るなど、中国船の特徴が認められる。[20] 船底が平底の船は、横流れし、一般に外洋では不向きとされるが、北東アジアの中国では沙船（南京船）の名前で知られる長距離航海用の平底船が様々な資料で確認されている。

一九七三年福建省泉州市沿岸の干潟で出土した泉州船は、広州、泉州や明州といった宋代を代表する港市と各海域との海上交易の隆盛を物語る東アジア交易船の出土資料として船体の研究が可能である。[21] 船体船材の放射性炭素年代測定では、一二二〇～一二五四年が建造年代と考えられる。良好な状態で発掘された船体は約二四メートルの長さで、平底の船が中心と思われていた中国造船技術史上、初めて船底に竜骨材の使用が確認された（図14）。中国船は外板を何層にも重ね張りしてフナクイムシ被害の軽減をするといった、それまで定かでなかった航洋船の構造が、出土事例で明らかとなった（図14）。船倉は隔壁で仕切られており、様々な遺物とともに降真香や沈香などの東南アジア産の香木類が多量に出土しており、これら交易品を南シナ海域から輸送した、あるいは泉州から再輸送しようした船と考えられている。宋元代の対外交易の中心地として、ムスリム商人らが居留した泉州は、南シナ海域交易の中心的輸出港、帰港地であった。

日本の水中考古学研究所と中国政府が水中遺跡探査で協力した時代にあって、一九八七年の広東省陽江市沖で発見された南海一号の調査は、アジア海域で最も良好に保存された沈没船遺跡の存在を明らかにし、水中考古学史に記憶されている。二〇〇七年海底から引き揚げられた南海一号は、残存長は約二二メートル、残存幅一〇メートルで、船形は幅広な泉州船のそれに類似する（図15）。陽江市海上シルクロード博物館館内で発掘が進む南海一号は、数万点の積み荷が積載された当時のままの状態であることが確認されている。隔壁で仕切られた船倉には、福建省産・浙江省産の陶磁器が横に折り重なって出土している。中国中南部沿岸の〝東シナ海造船伝統〟域では、船長三〇メートル弱で、高い航海性能を有し

図16　ジャワ海沈没船出土のタイ産クンディ水注（シカゴ・フィールド自然史博物館蔵，アメリカ）

図14　泉州船竜骨材の結合部，三層外板（中国）

図15　海上シルクロード博物館の南海１号発掘(中国)

ながら、重量のある陶磁器を数万点運べる積載能力の高い航洋船の建造が盛んとなったことをこれらの船体考古資料は教えてくれる。

中国沿岸部建造の船による重量のある陶磁器や金属品の多量輸送は、東シナ海と南シナ海域交易の活性化をもたらした。内陸の諸窯では青磁、白磁、青白磁が生産され閩江などの河川輸送により、中国中南部沿岸の積み出し港に集められた。この時期、広州を出港して、東南アジア半島部沿岸を南下する交易船は、急激に数を伸ばしたと考えられる。インドネシアのジャワ島沖合いで発見されたジャワ海沈没船は、十二世紀初頭あるいは半ばの交易船であることが分かっている。シカゴのフィールド自然史博物館に収蔵されている積み荷関連遺物には、上述の中国陶磁器のほかに、鉄製品に加工される鋳鉄原材料が含まれていた。南海一号にも多量の鉄原材料が積載されていた。広州出港時には、これらを積載していたが、マレー半島のタイ南部に寄港し、パタニ地域生産のクンディ型水注焼締陶器なども積載したと考えられる（図16）。その目的地であったインドネシアでの、祭祀・儀礼目的の陶磁器需要に応えてのことであり、当時の中継貿易システムの発展が窺える。南シナ海海域では、他にも複数の十二～十三世紀の沈没船遺跡が確認されている。東シナ海沿岸部造船産業の発展と宋代海商の進出は、東アジアと東南アジア海域圏の一体化を促し、後述するように造船技術産業に大きな変革をおこした。

6　東南アジア海域史と沈没船遺跡様相

東南アジアにおいても、沈没船遺跡は、積載物を中心とする出土遺物の一括性などが着目されてきた。一方で、その船体が考古資料として研究された事例は少ない。沈没船遺物の売買を目的にし、陶磁器などの引き揚げが優先された結果である。一九九〇年代の終わりにインドネシアのビリトゥン島近海で潜水夫らが、九世紀頃の中国湖南省長沙窯産の陶磁器を発見、後にサルベージ会社によって多量の沈没船遺物が引き揚げられた。引き揚げ遺物は、長沙窯釉下彩碗・皿・壺のほか、越州窯系青磁碗・皿など、高品質な完形品からなる。唐代青花皿や、様々な多種多様な器種が確認される白釉緑彩製品には、法隆寺献納宝物の金銀鍍龍首水瓶に似る水瓶などが含まれる（図17）。華麗な装飾が施された金・銀製食器、さらには漢代の青銅鏡がアンティーク品として積載されていた。これら積載品と同様に、注目されたのがビリトゥン船の船体である。船材には、当時西アフリカからアラビア半島に輸出されていた木材が使用されていたが、構造と造船技術は古くからインド洋で建造されるダウ型に類似することが確認された（図18）。釘を使用せず椰子の繊維ロープで縫合された外板を組上げた船体は、推定で二〇メートル程とされる。一方でその詳細を検証する方法はない。約六万点の完形遺物

図17　法隆寺献納宝物金銀鍍龍首水瓶（左，東京国立博物館蔵），ビリトゥン沈没船出土水瓶（右，アジア文明博物館蔵，シンガポール）

図18　インドネシア沖引き揚げインド洋商船ビリトゥン号復元模型（アジア文明博物館蔵，シンガポール）

の引き揚げ後は、詳細な船体調査や保存が図られることなく、同沈没船遺跡は消失した。引き揚げ遺物は、オークションを通じてシンガポール政府に購入され、アジア文明博物館に収蔵された。出土状況が記録されず、遺跡保存が図られなかったことから、その学術的価値を逸失したとの批判が考古学界に広くあり、歴史学の立場でその資料の重要性を説く研究者との間で現在でも認識の違いがある。沈没船としては希少な九世紀頃のインド洋地域を出港したペルシアあるいはアラブの商船であることが判明しており、その消失は水中に保存されている東南アジア沈没船遺跡の取り扱いに大きな課題を提示した。

東南アジアの海で発見された沈没船から、十世紀以前には、上述のインド洋系の船のほか、東南アジア在来の造船技術で建造された船の大きく二系統の造船技術が確認されている。出土資料に確認される造船技術は、中国の史書にある婆羅門人、波斯人、大食人らが操船したインド洋系の船、崑崙人に代表される東南アジアの航海民が使用した船について、我々の理解を深めてくれる。インド洋系の船について、二〇一三年にタイのサムットサーコーン県のチャオプラヤ河口付近の湿地で発見されたパノムサリ船は、ビリトゥン船と同じく外板を繊維で縫い止める縫合船であった（図19）。良好な状態で保存された船体は約二五メートルで、インドシナ半島産の木材で建造されている。少量であるが、関連遺物も出土しており、ビンロウや象牙、長沙窯陶磁器のほか中東産の尖底壺により、チャオプラヤ川流域に栄えたドヴァーラヴァティー王国期の八世紀頃の船と判断されている。ドヴァーラヴァティー王国は仏教の庇護によりインドと交渉をもち、マレー半島を挟んでの陸路と海路の往来も盛んであった。出土した中東産壺には線刻のパフレヴィー文字で人名が刻まれている。法隆寺献納宝物の香木にも、似た様式でパフレヴィー文字が刻まれているが、あるいはペルシア系の商人によるものか、交易品に名前を刻む習慣があったとも想像される。

海域世界の東西交渉の中心であった南シナ海では、八世紀までには航路ネットワークや交易の中継地となる港市が発展した。海商が傭船し、沿岸や島嶼部の港に寄港し、中継港では荷を積み替えて、目的地を目指した。ベトナム中南部には港市国家チャンパー王国が栄えたが、中部クアンガイ省ビンソン県沿岸近くには堀に囲まれたチャム人が建てたとされる城壁が残る。その付近チャウタン村沖合いで、二〇一二年、沈没船の船材とともに多数の長沙窯陶磁器や越州窯青磁、白磁が地元民によって引き揚げられた[22]。交易品と考えられるこれら中国陶磁器には、漢字ほか、インド系文字、アラビア系文字が、刻文あるいは墨書されている。竜骨材の長さ二〇メートル程の船体は、東南アジア在来の造船技術で建造されており、外板は木栓や繊維ロープで緊縛して組上げられている。チャウタン沈没船の積載遺物は中国とインド洋の商人の関

図19　タイ出土パノムサリ船の縫合された船材

図20　シーチャン島沈没船出土の鉛原材料(円錐型インゴット)　鉛同位体分析の結果，ソント鉱山産と特定(タイ)。

わりを示し、その航海はチャンパー港市との関連が示唆されるが、港市と沈没船遺跡を包括的に研究するベトナムでの海事考古学の進展により全容解明が期待される。

東南アジア在来の造船技術で建造された沈没船がフィリピンやインドネシアの海底で発見されている。中国建造の船以外の、広州を訪れた様々な交易船の記述が文献上に残るが、沈没船遺跡に残る船体考古資料から浮かび上がる東南アジア在来船は、ダウ型インド洋商船と並び、帆船として遠距離の航海に耐える強固な船体、その積載能力の高さによって、東南アジア海上交易ネットワーク輸送船として主要な地位を築いていたことが判明している。東南アジア在来船の建造は、十二〜十三世紀の中国沿岸からの東シナ海型の商船の進出、その後の元朝拡張の影響によって変革を迎える。十四〜十五世紀には、南シナ海の東南アジア半島沿岸の造船産業は、東シナ海型の船の建造に倣い、大量物資の輸送に適した大型の交易船の建造を目指した。フランス極東学院のピエール・イヴ・マンガンが、インドネシア出土の船体考古資料の特徴をもとに指摘した〝南シナ海造船伝統〟[23]は、現在では東シナ海型の造船技術の影響を受けた東南アジア地域の造船技術史上の変革と考えることができる。十五世紀の沈没船遺跡は、タイ湾沿岸のシーチャン島沖の沈没船やカンボジアのココン沈没船ほか、島嶼海域ではフィリピンのレナショール沈没船やサンタクルズ沈没船などの発見報告があり、その船体は、東南アジア在来の造船技術の特徴をもちながら、船底を中国商船のように隔壁で仕切り、多量の交易品を載せる仕様となっている。これら南シナ海域で建造された航洋船の役割は、東アジアを含めた、海域アジアの海上交易システムや物流議論に影響する。十四世紀末から十五世紀初めの日本における東南アジア陶磁器の出土は、様々な角度から検討されているが、南シナ海沿岸の造船業の発展も検討要素となるべきである。タイ産陶磁器のほかに、タイで採掘された鉛原材料の国内流入の研究も国内で盛んであるが、その大量輸送の実態がシーチャン島沖の沈没船発掘の円錐形の鉛インゴット出土に表れている（図20）。タイ湾、暹羅型交易船の海上活動は、江戸期には奥船として記録されるが、その船の系譜を南シナ海域の沈没船遺跡研究によって辿ることができる。

おわりに

沈没船遺跡研究は、水没した船を遺跡空間として発掘調査することで大きな進展を遂げた。水中考古学を、水中にある特殊な遺跡の発掘調査方法の手段として捉えることに終わらず、水中遺跡に陸上の遺跡と異なる価値を見出し、その専門的な研究を進めた結果、船舶考古学や海事考古学は学問体系を確立していった。沈没船遺跡から発掘される遺物の一括性・良好な保存状態・流通形態などの価値の認知から始まり、船体を考古資料として研究し造船技術発展を検証する学問領域は、諸外国でその評価が定着している。

数万年間にわたって継続する人類史上の船の利用の知識についての歴史理解を補完する学問として沈没船遺跡研究が存在する。本章では、ヨーロッパやアジアで発見あるいは発掘調査されてきた沈没船遺跡研究を概観し、その研究成果について提示した。今後、日本国内で水中遺跡として発掘される沈没船研究とその研究成果が歴史理解の一助となることを願っている。

(1) Parker, A.J. *Ancient Shipwrecks of the Mediterranean & the Roman Provinces*, BAR international series (Tempus Reparatum, 1992).

(2) 木村淳「水中考古学と海事考古学の定義に関する問題」『考古学研究』五四巻第一号（二〇〇七年）。

(3) Ward, C and Ballard, D.R. Deep-water Archaeological Survey in the Black Sea: 2000 Season, *The International Journal of Nautical Archaeology* 33(1) (2004).

(4) 小江慶雄『水中考古学入門』（日本放送出版協会、一九八二年）。

(5) 木村淳「国内水中遺跡の保護と管理―文化遺産としての問題―」『日々の考古学2　東海大学考古学専攻開設三〇周年記念論

集』（六一書房、二〇〇九年）。

（6）藤島一巳「開陽丸」『季刊考古学』第一二三号（二〇一三年）。

（7）水中考古学研究所・京都市埋蔵文化財研究所（編）『「沈没船（一九世紀のイギリス船）埋没地点遺跡」発掘調査調査報告―推定いろは丸―』（水中考古学研究所・京都市埋蔵文化財研究所、二〇〇六年）、The Frigate Ertuğrul *INA Quarterly* 43 (2016).

（8）小江慶雄『海の考古学―水底にさぐる歴史と文化―』（新人物往来社、一九七一年）

（9）Freeth, T., Jones, A., John M. Steele, J. M., and Bitsakis, Y. Calendars with Olympiad display and eclipse prediction on the Antikythera Mechanism, *Nature* 454 (2008).

（10）Taylor, J-d. P. *Marine Archaeology*, (Hutchinson, 1965).

（11）バス・F・ジョージ『水中考古学』（学生社、一九七四年）。

（12）Bass, F.G. Beneath the Seven Seas: Adventures with Institute of Nautical Archaeology (Thames & Hudson, 2005).

（13）Bass, F.G. Underwater archaeology in the Near East: Past, present, and future, *The Study of the Ancient Near East in the 21st Century* (1996).

（14）Pulak, C. The Ulburun shipwreck: An overview *The International Journal of Nautical Archaeology* 27(3) (1998).

（15）Ole, C-P. *Archaeology and the sea in Scandinavia and Britain: A personal account* (Viking Ship Museum, 2010).

（16）Julie Gardiner, J and Allen, M.J. *Before the mast: life and death aboard the Mary Rose* (Oxbow Books, 2013).

（17）Hocker, F. and Karlsson, A. *Vasa* (Oxford Medströme, 2011).

（18）Kimura, J. *Archaeology of East Asian Shipbuilding* (University Press of Florida, 2016).

（19）木村淳「高麗王朝時代の朝鮮半島在来船研究と日本伝統船舶の発展論」『考古学研究』五九巻第二号（二〇一二年）。

（20）木村淳「海域東アジア史と航洋船の造船史―海事考古学によるアプローチ―」『水中文化遺産―海から蘇る歴史―』（勉誠出版、二〇一七年）。

（21）同右。

（22）Nishino, N., Aoyama, T., Kimura, J., Nogami, T., and Le, T.L., Nishimura Masanari's study of the earliest known shipwreck found in Vietnam, *Asian Review of World Histories* 5.2 (2017).

(23) Manguin, P.-Y., Trading ships of the South China Sea: Shipbuilding Techniques and their Role in the Development of Asian Trade Networks, *Journal of the Economic and Social History of the Orient* 36 (1993).

2章　世界史からみた水中遺跡——アジア歴史学研究の視点から

石橋崇雄

はじめに

歴史学研究の史料検証において考古資料と文献資料とが密接不可分の関係にあることは改めて言うまでもない。西アジア史では十九世紀中葉以降のメソポタミア考古学における遺跡・粘土板文書などの発掘が研究の大きな転機となったし、東北アジア史では十九世紀末以降の中石器・新石器・漢・高句麗・渤海などの各時代に関わる遺跡発掘調査が当該分野の歴史学研究を大きく後押しした。東アジア史でも一九二〇年代以降の遼寧省・河南省・北京市・オルドス方面などにおける遺跡発掘調査が当該の歴史学研究を大きく進展させてきた。こうした流れは今も途切れていない。従前の考古資料は地上の遺跡やそれに纏わるものを主としていたが、近年、これに水中の遺跡やそれに纏わるものが加わり、水中考古学としての大きな成果を重ねている。歴史研究の解釈が大きく変わった例も既に生じている。

こうした研究状況を目の当たりにするなかで、歴史学研究とりわけ世界史研究においては、どのように水中遺跡と向き合い、どのような新たな資料として期待できるのであろうか。この機会にアジア歴史学研究の視点から些か言及してみたい。なお、水中文化遺産と呼ぶべきものの定義あるいは基準等のことについては、日本における事情の複雑さにも象徴されているように、必ずしも万国共通になっているわけではないようである。同じようなことは他の研究分野においても往々にして見受けられることであり、その詳細については専門研究者の方々による説明と解釈に委ねたい。水中考古学には優れた専門研究論文の成果が既に膨大に蓄積されている。しかし筆者自身が当該分野の研究者ではないことに鑑み、ここでは筆者として初めての試みとして、当該専門分野の研究論文に直接依拠するのではなく、関係する概説書類・入門書類等の記載情報をもとに言及するという手法を敢えて採った。さまざまな批判を受けることになるかもしれないが、結果として、全くの門外漢であるからこその新しい問題点や課題点を一つでも提示することができれば幸甚である。

1 「世界の一体化」をめぐる歴史検証と海事考古学の成果

水中考古学ということであれば、湖底や河底から海底までの全てを含むことになるが、二十世紀中葉以降に発見・調査された水中遺産は海洋におけるもの、すなわち海事考古学の範疇に属するものが大半を占めているようである。そうであれば、世界史においても海事史の視点から言及することが有効になろう。地中海の海上交流や海上貿易に纏わる世界史の変遷は無論のこと、八世紀前後に確立されたとされるイスラーム世界におけるヨーロッパ・アフリカ・アジアに亘る海洋交流ルートの海上交通や海上貿易、十三世紀にモンゴル帝国によって成し遂げられたユーラシアの東西に及ぶ交流圏を背景として十四世紀にヨーロッパ・北アフリカ・アジアに亘って形成された一大海洋交流ルートの海上交通や海上貿易、十四～十五世紀から顕著となる所謂「大航海時代」における海洋交流ルートの発展にともなう海上交通や海上貿易、さらには十九世紀後半から二十世紀にかけて世界中に亘る規模で繰り広げられた海洋交流ルートの海上交通や海上貿易、これらは陸上交流ルートの交通や貿易とともに、物資や貨幣だけでなく、人間や情報などを運び、「世界の一体化」としての段階を次々に進展させて世界史の流れを大きく変え続けてきたからである。

ここで『新しい世界史へ―地球市民のための構想―』（羽田正著、岩波新書、二〇一一年、以下『羽田』と略記）における提言を示しておきたい。長文の引用になるが、きわめて示唆に富む重要な内容であることに鑑み、お赦しいただきたい。

> ……要するに、一九世紀にイギリスが高い経済成長を実現したのは、イギリス人だけではなく世界中の人々の活動の結果だと分かるように世界史を記そうと言いたいのである。……
>
> そのためには、世界各地の人々が、とりわけ交易と商品流通の分野で互いに深い関わり合いを持っており、相互に影響を与えあっていたことを具体的に説明することから始めるのがよい。交換の歴史は人間の歴史と同じだけ古く、決して一六世紀以後「ヨーロッパ」人が世界各地を訪れるようになって始まったことではないということは、具体的な例を挙げて強調せねばならない。また、自由な交換という取引の方法が、アダム・スミスや「ヨーロッパ」による発明ではなく、「ヨーロッパ」人が参入したインド洋海域世界ではすでに実現していたということもよく説明すべき点である。
>
> 「ヨーロッパ」人の世界各地への一方的な拡大と捉えられがちな一六世紀以後についても、世界中の人々が様々な商品を通して横につながり、様々な分野で活動し、互いに影響を与え合っていたということは、比較的容易に提示できるはずだ。それによって、世界が、一方に「ヨーロッパ」あるいは欧米、他方に「非ヨーロッパ」あるいはアジアという二つの地域に分かれて、両方で別々に経済活動を行っていたのではないということを、具体的に示すことができるだろう。この方法を用いる場合は、モノを軸にして時系列史的に記述するのがよい。
>
> 商品というモノを扱う歴史研究の分野では、……これまでに相当な蓄積があるので、それらを活用して新しい解釈を組み立てることは可能なはずだ。香辛料、綿織物、絹織物、銀や銅などの金属、陶磁器、砂糖、茶、コーヒー、アヘン、奴隷など、適当と思われるいくつかの商品を取り上げ、その生産、流通、販売、消費の各局面を説明すればよい。それによって、世界中の無数の人々が、これら世界商品の生産から消費までのどこかの場面に何らかの形で関わ

っていたことを具体的に示すことが目標である。ただし、これまでのこの分野の研究の多くは、たとえ、砂糖や茶のような世界商品を俎上に載せる場合でも、「ヨーロッパ」と「非ヨーロッパ」あるいは「アジア」という枠組みの存在を無条件の前提として分析や説明を行うことが多かった。また、これらの世界商品が、例えばイギリスの経済成長のためにどの程度有効だったかというような一国史的、経済史的視点からの検討が主流だった。それゆえ、現状は、新しい世界史叙述のための材料がすでに準備されているという状況からは程遠い。

まず必要なことは、ユーラシア・アフリカ、さらには南北アメリカやオセアニアも含めた世界全体を一つの視野の内に置いて、ある商品がどこでどのようにしてどれだけ生産され、どこからどこへどれだけ運搬され、どこで流通し、どのように消費されたのかという基本的なデータを、一国史的、または二国間関係史的にではなく、多角的・俯瞰的に整理することである。また、「自由な交換」という考え方の広がりやその背景を知るためにも、生産・運搬・流通・消費の各過程に政治権力はどのように関わったのかという点が明らかにされねばならない。これは簡単なようで大層難しい作業である。しかし、なんとかしてある程度正確なデータを準備しなければならない。そうすれば、その商品の生産・運搬・流通・消費の結果、各地の人間集団の社会秩序や政治体制、さらには日常生活がどのように変化したのかが説得的に描けるだろう。

商品を軸にして、様々な場面・段階でこれと関係する人間が作り出すネットワークのそれぞれの持ち場で各々の役割を果していたことを描き出すとともに、このネットワークが全体として、それと関わる人間集団の社会秩序や政治体制にどのような影響を与えたのかを説明するようにすればよい。（『羽田』第四章「5　横につなぐ歴史を意識する」より、一八六～一八八頁。＊傍線は引用に際して付したもの）

この提言には、ただ頭を下げるしかない。世界史研究の現場で「世界の一体化」の重要性が声高に叫ばれ、「世界の一体化」の変遷をめぐる検証ならびに解明・分析が求められているにもかかわらず、管見の限り今一つ実証研究が千篇一律化してしまっているようにみえる現状に対し、新たな視点としての「世界は一つ」という歴史の解明手段を強く提起した点で画期的と言えるからである。それにもかかわらず、『羽田』におけるこの素晴らしい提言においても、一つの研究分野の成果に言及していないという点では、あくまでも文献資料学を基盤とする歴史研究の枠組を超越していないのではないかと言わざるを得ない。

賢明な読者は、ここで筆者がこれから言わんとすることを既に察し、合点していることと思う。『羽田』におけるこの提言こそは、取りも直さず、近年における海事考古学の成果に基づく視点そのものに合致すると言えるからである。引用に際して傍線を付した記載部分からただちに判るように、『羽田』の提言における大きな課題の解答そのものを、研究成果として蓄積してきた当該研究こそ、まさしく海事考古学なのである。『羽田』における「世界中の無数の人々が、これら世界商品の生産から消費までのどこかの場面に何らかの形で関わっていたことを具体的に示すことが目標である」研究の拠り所となる「確実なデータ」として、海事考古学における専門研究による成果以上のものが他にあることなど、現段階の筆者には全く想定できない。

ちなみに『文化遺産の眠る海―水中考古学入門―』(岩淵聡文著、化学同人、二〇一二年、以下『岩淵』と略記)によれば、一九六〇年前後からの地中海における水中文化遺産の発見・調査の成果、同じく一九六〇年代に発見されて一九七〇年代に発掘作業が進展したインド洋における「バタヴィア号」(一六二九年沈没)に関する調査の成果、さらにはその一九七〇年代に韓国の領海水域で発見された新安沈没船(遺物から少なくとも一三一〇年以降に沈没したものと推定)をめぐる調査の成果、一九八〇年代に中国の領海水域で発見された沈没船(「南海一号」と称される南宋時代の交易船)に関する調査の成果、一九八〇年代から発掘作業が進展した日本の領海水域で発見された「元寇の水中遺跡」をめぐる調査の成果など、世界史上における重要な事項に直接関わる調査研究の成果は既に相当量の蓄積があるという。しかも、発見された沈没船からは、こうした「生産・運搬・流通・消費の各過程」をそのまま今に伝える多くの積み荷が発見できるというのである。

『岩淵』によれば、『羽田』が「香辛料、綿織物、絹織物、銀や銅などの金属、陶磁器、砂糖、茶、コーヒー、アヘン、奴隷など」と指摘した「商品」のうち、インド洋のバタヴィア号は沈没した際に「比較的多くの銀塊や銀製品、貨幣などを積載していた」とされているし、韓国の新安沈没船に関しては二万点以上の中国陶磁器（半分以上が龍泉窯青磁であることが判明）、錫のインゴットや二八トンの中国の銅銭（一三一〇年に元で鋳造された至元通寶と大元通寶が含まれていた）、交易品梱包用の木箱、硯や石臼などの石製品、香炉や食器などの金属製品、それに日本人船員の私物と考えられている日本の将棋の駒などが発見されたという。また中国の沈没船南海一号からも「陶磁器や貨幣を中心とする一〇万点近い遺物の引き揚げが行われた」し、元寇の水中遺跡からは褐釉壺片、投石弾、鉄製の鉾先、瓦、碇石、青磁碗、「至元十四年九月造」と刻印された「管軍総把印」（パスパ文字による印面の青銅印）のほか、「船材の破片、てつはうに代表される武器類、兜、陶磁器片、種々の石製品、鉄釘、朱塗碗、人骨、獣骨などが引き揚げられた」という。

そして『水中考古学―クレオパトラ宮殿から元寇船、タイタニックまで―』（井上たかひこ著、中公新書、二〇一五年、以下『井上』と略記）によれば、一九五〇年代に発見されて一九六〇年代に本格的に調査されたスウェーデンの戦艦「バーサ号」（他章では「ヴァーサ号」と表記、一六二八年沈没）の場合、「バルト海の黒ずんだ海水は冷たく、フナクイムシの活動も少ないため、船体は驚くほど良好な状態に保たれていた。艦内には、多数の剣のほか、武器類、日常生活用具、木製の台所用品、硬貨四〇〇〇点以上が残されていた。それらは、軍艦の構造や船上での生活を知るうえで重要なものであるとともに、数多くの彫刻はルネッサンス後期芸術のユニークさを示している」（四七頁）という。また一九六〇年代後期に発見されて一九八〇年代に本格的に調査されたイギリス艦隊の旗艦「メアリー・ローズ号」（一五四五年沈没）からは「ほとんどが二〇代で、最も若い年代が一〇代、一番上は四〇代」の人骨一七九体が回収され、この「うち、九二体が部分的にではあるが修復・復元された」ほか、「さらに、白骨化した足が履いていた革靴を含む、種々の革製品がメアリー・ローズ号から回収され」、その「使われている革の種類を調べたところ、牛・子牛・羊・豚・鹿などのほか、なかには犬のなめし皮らしきものも含まれていた。発見された四〇〇足の革靴はどれも手作りで、機械的に作られたものは一つもなかった」(四二頁)ともいう。こうした事例は枚挙にいとまがない。

以上のことから明らかなように、沈没船が「当該時代の実物」であるということから、積載品をめぐる情報は勿論のこと、船の構造、船内の状況、乗組員の生活状況も知ることができる上に、沈没していた位置からは航路の実態も検証できることになる。いずれも文献資料の記載だけで正確かつ詳細に知ることが困難な情報であることは言うまでもない。

ところで『沈没船が教える世界史』(ランドール・ササキ著、メディアファクトリー新書、二〇一〇年、以下『ササキ』と略記)は、沈没船について、

沈没船はよく「タイムカプセル」にたとえられる。沈没した当時の姿をそのまま残しているからだ。沈没した当時の「時間」がそのまま封印されている、といってもいい。なぜなら、その船に乗っていた人々や、その船に積まれていた品々にとって、船が沈没した瞬間、そこで時間が永遠に止まってしまうからである。

沈没船は水中に眠る「遺跡」である。遺跡であるという点において、たとえば、陸上で発見された大森貝塚や登呂遺跡などと、なんら変わりはない。沈没船という遺跡に相対する考古学者も、他の遺跡と特に区別することなく、考古学的手法に基づいて粛々と発掘し、保存し、研究するだけだ。

だが、水中遺跡は、陸上遺跡にはないメリットを内包している。沈没船を調査すれば、陸上の遺跡では決して見えてこなかったものが見えてくるのだ。陸上遺跡にはない、水中遺跡を発掘するメリット。それは次の三点に集約できると思う。(二〇六頁)

と述べた上で、「遺物の保存状態が良好であること」、「その時代の人々の生活必需品がわかること」、「モノの流通経路がピンポイントでわかること」という三メリットを挙げている。実際、この三メリットはそのまま『岩淵』ならびに『井

上』で示されている調査研究成果の事例と符合するし、『羽田』の提言で「目標」となっている「香辛料、綿織物、絹織物、銀や銅などの金属、陶磁器、砂糖、茶、コーヒー、アヘン、奴隷など、適当と思われるいくつかの商品を取り上げ、その生産、流通、販売、消費の各局面を説明すればよい。それによって、世界中の無数の人々が、これら世界商品の生産から消費までのどこかの場面に何らかの形で関わっていたことを具体的に示すこと」を解明する上で、この上なく有効かつ重要な情報資料になることは明らかである。

繰り返しになるが、沈没船の遺構、その位置、その積み荷を調査し検証することで、文献資料の記載だけからでは到底知り得ない船の構造、航路の実態、交易の実態等が判明する。その沈没船に関わる時代背景そのものがその沈没した船中に実体として積載され、凝縮されているからである。「世界の一体化」をめぐる歴史検証において海事考古学の研究成果が如何に有効であるのか、ということだけは充分に御理解いただけたことと思う。それでは今、さらなる課題として一体何を考えなければならないのであろうか。歴史検証と海事考古学との視点から、このことに些か言及しておきたい。

2　十六世紀以降における銀の交易をめぐる歴史学と海事考古学

前引の『ササキ』による「沈没船」に関する指摘に注目してみると、その内容に合点すると同時に、読者はあることに気が付かれたのではないかと思う。「水中遺跡は、陸上遺跡にはないメリットを内包している。沈没船を調査すれば、陸上の遺跡では決して見えてこなかったものが見えてくるのだ。陸上遺跡にはない、水中遺跡を発掘するメリット。それは次の三点に集約できると思う」と述べていることからは、水中遺跡を敢えて陸上遺跡とのみ対比していることにとどめているかのようである。しかし、筆者はそうではないと考えたい。さらに文献資料類に依拠する歴史学にも言及しなければならない有効性のあることが、その行間には込められている、と理解するべきであろう。

「沈没船」の調査によって、文献資料から知り得る枠を遥かに超えた情報を具体的に知ることができる点については既に繰り返し述べた。それでは、こうした最新の成果が近年の歴史学研究にどれほど反映されているのであろうか。このことに言及するためには予め当該分野における専論によって検証しておかなければならないことは言うまでもない。そうした検証を怠っているとの責めを受けることを承知の上で、ここでは敢えて関係する歴史概説書類に限り、その巻末に示されている参考文献を採り上げてみたい。それによって海事考古学に関わる歴史学の課題を浮き彫りにできるのではないかと愚考したからである。

まずは十六世紀以降における銀の交易についてみてみよう。特に恣意的というわけではなく、たまたま学生の指導用に手近においているものから採り上げてみると、『中国の歴史』（岸本美緒著、ちくま学芸文庫、二〇一五年）には、「十六世紀以降、アメリカ大陸や日本で大量に生産されるようになった銀は、貿易を通じて中国に流れ込んだ。十七世紀の初頭には、世界の主産地であったアメリカ大陸や日本から輸出される銀の五分の一から三分の一程度が中国に流入していたと推定される」（「8元から明へ」【焦点】銀と中国経済、一六〇～一六一頁）とあり、著者所蔵の「スペイン銀貨」の写真も掲載されているが、巻末に掲げられた多数の「参考文献」に水中考古学あるいは海事考古学の文献は皆無である。他の交易品のことも含めて銀の交易と時代との関わりを概述したものとしては、管見の限り、『東アジアの「近世」』（岸本美緒著、世界史リブレット13、山川出版社、一九九八年）を超える解り易い概説書は現在のところないと思っているが、その巻末の「参考文献」は同じく歴史学研究の範疇に属するものだけである。なお、これは決して同じ著者であるからということではないであろう。別の著者による『銀の世界史』（祝田秀全著、ちくま新書、二〇一六年）には、

バタヴィア―長崎の交易ルートがつながった。ここはオランダの東インド貿易体制を見る上で大変重要だ。バタヴィアは、本国アムステルダムと並ぶオランダ東インド会社の拠点だった。

一六五二年から翌年にかけて、この地の総統府に集められた銀は、約五五・四万フローリン（約四・三万ポンド）。

その内アジアで得たものが三九・五万フローリン（三・〇七万ポンド）。実に七〇パーセント以上を占めている。日本銀だけで一三・五万フローリン（一・〇五万ポンド）と大変多い。

オランダは、アジアで得た銀をどのように使っていたのか。まず、生糸貿易で儲けた日本銀を、長崎から南インドのコロマンデルに運んだ。そしてこの地で、あるものを購入する。それが綿布だ。このインド綿布はスマトラやジャワに持ち込まれ、香料や胡椒と交換される。これがオランダ東インド会社と銀の流れを示す交易システムだ。

シナ（生糸・絹）―日本（銀）―コロマンデル（綿布）―スマトラ・ジャワ（胡椒・香料）といった交易ラインが、一七世紀のオランダに富をもたらしたのだ。この東シナ海―ベンガル湾交易ラインが、東インドの貿易構造だった。オランダ繁栄のシステムと言っていい。したがって、このラインと権益を守ることがオランダ東インド会社の使命だった。

一七世紀前半、オランダの買付け品の半分以上は胡椒だった。次がナツメグやクローブなどの香料。一六一九～二一年にかけて、胡椒が五六・四五パーセント、香料が一七・五五パーセント。この二品目だけで、実に輸入の七五パーセント近くを占めていた。

ところが一六九八～一七〇〇年、胡椒は一一・二三パーセントにダウン。香料は一一・七パーセント。胡椒の減り方がスゴすぎる。その分、増えた品目は何だったんだろう。繊維品だ。これを右と同じ時期で較べると、繊維品の輸入占有率は一六・〇六パーセントから五四・七三パーセントに増えている。その大半こそが綿布だった。（八七～八八頁）

とある。その記述はとりわけ海事考古学の成果と密接に関わっているが、巻末に掲げられた「参考文献」には経済史から政治史までの文献が網羅されているものの、それらはやはり歴史学研究の分野における文献類に限られているからである。

次に銀の交易以外についても同じように少し触れておこう。船に関わるものとして、『倭寇―海の歴史―』（田中健夫著、講談社学術文庫、二〇一二年）ならびに『中国の海商と海賊』（松浦章著、世界史リブレット63、二〇〇三年）は倭寇を平易に理解する上で学ぶところの多い書籍であるが、共に巻末に掲げた数多くの「参考文献」に海事考古学の成果をみることはできない。

また人々の交流と文化圏の形成等に関するものとして、

『東アジア世界と古代の日本』（石井正敏著、日本史リブレット14、山川出版社、二〇〇三年）
『境界をまたぐ人びと』（村井章介著、日本史リブレット28、二〇〇六年）
『東アジア文化圏の形成』（李成市著、世界史リブレット7、二〇〇三年）
『海の道と東西の出会い』（青木康征著、世界史リブレット25、一九九八年）
『変容する近代東アジアの国際秩序』（茂木敏夫著、世界史リブレット41、一九九七年）

をみてみると、何れも刊行された時代までの研究成果をもとにした優れた内容のものであるが、これらの巻末に付された「参考文献」に水中考古学あるいは海事考古学の範疇に属する文献は含まれていないのである。

これらの書のなかには、例えば文庫化される前におけるもともとの刊行年がかなり以前の例もないわけではない。しかし一九六〇年前後から地中海における水中文化遺産の発見・調査が盛んになり、これに重なる一九六〇年代に沈没船の発見・発掘作業が進展しているのであるから、それ以降に刊行された歴史概説書類の参考文献に水中考古学関連の文献が皆無ということについては、やはり少し奇異な感をぬぐえない。これは一体どのように考えればよいのであろうか。

これは決して歴史学の分野が水中考古学あるいは海事考古学の研究成果をないがしろにしていることによるものではないと考える。水中考古学あるいは海事考古学における調査研究の成果を歴史学における検証に応用することになかなか踏み切れていない背景はどこにあるのであろうか。文献資料の場合について言えば、ともすれば原史料における記載量の多寡に注目の先が向けられることがある。記載例として唯の一例しかない場合に、その記載内容だけで検証が可能であるのかという理由からである。同じ記載例が多くあればそれだけ確実であるなどと言えるわけではないことは無論である。多数の記載事例が記録として残されたのが何らかの意図を背景とする単なる故意による「まやかし」の結果で、ごくごく少数の記載事例が逆に真実を伝えている場合のあることを既に実見していたとしても、そのことを判断しなければならない場面に際して迷うことになるのが人間の心理というものであろう。現段階の成果を目の当たりにしても、次の未だみえざる成果に心が揺らぐものである。但し、あくまでも文献資料における場合のことである。ちなみに、かつて地上の考古学に大きな成果が生まれた際にも、それが歴史学に反映されるまでには時間差があったように記憶している。私のような全くの門外漢からみると、さまざまな背景から近年になって盛んになった感のある水中考古学あるいは海事考古学と歴史学についても、かつての陸上における考古学と歴史学の場合と同様な段階にあるのではないかと思うのである。それ故に、この機会に、今こそ広く歴史学の研究者が水中遺跡に大きな関心を寄せるべき好機であると声を大きくして訴えたい。

おわりに

冒頭で触れたように、歴史学研究の史料検証において考古資料と文献資料とが密接不可分の関係にあることは改めて言うまでもない。それは研究史における時代の枠や違いを超えて普遍のことであろう。従前の考古資料は地上の遺跡やそれに纏わるものを主としていたが、近年はこれに水中の遺跡やそれに纏わるものが加わり、大きな成果を重ねている。同じく考古学の範疇ではあるが、地上と水中とでは相互に大きな相違が認められる。極言するならば、地上の遺跡では定まった地域において時代を重ねて蓄積された文化遺産であるのに対し、水中の遺跡では一時代の広い文化が集約されて保存された移動途中の文化遺産である、という相違である。遺跡となった歴史上の背景や要因も大きく相違する。一例として、沈没船の位置とその積み荷を検証することからは、文献資料の記載だけでは到底知り得ない航路や交易の実態が判明する。その沈没船に関わる時代背景そのものがその中に実体として積載され、凝縮されているのである。その価値は甚だ大きく、はかり知れない。水中遺跡は考古学の研究分野において重要であることは勿論であるが、歴史学研究においても、喩えてみるならば、文献史料だけの次元を遥かに超えた多大な魅力にあふれる新たな「檔案史料」と言えるのではないか。

文献史料の場合、一般に編纂史料は第一次史料（オリジナル）ではないが、『礼記』「楽記」の「先王愼所以感之者」（「形として表れた要因」と向き合った対処・対応の一つの結果）をめぐる「始まり」や「終わり」に関する情報があふれている。

また檔案史料は、第一次史料（オリジナル）であるが、「形として表れた要因」からの途中経緯としての一つの「形」であり、その要因をめぐる「始まり」や「終わり」を伝える情報は殆どないか、あってもごく僅かしかないことが多く、「形として表れた要因」について容易には判らない。しかし、本物（オリジナル）という魅力にあふれているため、ともすれば第一次史料を取り扱っているということだけで過大評価して偏重してしまい、客観的に検証することを後回しにしてしまう事態に陥りかねない。

ところで、近年の歴史学研究においては檔案史料への偏重から、ともすれば檔案史料以外の史料類には一切の価値を認めようとしない、あるいは檔案史料さえ用いていれば学問的である、さらには他人の到底知り得ない「自分だけが利用できる自分だけの」檔案史料の発見に血眼になっているだけの研究者までが出現するなど、多くの弊害が生じている。これはいわば水中考古学の分野における所謂「トレジャーハンター」にあたる事例と言えなくもない。となれば、文献史料が陥っている檔案史料偏重の現状をいわば「反面教師」にして、沈没船を檔案史料のように考えての「トレジャーハンター」のごとき研究手法による研究状況にならないことを、切に願う。そのうえで、歴史学研究の史料検証において考古資料と文献資料とが相互に交流する理想的な歴史学研究の史料検証がさらに進展することをも、切に願っている。

そして最後に、今こそ広く歴史学の研究者が水中遺跡に大きな関心を寄せるべき好機であると、今一度強調して筆を擱きたい。考古学研究だけのことにとどまらず、歴史学研究においても新たな研究史の幕開きになると考えたからである。

3章　世界の水中遺跡の保存と活用

赤司善彦

はじめに

平成二十七（二〇一五）年に、フィリピン沖水深一〇〇〇メートルの海底に眠る「戦艦武蔵」の映像が公開された。米国大手のソフトウエア会社の共同創業者が発見者だったことや、戦後七〇周年の節目の年だったこともあり、国内でも大きく報じられた。深海に沈んだ巨大戦艦の引き揚げ方法もさることながら、その所有権についても話題が高まった。フィリピンの主権が及ぶ領海内にあるが、発見したのはアメリカ人である。さらには船の所属が旧日本海軍であったからだ。国際法の慣習では、軍艦は海外にあっても所属していた国の所有物とみなされている。日本の国有財産とみられるが、この場合は所在不明だったものが発見されたので権利判断は難しい。最終的にフィリピン政府は、フィリピン国立博物館が文化遺産として保護する旨を告知し、発見者や日本政府とも協議することを表明したことで、ともかくも一件落着した。

実は正式な許可を得て沈没船を発見したり、発見の届け出をすれば発見者に権利がある国が多い。ということは売買を目的とした盗掘であっても、許可さえあれば発見者に権利があることになる。一九七〇年代以降、多国籍の〝トレジャーハンター〟の横行と無秩序な遺跡の破壊は、深刻な社会問題として捉えられ、水中遺跡保護の世界的な意識の高まりを促すきっかけとなった。

現在では、世界各国はユネスコを中心にして水中遺跡保護の基本原則を国際的な枠組みとして条約に明文化し、共通認識を確立しようとしている。そして九〇近い国々が進展に差はあるものの、私的な盗掘を排除するために水中遺跡の保護に取り組んでいる。(1)

本章では、世界各国の保護の取組の現状にふれながら、我が国での取組のヒントとなる保存と活用の事例を紹介したい。

1　保護の始まりからユネスコ条約へ

水中遺跡の保護は、ヨーロッパから始まった。それは〝地中海交易〟や〝ヴァイキング交易〟〝大航海時代〟というフレーズが物語るように古くから海上交易が盛んだったこと。そのため、沈没船や港湾などの水中遺跡も数多く形成され、特に北欧は海水温と塩分濃度が低く、フナクイムシやバクテリアが活発でなく木造船が残りやすいという要因があった。さらに、難破船やその積み荷の引き揚げもすでに十六世紀頃には開始されていた。

十八世紀以降のダイビング技術の進歩は、ダイバーによる水中遺跡への接近を容易にした。そのためヨーロッパでは沈没船からの積み荷の引き揚げが無法状態で行われたのも早かったのである。当時、海底からの引き揚げ品の権利は発見者にあったので、水中文化遺産は長い間〝宝探し〟の対象としてみられていた。しかも多くの国で法的保護がなされていなかったために、トレジャーハンターの盗掘を防ぐ手だてがなかったのである。ユネスコの報告によれば、フランスの沿岸に沈んだ古い沈没船で、その存在が確認されたもののうち、手つかずで残されているのは五％と推定している。(2)

こうして、盗掘を防ぐことが喫緊の課題と認識された結果、一九七〇年代後半から欧米やオーストラリアなどを中心に、国家主導で歴史的に重要な沈没船の調査が本格的になされた。また各国は、所有権を巡る裁判を通じて、国民に水中文化遺産の保護への関心を長い時間をかけて形成し、水中文化遺産の国家への帰属と保護を明確にした法制度を整備したのである。

次にアジア地域では、一九七〇年代に泉州船が中国で、新安船が韓国で相次いで発見されたことを契機に本格的な調査が始まり、今日の体制充実に至っている。東南アジアでは一九八〇年代に欧米のトレジャーハンターが進出し、引き揚げられた陶磁器を売却して利益をあげる沈没船ビジネスが活発になったことを要因に、法制度と体制が整え始められた。しかしながら、近年まで一部の国では経済的な事情からサルベージ会社が政府の許可を得て遺跡を調査し、引き揚げ遺物を売却して、その一部を政府が徴収することで保護費用に充てていたこともある。

アフリカや中南米では、経済的な理由で水中遺跡の保護に積極的に取り組めない国も多く、取組の歴史もまだ浅い。沈没船など水中文化遺産そのものが外国の歴史という認識もあり、関心の低さがトレジャーハンターの活動を黙認する結果となっている。アフリカでは、保護の取組が低いだけでなく、鉱物資源の海洋開発も多いことから、遺跡破壊が懸念される国も多い。中南米では学術調査を積極的に実施している国が多くなっている。アルゼンチンとチリは保存施設を設置し、本格的な取組を開始している。南米全体としては経済的格差もあり、地域としての統一的な取組はみられない。

オセアニアは、太平洋に点在する小さな島々からなるが領海は広い。太平洋戦争などに関わる戦争遺跡が多いのが特徴である。観光ダイビングが盛んなことから水中文化遺産保護の取組への関心は高いが、経済的基盤が弱いため外国のプロジェクトの協力を得て保護する場合が多い。

以上概略を記したが、海外では沈没船は海底の財宝とみられ、トレジャーハンターによる盗掘への対応が、水中遺跡保護のきっかけとなっている。日本ではあまりなじみがなく、トレジャーハンターを表す日本語もない。そのため大きな問題としてニュースになることもなく、水中文化遺産への国民や行政の関心は低調だった。

各国の保護の体制づくり——国と地方自治体

各国の水中遺跡の保護体制は、国と地方自治体の関わり方の比重によって、[3]

㋐国の専管事項もしくは国が主導する方式

㋑地方自治体が主導する方式

㋒それぞれの関わりのある省庁や地方自治体が、独立して主導する方式

の三つに大きく分けることができる。

㋐は、遺跡の発見・登録、調査や出土品の管理まで国（中央政府）が主体的に担う。数多くの国が該当する。代表的な国は韓国、中国、フランスで、国が専門の調査研究所を設置し、調査船を保有する。海の領有権や出土品の所有権が国にあること、隣国との関係での迅速な判断が求められること、そしてなにより地方自治体がそれぞれに設備や装備、体制を整えるのは非効率との理由である。

㋑は、日本に代表されるように地方自治体が遺跡の発見・登録そして開発に対する審査や発掘調査に責任を持つ。欧米の一部に多く、オランダでは調査は原因者の負担により民間調査会社に委託する。遺物の管理や活用は地方自治体の責任となる。国はガイドラインを定め、調査会社に免許を与える権限を持つ。デンマークでは開発行為については、国から海域ごとの五つの地方博物館に許認可の権限が委譲されている（図1）。オーストラリアは連邦政府と七つの州・準州政府にそれぞれ海事考古学部門があり、このうち西オーストラリア州は独自の水中文化遺産保護の法律を制定し、探査船を保有するなど、調査と保存処理のセンターを州立博物館に設置している。イギリスも連合国であることから、国（地方自治体ではない）ごとに、文化財管轄組織が設置されている。

㋒の典型はアメリカである。アメリカでは国家歴史保全法によって、全政府機関はそれぞれ独自に事業について、文化財の事前調査を実施することが義務づけられている。水中遺跡を史跡指定して保護するのは内務省の国立公園局、海洋開

発に対しては内務省の海洋エネルギー庁、水中遺跡を海洋資源として保護するのは商務省の海洋気象庁、さらには海軍省にも海軍所有の沈船を管轄する海軍考古学ユニットが設置されている。また、州の領海（三マイル）内は、各州政府がそれぞれに水中遺跡を取り扱う部署を置いている。なお、各組織を超えて職員の横のつながりは強い。

　以上のように各国の水中遺跡保護の体制は、地方自治・土地所有・文化財保護・雇用などの各種制度や、海に対する国民の関心度等によって歴史的に整えられている。多くの国で国と地方自治体は、どちらか一方のみの体制ではなく、相互補完する体制にある。なお、実際の調査は民間組織に委託する国が多い。

　法制度に関しては、多くの国が保護のための新法を制定しているが、それまでの陸上の文化財保護の法律を一部改訂、あるいは内包するとしてそのまま適用している国、環境アセス法など関連法律をさまざまに駆使して対応している国などさまざまである。いずれにせよ、ユネスコ水中文化遺産保護条約、法律、

図1　デンマークにおける開発での水中遺跡保護体制

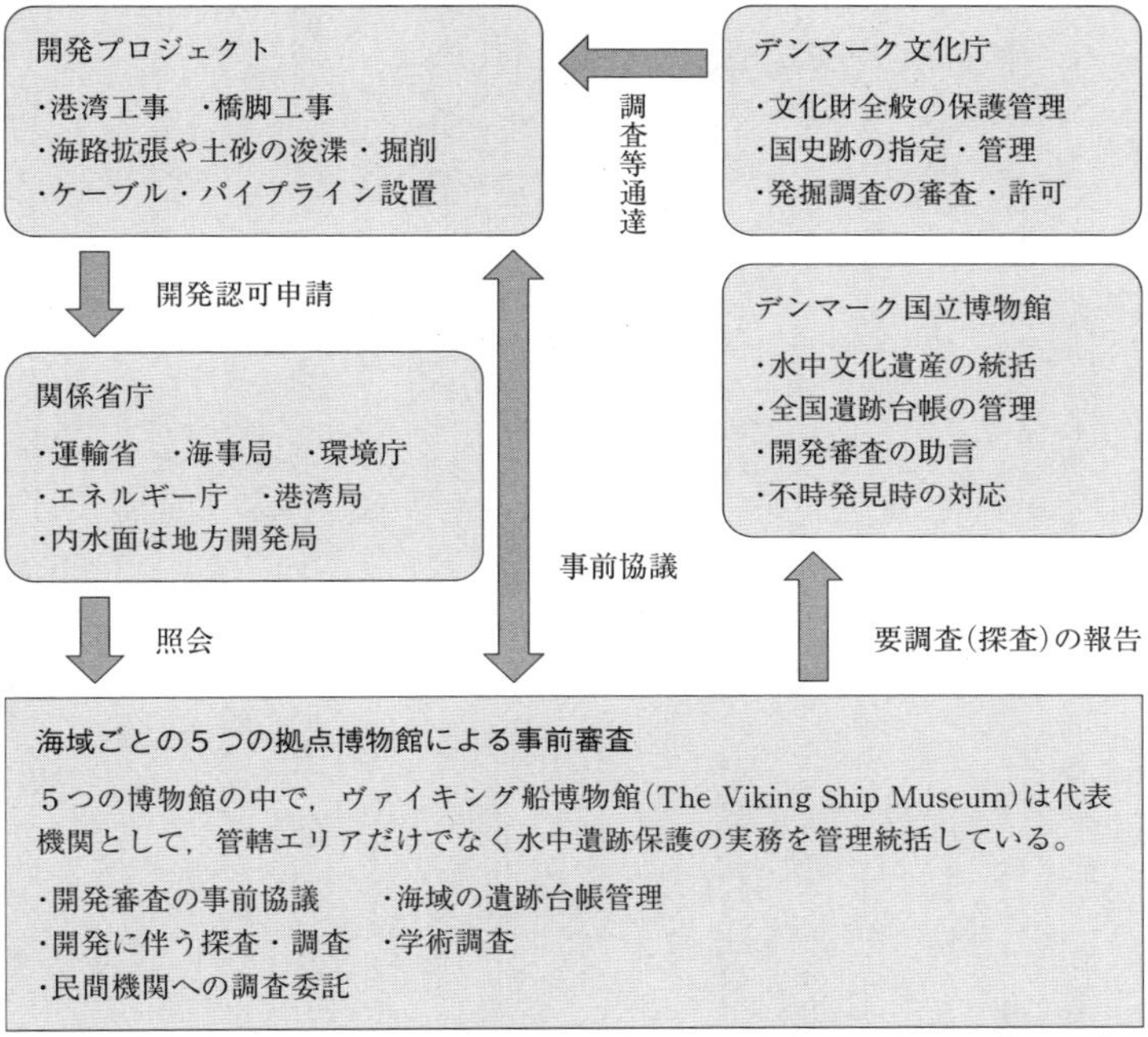

海洋開発行為については，2009年以降海域ごとの5つの博物館に許認可の権限が委譲されている。要調査の判断がなされると文化庁が調査の指示を出す。開発側は博物館に調査を委託する。

政策、慣習など、各国の個別事情に応じて整備されている。

ユネスコ条約と現地保存の考え方

各国は領海内での取組を確立する一方、沈船の船籍が他国の場合や所有が明確でない場合、さらには領海が隣接している海域や公海での場合など、水中文化遺産の保護を国家間の協力で調整する必要が生じてきた。そのため国際的な法規制の整備が急務と認識され、平成六(一九九四)年に国連海洋法条約が発効して水中遺跡の保護が義務づけられたが、保護の詳細は明示されていなかった。そこで「ユネスコ水中文化遺産保護条約(以下、ユネスコ条約とする)」が検討され、平成十三年に採択された。

ユネスコ条約では、水中文化遺産を人類の文化遺産の不可分の一部と位置づけ、その対象を少なくとも一〇〇年以上水中にあったものとし、現地保存を第一の選択肢とする。また、商業的利用の禁止、遺物の長期保存・管理の推奨、さらには保護と管理での積極的な締約国の協力、が主な条項に含まれている。このように保護の基本原則と国際的な保護の枠組みを規定し、付属書では水中文化遺産を対象とした活動と研究に言及している。

このユネスコ条約は平成二十一年に二〇カ国以上の批准をもって発効した。現在では約五八カ国(二〇一七年時点)がこの条約を批准している。ただし、批准のための国内法の整備が進まない国や、隣接国との相互的な管轄権や国際規範などが明確にできないため批准に慎重な国も少なくない。ただし、批准していない国がユネスコ条約をガイドラインの参考にするなど、ユネスコ条約が保護の潮流をつくり、国際社会に影響を及ぼしているのは確かである。

現地保存への転換と課題

二十世紀後半になり、沈没船を引き揚げた経験を有している国は数多い。しかし、その後それらの国で引き揚げることは少数を除いて例がない。それは一旦水中から引き揚げられて、展示されると、例えば遺品は歴史的な背景から切り離されることになり、歴史情報の一部を失うことにも繋がる。そこでなるべく原位置での保存が試みられることになる。また、経済的な理由も大きい、イギリスのメアリー・ローズ号の引き揚げから保存と展示に至る費用は、およそ五三〇〇万ユーロであり、同規模のスウェーデンのストラ・ソフィア号一隻の現地保存費用は七万ユーロであることから、一隻の船を引き揚げて保存・展示する費用があれば、七五〇隻の沈没船を将来にわたって原位置保存できるのである[4]。

こうしてユネスコ条約の現地保存を基本原則とする現実的な選択が、各国で受け入れられているのである。現在では、多くの国が水中遺跡の現地保存を原則に開発対応を行い、保存が不可能な場合にのみ、発掘調査を実施する方針が主流となっている。しかし、現地保存が最適な保護策というわけではない。水中遺跡は陸上とは比較にならないほど劣化の速度が速いからである。

また、劣化を食い止めるために遺跡を厚い堆積土で覆っても、海底の環境は変化するので、長期的な経過観察（モニタリング）は不可欠となる。このモニタリングによって、現地保存の有効性や危険性を検証することも可能である。しかし、大きな課題がある。長期的なモニタリング費用は一般的に開発の原因者負担からは除外されている。将来にわたるコスト負担を考えると、現地保存が決して最善の策とはいえないのである。

2　水中遺跡の活用――沈没船

引き揚げられた沈没船の展示

沈没船は、海底という近寄りがたい神秘的な空間に眠っていたことと、沈没という悲劇的な結末の物語性を有することもあって、人々を魅了する存在である。世界には推定三〇〇万隻の未発見の沈没船が海底に眠っているとみられる。穏やかな海面に姿を見せず、海底で静かに眠っているのである。それらは例えば外交使節の船団であったり、戦の軍船であったり、海外交易の船であったりと、ひとつひとつの沈没船に語る歴史がある。

各国では二十世紀後半に引き揚げた大型沈没船が、長期間の保存処理を経て相次いで公開されてきている。沈没船の展示はその歴史に直にふれることが可能であり、多くの人を引きつけてやまない。一般公開されることは、水中遺跡保護の重要性を広く認めてもらうために効果的である。

大型沈没船の博物館での展示は、韓国の新安沈船や中国の南海一号、オーストラリアのバタヴィア号、スウェーデンのヴァーサ号がよく知られている。ここでは特徴的な二つの例を紹介したい。

イギリスのメアリー・ローズ号

イギリスのメアリー・ローズ号はイングランド王国時代の大型軍艦である。再婚を禁じるカトリック教会を離脱したことで有名なヘンリー八世によって、一五一〇年に建造され、一五四五年にソレントの海戦で沈んだ。海底に埋没していた右舷側半分が奇跡的に残存していた。一九八二年に引き揚げられ、二〇一三年にポーツマスのメアリー・ローズ号博物館で保存処理しながらの一部公開がなされ、二〇一六年に完全公開されている。船体だけでなく、引き揚げ遺物の種類が豊富であり、水中文化遺産の魅力を存分に発揮した展示である。

展示は、中央の通路を挟んで右側に保存処理中の右舷船体、左側に左舷の三層のデッキに合わせた展示スペースを設けて、そこに引き揚げられた大砲などの武器や積み荷、船具などの遺物を展示することで、当時の船内の様子をリアルなまでに再現している。実物と復元で船体を表現し、そこに遺物を工夫した展示をするなど、理解しやすい展示である（図2）。

中国の南海一号

一九八〇年代に広東省の沖合で、イギリスの調査会社が東インド会社の沈没船を探査中に偶然発見した。中国の南宋時代の西方との交易船で、積み荷が満載されたまま沈没している。船体は長さ二二メートル、船尾の上部構造が残っており船体構造を知り得る貴重な例である。残存状況が良好で部分的な調査が実施された後の二〇〇七年に、盗掘の恐れが心配されたことから、海底に沈んだまま周囲の粘質土ごと大型コンテナに収納され、まるごと引き揚げられた。コンテナは六〇〇〇トンの重量があったことから、最新技術を駆使してつり上げられた。

図2　メアリー・ローズ号博物館(イギリス)の展示の様子　引き揚げられた大砲の実物展示。

図3　広州海上シルクロード博物館(中国)　南海１号に積まれた大量の陶磁器出土状況を見学できる。

現在、中国有数のビーチで知られる海陵島に建設された広州海上シルクロード博物館に運び込まれている（図3）。船体はコンテナごと館内の巨大なプール（水晶宮）に設置され、屋内での発掘調査と保存処理作業が公開されている。数万件の積み荷と生活用具類は、海上シルクロードにおける東西交流の実態を示している。

移動できる沈没船の展示

展示された大型の沈没船を、設置された博物館から動かすことは一般的に不可能である。ところが、デンマークのヴァイキング博物館では興味深いことに、引き揚げた船体を移動可能な状態で保存している。十一世紀代の全長四〇メートルの木造船がそれで、保存処理が施された船材は、二五〇のパーツに分割されている。船体の形状を支持する金属フレームも組み立て式である。これらは温湿度管理が可能ないくつかの専用のコンテナに収納され、さらに大型トレーナー二台で輸送可能である。これまでに大英博物館やベルリン博物館をはじめ世界各国で巡回展示されている。引き揚げられた迫力ある船体を、現地の博物館以外で観覧できる試みとして注目されている。

フランスのアルルでは、ローヌ川の改修で紀元前一世紀代のローマ時代の運搬船が発見された。全長三一メートルの木造平底船であるが、これを三メートル前後の長さで一〇分割して保存処理を行い、再度接合した船体がアルル博物館に展示されている。二〇〇四年に発見され、二〇一一年には展示されている。発見された当初から博物館改築を念頭に置いて、綿密な計画がなされ、分割して引き揚げたことで保存処理も比較的短期間で実施されている。費用も圧縮されたことになり、博物館での展示の活用を検討するうえで参考になる事例である。

なぜ各国は船を引き揚げたのか

大型の沈没船を海底から引き揚げるためには膨大な経費がかかる。さらには、引き揚げ後の処理費用も決して少額では済まないし、数十年という歳月も必要になる。ではなぜ莫大な費用をかけて各国は引き揚げに踏み切ったのだろうか。

オーストラリアのオランダ東インド会社船籍バタヴィア号の事例をみると、一九六三年に発見され一九七三年から発掘調査が実施されたが、当初は引き揚げる予定はなかった。しかし、調査で七五万枚の銀貨の発見などがあり、十七世紀の世界規模での海洋交易を知ることのできる貴重な船であることが判明し関心を呼んだ。また、開拓初期の時代の船なので、自分たち移民のルーツを知りたいと願う多くの国民の関心事になった。こうした国民の後押しがあって船体の引き揚げがなされ、併せて沈没船保護の法律制定が実現している。同様に、イギリスのメアリー・ローズ号やスウェーデンのヴァーサ号も、王室との関係が深い特別な船であったことから、やはり国民的な関心事になったことで引き揚げがなされている。

一方で、調査成果が広く知られて関心が集まったことだけでなく、盗掘の恐れも船体の引き揚げ理由になっている。韓国では一九八四年の新安沈船から、二〇一〇年の馬島二号船まで一〇隻の木造船が引き揚げられている。沈没船を「宝船」とみる漁民が多く、当然のように持ち去るケースが横行しているため、沈没船が発見されると原則引き揚げる方針の対応である。近年は行政による漁業関係者への周知だけでなく、海洋警察による広報を積極的に行い、水中遺跡の保護思想の普及に効果をあげているという。

我が国では、高松塚古墳や吉野ケ里遺跡のように国民的関心を呼ぶような水中遺跡がなく、沈没船に対しても海の墓標という意識が強く、漁民が盗掘したという事例も耳にしない。海や沈没船についての意識が国民性によって違うからなのかもしれない。そのため、これまで沈没船を引き揚げた経験がないのである。

3　水中遺跡の活用——沈んだ遺跡

沈没船のようにある時点で水中に没した場合とは異なり、本来は陸地にあったものが自然環境の変化によって水中に沈んでしまった遺跡がある。例えば海辺の都市や集落あるいは港などがそれで、地盤沈下した結果、常時水中に存在することになった遺跡である。これらの遺跡は、不動産なので切り取らない限りは発見された状態で保存されることになる。また、沈没船も引き揚げずにそのままの現状で保存されることが多い。こうした現地保存された水中遺跡は、多くが埋め戻されて土砂等で覆われて人目につくことはない。また、見学可能な遺跡もダイバー本人しか見ることはできず、一般の人々は画像や映像を通して接することしかできない。しかし、水中遺跡の理解は、現地で遺跡を直に見学してもらうことが一番である。また、末永く維持するためには地域と一体となって、保存と管理を徹底する必要がある。各国では遺跡見学のためのさまざまな取組に挑戦している。

世界初の水中博物館

水中遺跡を潜ることなく一般の人々にも訪問してもらう世界で初めての試みが、中国の重慶にある白鶴梁水下博物館でなされている。白鶴梁とは長江の流れと平行するようにして水面に伸びる石梁で、全長一六〇〇メートル、幅は二〇メートル前後の石床の露頭である。水位の下がる冬季のみ水面に姿を現したことから、唐代よりこの石に水位の物差となる魚を彫刻し水位や渇水記事を刻んで記録している。多くの文人墨客の書や絵画も彫刻されたことから、水底の碑林と称せられていた。

この遺跡は三峡ダムの完成によって水中に姿を消してしまったために、水中博物館が建設されたのである。石刻の集中する長さ七〇メートル、幅二三メートルの地域を、水圧や水流に耐えうるよう補強したカバーで完全に覆っている。この内部に河川水を浄水処理して流し入れることで、内外の水圧均衡を図り、河川の汚濁水による劣化も防いでいる。

観光客はアジア最長のトンネル式エスカレーターで水底まで下り、さらにトンネルでこの遺跡に近づくことができる。トンネル突き当たりには円形の窓があり、ここから石像や石刻を観覧できるのである。水族館の発想による博物館である。

古代都市の見学

イタリアのバイア遺跡は、海に沈んだ古代都市を見学できる観光地として世界に知られている。遺跡はナポリに近いバイアの港町に位置している（図4）。ここは古代ローマ時代には温泉施設をそなえた貴族たちの格好の保養地として栄えていた。ところが、四世紀頃から火山活動と連動した地盤沈下が始まり、海沿いのヴィラ（邸宅）や街路の石畳などが海中に没し、人々の記憶から忘れ去られていった。

一九二〇年代に港湾工事で遺物が引き揚げられたことで、遺跡が目覚めた。一九六〇年代以降に本格的な調査が継続的に実施され、一九八〇年代には一部で遺跡の保護も実現した。そして二〇〇二年、さまざまな商業活動やタンカーの沈没による被害が海底遺跡に生じたことを契機として、国はバイア海底公園として海洋保護区に指定した。遺跡を三つのゾーンに分けて水泳、ダイビング、船の航行・停泊、漁業等について規制を設けている（図5）。

保護区内の海底に沈んだ貴族の邸宅などを見学するためには二つの方法がある。一つはスキューバ・ダイビングやシュノーケリングで直接海に潜って遺跡を見学するツアーへの参加である。専門ガイドが引率する見学コースが用意され、邸宅の柱やモザイク床などを間近に見ることが可能である。見学順路には説明板も設置されている。ただし、遺跡の場所や期間によって人数の制限がある。参加人数やスケジュールは公園事務所が管理し、ガイド料は統一され（現在三五ユーロ）、一〇%は国の遺跡管理料として徴収される。登録されたガイドは現在七〇人で、定期的に講習と試験を受けてライセンスを更新する必要がある。ガイド一人につき四人までツアーに参加可能だ。二〇一四年に約二万七〇〇〇人の利用があったとのことなので、かなり盛況のようである。

二つめはダイビングをしない人のために、船底にガラス窓を設けたグラスボートツアーが用意されている。このツアーには年間一万人が訪れるということだ。地域の学校からの利用も多いので、遺跡だけでなくゴミを捨てないなどの海の環境への理解についても学ぶ良い機会になっている。これとは別に船上の大きなモニターでダイバーが撮影した映像を見る

図4　バイア港からバイア城を望む(イタリア)　バイア城の博物館に海底から出土した遺物が展示されている。

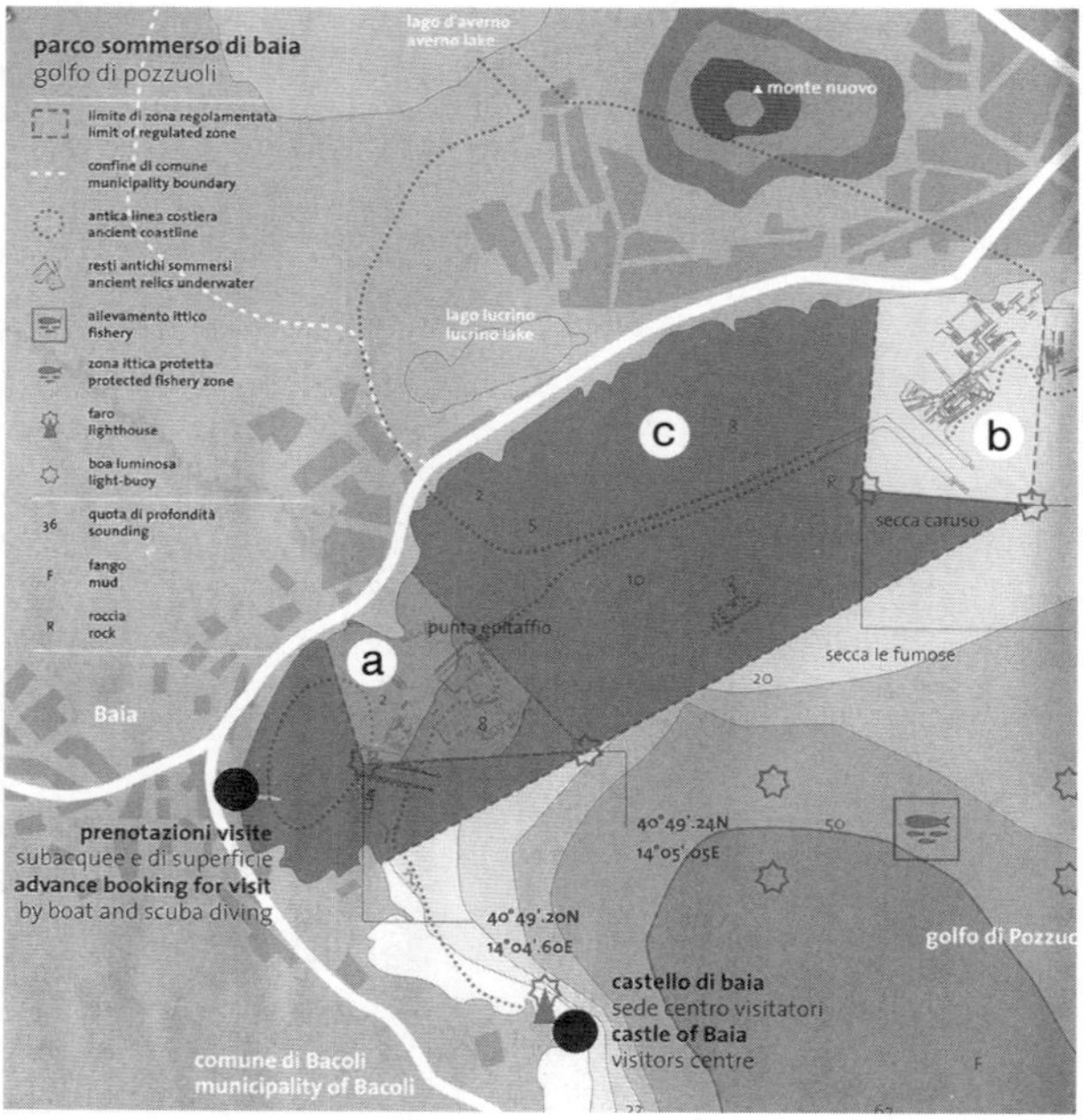

図5　バイアのツアーガイドマップ　ⓐ・ⓑ・ⓒのゾーンに，船の航行や釣り，ダイビングなどの禁止事項がそれぞれマークされている(バイア海底遺跡案内パンフレットより)。

ツアーも用意されている。

このバイア遺跡の遺跡保存の取組を、地域に暮らす人々はどのように受け止めたのか。公園整備がなされる以前、政府の保護区設定の方針に反対意見も多かったようである。しかし、現在では関連する仕事や観光収入も増えたことで好意的という。なにより、世界的な観光地としてステータスが確立されたことで、地元の誇りという意識が芽生えているとのことである。海底公園設立の趣旨には、海域の自然環境と遺跡を保護、これに加えて雇用の提供と、住民や伝統的な活動に基づく社会経済の活性化が掲げられている。遺跡の保護と併せて、地域住民の暮らしも豊かになることが強調されているのが特徴的である。

レジャーダイバーと水中遺跡

バイア遺跡以外にも水中遺跡をダイビングスポットに利用している国は欧米で事例が多い。アメリカやオーストラリアでは海洋生物と共生する沈没船を積極的に公開し、海底に案内板を設け、防水の説明リーフレットなども配布して遺跡ツアーを実施している。フランスの取組は、ひと味違っている。波の影響を受けない安定した状態の地点の海底に、比較的資料価値の低い資料を並べ、遺跡を再現する試みがなされている。

この他に国際協力として取り組んでいるのが、北欧のバルト海沿岸諸国九カ国である。バルト海域には二〇万人以上のレジャーダイバーが居ることから、彼らを水中遺跡ツーリズムに取り込む試みである。バルト海の一万五〇〇〇件の水中文化遺産の中から「一〇〇選遺産」を選び、海域全体としてレジャーダイバーを対象にして水中文化遺産を積極的に観光資源に活用しようとしている。もちろん、観光活用だけに傾くのでなく、ダイビング禁止地区の設定など保存管理も徹底している。バルト海まるごと博物館構想である。

ダイビングショップとの協働

近年日本でも地元のダイビングショップと協力した保護の取組が沖縄県石垣島などで実施されている。モデルとして海外の水中遺跡活用の手法を試行的に取り入れている。参考とされているのが、イタリアのシチリアでの取組である[5]。海洋リゾートとしてマリンスポーツが盛んな島で、一五〇〇カ所の水中遺跡の中で二三カ所をレジャーダイバーに公開している。その仕組みは、遺跡を管理するシチリア特別自治州がダイビングショップと契約を結び、州は遺跡案内に必要な情報や情報機器を認定ショップに提供するとともに、必要な講習を実施する。観光ダイバーが遺跡ツアーを行おうとすれば必ず認定ショップの同行が必要条件とされている。ツアーを実施する認定ショップ側は、遺跡情報等の提供に対して、無償での遺跡の清掃等の必要なメンテナンスを提供するだけでなく、遺跡の環境に変化や異変がないか、日常的なモニタリングをすることで州に協力する義務を負っている。このように州政府と地元のダイビングショップとの協働によって、遺跡の保存と活用がうまくなされているのである。遺跡や遺物を隔離して保存するのではなく、地元で多くの人の目にさらされながら人の力で保全される仕組みである。

おわりに――水中遺跡の持続可能な活用

水中遺跡は、陸上に比べて環境の流動が激しいだけでなく、監視の目が届かないことや漁業活動によって遺跡に重大な影響を及ぼすことが予想される。特に地球環境の変動の影響を強く受けるのは海であり、海水温の上昇が結果として水中遺跡の劣化を進めるのは誰もが危惧するところである。そこで遺跡を恒久的に保護・保全するためには、条例等による経済活動や見学の規制が必要であり、遺跡を未来に伝えるためには地域住民の参加が必要不可欠である。各国は水中遺跡の保全と、観光地として地域に雇用を生み出すような地域資源の活用とを両立させることで、持続的な開発に乗り出そうとしている。今後の日本の水中遺跡保護の一つのモデルと期待される。

（1）各国の水中遺跡保護の取組状況については、NPOアジア水中考古学研究所のホームページ等を参考にした。
（2）The UNESCO Convention on the Protection of the Underwater Cultural Heritage "Info Booklet".
（3）中央政府以外の地方の行政体は、日本のように都道府県と市町村以外に、国によっては地方政府、州政府あるいは自治州、県などさまざまな行政体があるが、ここでは自治体と統一して使用する。なお、場合によっては州を用いることもある。
（4）David Gregory, Martijn Manders "Wreck Protect" 2012.
（5）中西裕見子・片桐千亜紀ほか「シチリアにおける水中文化遺産の保護と公開活用の展開」『沖縄県立博物館・美術館　博物館紀要』第一〇号（二〇一七年）。

4章　諸外国における水中考古学教育とトレーニング

佐々木　蘭貞

はじめに

限られたスペースではあるが、ここでは水中考古学の教育とトレーニングについて諸外国の例を紹介したい。まず冒頭で水中考古学の定義について簡潔に述べる。次に、水中考古学の教育を担う大学、非営利団体（ＮＰＯ）や非政府組織（ＮＧＯ）、政府機関（国や自治体）に分けてそれぞれの歴史と特徴、そして数件の事例を提示する。特定の教育の考え方についての個人的な意見は控え、広く諸外国における水中考古学の教育やトレーニングについて紹介することに努めた。本章が日本にとってふさわしい水中考古学教育とトレーニングの参考となることを願う。

1　水中考古学の定義

水中考古学について語る前に、〝水中考古学〟を定義する必要がある。日本では、この学問の定義が曖昧であり、海外でよく使われる水中考古学（Underwater Archaeology）、船舶考古学（Nautical Archaeology）、そして、海事考古学（Maritime Archaeology）の研究に当てはまる。(1) 以下に、それぞれの特徴をまとめた。本論では混乱を避けるため、特に名称の違いが重要となる場合以外は、〝水中考古学〟として標記した。将来的には、日本でも学問の定義を明確にし、状況に応じて相応しい用語を使いわける必要があると思われる。

①水中考古学—常時または一時的に水没している過去の人類の痕跡を研究するための方法論。水中での発掘作業や探査方法など技術的な側面が強調される。

②船舶考古学—船の考古学。沈没船だけでなく、埋葬された船、港跡、船の積荷なども研究対象とする。

③海事考古学—人類の海上活動、すなわち〝人間と海〟の関係を研究する考古学。沈没船も研究対象となるため、船舶考古学と重なる部分も多いが、例えば漁労活動や海域の歴史的景観の復元など研究のテーマは広い。

また、よく使われる用語である水中遺跡と水中文化遺産も定義が若干異なる。ユネスコの「水中文化遺産の保護に関する条約」の定義の枠を超え、諸外国では水中に在る遺跡や遺物、文化的景観なども広義に水中文化遺産を構成する一つの要素として捉える動きがある。

2　大学における水中考古学教育

水中考古学の発展に大学等の研究機関が果たした役割は大きい。水中考古学が本格的に大学で教えられるようになったのは一九八〇年代である。また、行政機関で水中遺跡の管理が行われることがなかった段階においては、名門校が水中考古学研究を牽引してきた。学術面が重要視され、一つの遺跡を丁寧に掘り進めていく方法が主流であった。

しかし、一九九〇年代以降、世界各地で開発対応による水中遺跡の調査が行われるようになると、短期間で遺跡を調査する必要に迫られた。大学では、〝現場〟に出る機会が少なく、卒業しても〝仕事〟として調査を行う能力が備わっていないことが多く、また、遺跡を発掘せずに現地で保護する考え方や水中遺跡を一般に公開して活用する手法は、研究を主体とした大学のカリキュラムでは対応できない部分も多かった。そのため、学問としての追求のみではなく、活用を含めた水中遺跡のマネージメントを行える人材を育てる教育への転換が見られた。二〇〇〇年以降に設立された大学のプログラムは、水中作業や探査のトレーニングを重視する傾向にある。

ここでは、水中考古学を専門としたプログラムを持つ大学を数例紹介する。ユネスコが水中考古学プログラムを持つ大学のリストを公表しており、ご参照いただきたい(2)。大学の研究の主眼は、プログラム名称や所属する学部（考古学、歴史学、人類学、海洋学）の違いで見ることができる。修士・博士課程が主流であり、陸の考古学を学んでいることを前提としている。これらの大学は、三名以上の水中考古学専門の教授がおり、水中考古学研究所や保存処理施設などを持つ。ここで紹介する大学のほか、水中考古学プログラムがない大学でも、例えば考古学の入門クラスの中で水中考古学について一コマ設けられている場合も多く、アメリカやイギリスなどで大学生が使用する考古学のテキストなどにも水中考古学の事例は頻繁に紹介されている(3)。

テキサスA&M大学(4)（Texas A&M University: Nautical Archaeology Program）

一九七六年、世界に先駆けてテキサスA&M大学で船舶考古学プログラムが設立された。水中考古学が学べる唯一の大学であったため、留学生が集まったが、現在は留学生の数は毎年一名ほどに減っている(5)。船舶考古学研究所（Institute of Nautical Archaeology）は、地中海、アメリカ、カリブ海など世界各地で調査を行っている。プログラムの主眼は、船の研究であり、船舶の歴史、船体構造の変遷、また、船体図面の書き方などを学ぶ。遺跡の調査手法について特定のトレーニングはなく、研究所が実施する発掘調査に参加するなど自主的に現場で訓練を積む。そのため、生徒によって現場経験・実技には大きなバラつきが見られる。大学付属の保存処理ラボでは、世界各地から保存処理の委託を受けている。在学期間中に保存処理ラボで実務経験を積むことができる数少ない大学として評価は高い（図1）。

図1　テキサスA&M大学の保存処理ラボ　アンカーなど大きな遺物は野外で保存処理を行う。

イーストキャロライナ大学[6]（East Carolina University: Maritime Studies）

イーストキャロライナ大学の水中考古学プログラムは、歴史学部の中の一つのプログラムとして一九八二年に発足した。プログラム名称は、〝Maritime Studies（海事研究）〟であり、〝Archaeology（考古学）〟の文字を使用していない。プログラムでは文献史料や文化財の取り扱い方、また、国や研究所などへの研究費の申請書の書き方、水中作業や探査機器の実技トレーニングなどを実施している。これまでの卒業生の数は二〇〇名以上になり、行政の文化財担当官、博物館学芸員、民間の考古学会社などに就職している。テキサスA&Mなど学術に特化したプログラムに比べると、卒業後の進路の幅は広い。現在、九名の教授が生徒の学術指導に当たり、ダイビングや探査機材のトレーニングは専門スタッフが担当している。また、発足当時は小さなラボから始まった保存処理施設も年々拡張を続けている。実践的な水中考古学の習得を目的に留学生も多く、イラン、ナイジェリア、ブラジル、ロシアなど世界各地から集まっている。

サウサンプトン大学[7]（University of Southampton: Maritime Archaeology）

イギリス・ヘンリー八世の旗艦メアリー・ローズ号博物館のあるポーツマスからほど近いサウサンプトン大学では、一九九五年に海事考古学センター（The Center for Maritime Archaeology）および海事考古学のプログラムが設立された。講師の研究の幅も広く、ヨーロッパの中で安定して生徒・講師数が多い水中考古学のプログラムである。研究職としての資質を高める一方、調査手法など実践で学ぶことにも主眼を置いている。探査機器の使い方、水中での三次元測量とモデリング、船舶構造理論が必修となっている。研究課題は、水域の古環境の復元、地中海や黒海の船舶建造技術の変遷、イギリス海軍の歴史、水中文化遺産のマネージメントと国際法など様々である。また、他国の研究機関とも提携し、世界各地に活動の幅を広げる一方、船舶考古学会（ＮＡＳ）など国内の団体とも調査やトレーニングなど協力して取組んでいる。また、誰でも受講可能な無料のオンラインコースもあり、イギリスに行くことなく最先端の水中考古学の基礎を学ぶことができる。

図２　生徒による発掘の様子　フリンダース大学のフィールドスクールでは，学生が発掘作業を体験できる。

フリンダース大学(8)（Flinders University: Maritime Archaeology Program）

オーストラリアでは、州政府や博物館など行政が中心となり水中遺跡の調査が行われてきた。その一方、これまでにいくつかの大学で水中考古学プログラム設立の機会があったものの、持続的なプログラムとしては育たなかった。その中で、二〇〇二年に設立されたフリンダース大学の海事考古学プログラムは、継続して生徒を受け入れている。生徒は、海事考古学論、船の考古学、遺物の分析、探査機材などのトピックを学ぶ。また、卒業にはフィールドスクールの参加が必修となっている（図２）。オンラインコースにより大学の単位が取得できるシステムや、ショートコースなど資格のみを取得できるプログラムも実施している。特に地理的に近いため東南アジアなどから生徒が多く集まっている。

南デンマーク大学（University of Southern Denmark: Maritime Archaeology Program）

南デンマーク大学の海事考古学の修士プログラムは、ヨーロッパの中では比較的新しく二〇〇七年に設立された。プログラムでは、海事考古学を「海が持つ文化・歴史的価値を研究する学問」としている。生徒の大多数は留学生であり、水中文化遺産のマネージメントに関するキャリア、特に国際舞台で活躍する人材の育成を目指している。文化遺産行政や国際法の諸問題、学術および開発に対応した調査計画の立て方、コンサルティング業を見据えた実務的なトレーニングのコースがある(9)。生徒は、ヨーロッパを中心に発掘や事前探査などフィールドスクールに参加し、実践での調査手法を学ぶことができる。

ドクズ・エイリュル大学(10)（Dokuz Eylul University: Underwater Archaeology）

トルコのドクズ・エイリュル大学海洋学部の応用科学の分野の一つに海洋工学などと並んで水中考古学の修士プログラムが設立されている。様々な角度から海の理解を深めることを学部の目的としており、海と人の関係を学ぶ学問もその中に含む。古代の船体構造や交易ルートの研究、港や水没遺跡の調査と研究などの学術的な側面と、探査機器の理解や発掘手法、そして、水中文化遺産のマネージメントなど幅の広い内容の授業が組まれている。生徒は、大学が行うプロジェクトなどに参加して現場を経験する。プログラムの内容は海事考古学（Maritime Archaeology）と言えるが、プログラム名称は水中考古学（Underwater Archaeology）となっている。

アレクサンドリア大学(11)(Alexandria University: Maritime Archaeology & Underwater Cultural Heritage)

二〇〇九年、アレクサンドリア大学に海事考古学および水中文化遺産センター(The Alexandria Center for Maritime Archaeology & Underwater Cultural Heritage)が設立された。エジプト国内で始めて次世代の水中考古学者のトレーニングを目的として作られた施設であり、欧州連合(EU)などからの資金援助を受けて実現した。ヨーロッパ、特にサウサンプトン大学などをモデル校として実践的な水中文化遺産のマネージメントのためのプログラムが組まれている。ダイビング機材や小型ボートなどを所有し、紅海などエジプト近海でいくつかのプロジェクトを実施している(12)。アレクサンドリア湾内には、長年フランスの調査団が実施したファロスの灯台跡などがある。

キプロス大学(13)(University of Cyprus: Field Archaeology on Land and Under the Sea)

キプロス大学は、海事考古学調査ラボ(The Maritime Archaeological Research Laboratory)を二〇一一年に設立し、同時に修士プログラム「陸と海のフィールド考古学」を組んだ。学術的な側面よりも、探査や発掘、そして保存処理などの方法論に特化したプログラムではあるが、〝陸と海〟を対象としている。大学ウェブサイトでは、行政・民間の調査、博物館、また、研究職のキャリア育成に対応したプログラムとして紹介している。授業は、考古学と歴史景観、海事考古学、フィールドワーク、遺物の研究と分析、文化遺産保護の五分野から構成される。海事考古学調査ラボは、行政機関(通信運輸省および古代局)や海洋学関連の研究所と連携しているため、行政が行う水中考古学調査に生徒を参加させることができる。また、卒業には実務経験として最低四五日間の研修が必修となっており、就職を前提としたプログラムが特徴といえる。

3　ＮＰＯ・ＮＧＯ

水中考古学に係わるＮＰＯやＮＧＯは数多く在り、それらの団体の目的や規模は様々である。フランスで開発されたスキューバによる潜水が一九五〇年代以降から普及するにつれ、水中遺跡の盗掘も進んだ。遺跡が破壊されていることに最初に懸念の声を上げたのは、歴史に理解のあるダイビングを楽しむ人々であった。少し遅れて研究者らとダイバー達が協力する形で非営利団体を作り、水中遺跡の保護を呼びかけた。それらの団体の多くは、自ら潜って遺跡を見に行くことを目的としていたため、沈没船を守るための最低限のスタンダードを提示するなど研究をサポートする部分が多い。大学の研究者が遺跡に学術的価値を与え、行政担当者が遺跡の管理を行い、民間の団体は、その遺跡を見て楽しむことに主眼を置いた。時が経つにつれ、より研究を主目的とする団体も増え、細分化・多様化していく。民間団体の水中遺跡への係わり方は、その国の法律（水中遺跡へのアクセス制限など）や国民の関心度によって変わる。国によっては、水中遺跡調査の中核をなすケースもある。その一方で、韓国のように水中遺跡の発掘の権限が国立の研究所に制限されている場合もある。それらの違いをまとめるだけで一つの論文となろう。共通していることは、多くの団体の活動の主体は、講演会の実施や研究誌の発刊などによる水中考古学の普及にある。これらの活動は、広い意味では教育であるといえるが、ここでは実際の調査に係わるトレーニングなどを実施し、また、国際的に認知されている資格・証明書などを発行している団体を紹介する。

船舶考古学会(14)（NAS: Nautical Archaeology Society）

ＮＡＳは、一九六四年にイギリスで設立された非営利団体である。設立当時、大英博物館、国立海事博物館、ロンドン

表1　NASトレーニングマニュアル目次

第1章	The NAS Handbook: Why it was Written	なぜマニュアルを書くのか？
第2章	Underwater Archaeology	水中考古学
第3章	Getting Involved in Underwater and Foreshore Archaeology	いそべと水中考古学に係わるために
第4章	Basic Principles: Making the Most of the Clues	基本原則：証拠をもとに探る
第5章	Project Planning	プロジェクトの計画について
第6章	Safety on Archaeological Sites Under Water and on the Foreshore	いそべと水中遺跡における安全対策
第7章	International and National Laws Relating to Archaeology Under Water	水中考古学に関する国際・国内の法律
第8章	Archaeological Recording	考古遺跡の記録方法
第9章	Historical Research	歴史研究について
第10章	Photography	写真撮影
第11章	Position-Fixing	位置記録方法
第12章	Underwater Search Methods	水中遺跡の探索方法
第13章	Geophysical and Remote-Sensing Surveys	水中探査機器
第14章	Underwater Survey	水中探査・サーヴェイ
第15章	Destructive Investigative Techniques	破壊を伴う調査方法～発掘作業
第16章	Archaeological Conservation and First-Aid for Finds	考古遺物の保存処理と応急処置
第17章	Site Monitoring and Protection	遺跡のモニタリングと保護
第18章	Archaeological Illustration	考古描写技法・図面の作成
第19章	Post-Fieldwork Analysis and Archiving	分析と保管・管理
第20章	Presenting, Publicizing and Publishing Archaeological Work	出版・普及活動について

大学などから顧問が選出されている。船舶考古学の研究に必要な記録・保存・活用手法の更なる進歩を目的とし、研究者・行政担当者・ダイバーや広く一般市民への情報の発信と教育を行っている。イギリス国内だけではなく、世界に向けて水中文化遺産の保護を呼びかけている。一九七二年には、学術雑誌 *The International Journal of Nautical Archaeology* が刊行され、水中考古学の第一級の査読誌となっている。大学等と協力してフィールドスクールなども開催している。ＮＡＳの最も著名な活動は、トレーニングコースにあるといえる。オンラインコースやトレーナーによる指導を受けることにより資格を得ることができる。英国では水中遺跡を訪れるには許可申請が必要となり、現状確認（モニタリング）の一環として、簡易的な図面や写真で記録を残すことをアクセスの条件としている。そのため、沈没船ダイビングを楽しむ人々もある一定の考古学調査作業ができることが望まれる。ＮＡＳの様々な教育活動の中で、トレ

ーニングの基本となるマニュアルを詳しく紹介したい[15]（表1）。考古・歴史学の倫理、探査手法や水中での位置の記録方法などについて詳しく書かれている。発掘作業や引き揚げ作業については、「文化遺産に害を加える行為」であるため推奨せず、他に遺跡を保護する方法がない際の最終的な手段としている。

世界水中連盟[16]（ＣＭＡＳ）

フランスに本部を持つＣＭＡＳ（世界水中連盟）は、一九五九年に設立された水中の活動に関する国際団体（ＮＧＯ）である。水中における法律の統一、水中活動の国際大会や振興活動を行っている。水中スポーツ、水中技術、水中科学の三つの委員会で構成され、水中考古学は水中科学委員会に含まれている。各国それぞれ委員会を持ち、比較的緩やかな連携を保ちながら活動を行っている。日本にもＣＭＡＳ協議会が存在するが、特に水中遺跡の保護に対する活動は行っていないようである。ヨーロッパでは考古学者とＣＭＡＳの連携が強いが、それぞれの国により活動内容が異なる。デンマークでは、水中遺跡へは誰でも訪れることができるが、遺跡に触ることは禁止されている。そのため、トレーニングコースなどは開催せず、水中遺跡の保護のための講習会や水中遺跡ツアーなどを定期的に開催している[17]。その一方、イタリアでは、遺跡調査のフィールドトレーニングコースなどを開催している。これらのコースには、一般のダイバーや大学生、行政担当者など、国を超えた参加者も見られる。

ユネスコ[18]（ＵＮＥＳＣＯ）

ユネスコでは、文化遺産を守るためには教育が重要であるとしている。また、水中文化遺産保護に対する取り組みは国によって大きな違いがあるため、教育やトレーニングによって格差をなくすことを目指している。ユネスコ水中文化遺産保護条約については、別途参照していただき、本文ではユネスコの掲げる教育に焦点を当てる。インターネットによる情報の発信、大学など研究機関同士の連携を強める水中文化遺産大学ネットワーク、そして、キャパシティービルディングプログラムを紹介したい。

ユネスコでは、インターネット上で各国の法律、大学・研究機関や博物館などの情報を提供している。また、水中文化遺産に関する主要な論文、水中文化遺産保護条約に即した遺跡保護マニュアルなどもダウンロードできる。[19] 高等義務教育に係わる教育者向けのコンテンツや子供向けのページも開設されており、動画やゲームなどを通して水中文化遺産保護に対して関心を持ってもらう取り組みも行っている。また、ユネスコの理念に沿った活動を相互に支援するための大学・研究機関の国際的なネットワークである水中文化遺産大学ネットワーク（ＵＮＩＴＷＩＮ）を立ち上げている（表2）。次世代への教育普及として、学術会議やワークショップなどを開催する際に協力できる体制を整えているが、特に定期的に開催される総会などはない。

ユネスコの水中文化遺産に関する教育の取り組みの中で、キャパシティービルディングプログラムが特に重要である。主に条約批准国や批准を積極的に考えている国と地域の文化財担当者を対象としたトレーニングであり、専門家を招集して開催される（表3）。ここでは、二〇〇九年から二〇一一年にかけてタイのチャンタブリで開催されたトレーニングコースについて紹介したい。基本コースを三回、応用コースを二回（ＧＩＳと現地保存について）実施しており、一七カ国、七〇名以上の参加者があった（図3・表4）。主に自治体で水中遺跡の管理を担当する者で国（や自治体）からの推薦者を対象として実施した。基本のトレーニングコースは、六週間が割り当てられており、そのうち二週間は実際の水中遺跡にて行われるフィールドワークになっている。水中遺跡の記録方法、非破壊調査手法、最新の保存処理技術、引き揚げ遺物の応急処置、博物館学、遺跡のモニタリング、現地保存・活用方法などのトレーニングの他、地域において重要な研究課題などについてのレクチャーを行った。一つのユニットで、九〇分のレクチャー四回が想定されており、一日一ユニットとなっている[20]（表5）。

オーストラリア	https://www.flinders.edu.au/
フランス	https://www.univ-amu.fr/
エジプト	http://www.cmauch.org/
アメリカ	http://www.ecu.edu/cs-cas/maritime/
ポーランド	http://www.archeologia.umk.pl/
トルコ	http://www.selcuk.edu.tr/
イギリス	https://www.southampton.ac.uk/archaeology/index.page?
スペイン	http://arqueologianauticaysubacuatica.uca.es/
デンマーク	http://www.sdu.dk/en/Uddannelse/Kandidat/Marinarkaeologi
アメリカ	http://nautarch.tamu.edu/

イタリア	http://www.unive.it/
オーストラリア	https://www.jcu.edu.au/
イギリス	http://www.arch.ox.ac.uk/
トルコ	http://www.uludag.edu.tr/
イタリア	http://www.uludag.edu.tr/
レバノン	http://www.balamand.edu.lb/main/Pages/default.aspx
イギリス	http://www.bradford.ac.uk/external/
アルゼンチン	http://www.uba.ar/
キプロス	http://www.ucy.ac.cy/marelab/en/
アメリカ	http://www.uog.edu/
イギリス	http://www.nottingham.ac.uk/
スロベニア	https://www.upr.si/sl/
北アイルランド	https://www.ulster.ac.uk/
スペイン	http://www.uv.es/uvweb/college/en/university-valencia-1285845048380.html
クロアチア	http://www.unizd.hr/
日本	https://www.kaiyodai.ac.jp/

オーストラリア	http://www.anmm.gov.au/
スペイン	http://www.mac.cat/eng/Branches/CASC
ドイツ	http://www.uwarc.de/index.php
デンマーク	http://www.moesgaardmuseum.dk/en/
イタリア(シチリア)	http://www.regione.sicilia.it/beniculturali/archeologiasottomarina/index.htm
オーストラリア	http://www.network.qm.qld.gov.au/

(本部フランス)	http://cmas.org/science
スペイン	http://www.uji.es/

ウェブサイトは2018年2月14日最終閲覧

表2　ユネスコ UNITWIN (University Twinning and Networking) プログラム参加機関リスト

	フルメンバー
Flinders University	フリンダース大学
Aix-Marseille University	エクス＝マルセイユ大学
Alexandria University	アレクサンドリア大学
East Carolina University	イーストキャロライナ大学
Nicolaus Copernicus University in Torun	ニコラウス・コペルニクス大学
Selçuk University	セルチュク大学
Southampton University	サウサンプトン大学
Cadiz University	カディス大学
Southern Denmark University	南デンマーク大学
Texas A&M University	テキサス A&M 大学
	アソシエイトメンバー
Ca' Foscari University of Venice	ヴェネツィア大学
James Cook University	ジェームズクック大学
Oxford University	オックスフォード大学
Uludag University	ウルダッグ大学
University of Catania	カターニア大学
University of Balamand	バラマンド大学
University of Bradford	ブラッドフォード大学
University of Buenos Aires	ブエノスアイレス大学
Univeristy of Cyprus	キプロス大学
University of Guam	グアム大学
University of Nottingham	ノッティンガム大学
University of Primorska	プリモルスカ大学
Ulster University	アルスター大学
University of Valencia	バレンシア大学
University of Zadar	ザダル大学
Tokyo University of Marine Science and Technology	東京海洋大学
	パートナー
Australian National Maritime Museum	オーストラリア国立海洋博物館
Centre d'Arqueologia Subaquatica de Catalunya	カタルーニャ水中考古学センター
Hemmenhofen Training Centre for Inland Water Archaeology	ヘンメンホーフェン内水域考古学トレーニングセンター
Moesgaard Museum	モースゴー先史博物館
Superintendent of the Sea of Region Sicily	シチリア海洋監督官
Queensland Museum Network	クイーンズランド博物館ネットワーク
	オブザーバー
CMAS	世界水中連盟
University of Jaume I	ジャウメ1世大学

表3　ユネスコのキャパシティービルディングプログラム開催国リスト

2007年	タンザニア
2008年〜	クロアチア
2009年〜2011年	タイ
2010年	南アフリカ
	メキシコ
	ポーランド
2011年	スペイン
	トルコ
	コロンビア
2012年	キューバ
	ジャマイカ
2013年	アルゼンチン
2014年	シント・ユースタティウス島(オランダ領)
2015年	コロンビア
	トルコ
	ケニア
2016年	マダガスカル

注　ユネスコが主催するキャパシティービルディングコースのみ記載。

図3　キャパシティービルディングプログラムの授業の様子(タイ)

表4　キャパシティービルディングプログラム国別参加者リスト

	基礎コース 1	基礎コース 2	応用コース（GIS）	基礎コース 3	応用コース（現地保存）
バングラデシュ		1	1	1	
ブルネイ		3			
カンボジア	1	1	1	2	1
フィジー			1	1	
インド			1	1	
インドネシア	2	3	2	4	3
ケニア				1	1
キルギス				1	1
ラオス	2			2	
マレーシア	2	2	1		2
パキスタン		1	1		1
パラオ			1		
フィリピン	2	1	2	2	1
シンガポール			1		
スリランカ	2	3	2	3	2
タイ	4	3	2	3	3
ベトナム		1	2		

表5　キャパシティービルディングプログラムマニュアル目次

UNIT 1	The 2001 Convention on the Protection of the Underwater Cultural Heritage	ユネスコ水中文化遺産について
UNIT 2	Back to Basics: Introduction to the Principles and Practice of Foreshore and Underwater Archaeology	いそべと水中考古学の基礎
UNIT 3	Management of Underwater Cultural Heritage	水中文化遺産のマネージメント
UNIT 4	Underwater Archaeological Resources	水中考古学の資料について
UNIT 5	Desk-based Assessment	文献史料の研究
UNIT 6	Significance Assessment	遺跡の価値の考え方・緊急性アセスメント
UNIT 7	Data Management in Maritime and Underwater Archaeology	データ管理
UNIT 8	Geographical Information Systems (GIS) in Underwater Archaeology	GIS
UNIT 9	*In Situ* Preservation	現地保存
UNIT10	Intrusive Techniques in Underwater Archaeology	破壊を伴う調査（発掘作業）
UNIT11	Conservation and Finds Handling	保存処理と遺物の扱い方
UNIT12	Practical Dive Session of the Foundation Course: The Mannok Shipwreck Site, Gulf of Thailand	潜水トレーニング
UNIT13	Asian Ceramics	アジアの陶磁器
UNIT14	Asian Shipbuilding Technology	アジアの伝統船舶
UNIT15	Material Culture Analysis	遺物の分析方法
UNIT16	Museology	博物館学
UNIT17	Public Archaeology, Raising Awareness and Public Participation Projects in Underwater and Maritime Archaeology	パブリックアーケオロジー（水中遺跡の活用）
UNIT18	Archaeological Publication	考古学・研究の出版と普及活動

4 行政

これまで行政が水中考古学の教育に直接関与した例は少なかったが、近年は国が主導となる例が増えている。もともと水中考古学が盛んな地域ほど大学や民間の団体が水中考古学教育の主体であり、行政は大学の誘致、研究費などによる支援、文化施設の管理など間接的な関わりが多かった。逆に、これまで水中遺跡の調査例がほとんどなかった国や地域では、行政が積極的に水中考古学の教育を行っている。これらの水中考古学の分野における新興国では水中考古学の専門家がいないため、ユネスコやイギリスのＮＡＳ、外国の大学などと協力して自国の水中考古学教育を行っている。アフリカ東海岸地域やカリブ海地域などに顕著に見られる。特に技術面でのトレーニングに主眼が置かれていることが多いが、これは、もともと考古・歴史学の基礎を学んだ文化財担当者を主に対象とし、水中でも作業のできる文化財担当者として育成しているためである。

クロアチア

クロアチアは積極的に水中考古学の研究と水中遺跡の保護に取組んでいる国として知られており、特にユネスコとの繋がりが強い。二〇〇七年、クロアチアのザダルで水中考古学研究センターが設立され、二〇〇九年からは正式にユネスコ国際水中考古学センター（ICUA: International Centre of Underwater Archaeology）として機能している。[21] クロアチア政府からのサポートと共に、主にヨーロッパから資金の提供を受けて運営されており、地中海地域を中心とした新しい人材育成の場となっている。教育普及および資料管理部門、保存処理・修復センター、水中文化遺産展示部門（博物館）から構成されている。スロベニアやモンテネグロなど様々な理由により水中考古学者の育成に充分な予算を割り当てることができない国と提携して水中作業のトレーニング、また、発掘された遺物の保存処理などを実施している。二〇一七年には、NASのトレーニングを二回、フォトグラメトリー（写真実測）のトレーニングを二回実施している（図4）。また、水中遺物の保存処理マニュアルもインターネットを通じて提供している[22]。

図4　2017年10月に行われたフォトグラメトリー（写真実測）のコースの様子（クロアチア）

中　国

中国では、水中遺跡の調査は行政が中心となり進められており、地方自治体に水中遺跡の管理ができる人材を育てることに重きが置かれている。水中考古学の研修プログラムは、国家文物局を中心に進められ、一回目は一九八九年に実施され、これまで七回行われている。研修を受けると国家文物局から合格証書（資格）が発行される。学生や研究者を対象としておらず、行政職を行う上で必要な技術の習得が目的のため、潜水の初心者も多いことが特徴的である。第一回目は、オーストラリアなど諸外国のトレーニングの例を参考としたが、その後は独自のトレーニングプログラムを組み立てている。トレーニングは四カ月ほどを要するが、数回に分けて実施される。プログラムは、主に三項目（潜水技術、水中考古学調査方法、文化財レクチャー）から構成され、なかでも潜水トレーニングが時間的に大きな割合を占めている。また、文化財のレクチャーには様々な項目が挙げられており、総合的な水中考古学の調査技術と知識を学べるプログラムとなっている[23]。

(1)　潜水技術トレーニング―水泳の技術、夜間潜水、救護、安全対策など基礎から専門的な技術までプールおよび海上でトレーニングを実施する。機材のメンテナンスなどについても学習し、潜水技術の総合的な知識と技術を学ぶ。一週間のレクチャーと一カ月の潜水技術のトレーニングからなる。

(2) 水中考古学調査方法―発掘方法、水中測量、水中撮影、船体復元の方法などが主な項目となる。およそ一〇日間で基準点の設置方法、掘削作業、ソーナーなど水中遺跡の探査で使用する機器について学ぶ。

(3) 文化財レクチャー―水中考古学の概要と理論などを学ぶ。水中考古学概要、海上シルクロード、水中考古学技術、水中文化遺産保護、陶磁器・造船技術・航海の歴史、調査の実例や特定の課題など六つの項目についてそれぞれ学ぶ。これまで、中国の考古学・水中考古学の歴史、文化財保護体制、海上シルクロード（湾岸交通や貿易形態）、考古一号船（水中考古学専用調査船）、パブリックアーケオロジー、南海一号の発掘、保存処理方法、陶磁器の変遷についてのレクチャーが行われた。

おわりに

水中考古学の教育を考えたとき、学術的な側面と技術的な側面がある。大学は主に学術的な要素を教育の中心に据えて次世代の育成を目指している。テキサスA&M大学のジョージ・バスの言葉――ダイバーを考古学者にすることは難しいが、考古学者をダイバーにすることは比較的容易である――が大学における水中考古学教育を象徴している。(24) NPOやNGOは、一般に対しての教育普及などに重点が置かれるが、国際的な活動を行う団体では国の行政担当者向けの教育も行っている。政府組織が教育を行う場合は、主に行政の文化財担当者に向けて実施される場合が多く、潜水作業など実技訓練が中心となることが多い。水中考古学教育は、その国の水中考古学の歴史、水中遺跡に係わる法律、遺跡の管理方法など様々な要因で違いが見られる。日本における水中考古学教育は、これから指針が示されることになるであろう。日本独自の〝水中考古学〟の教育が発展するよう期待したい。

（1） James Delgado *Encyclopedia of Underwater and Maritime Archaeology* (Yale University Press, 1998).

（2） UNESCO *Courses in Underwater Archaeology at Universities and other Institutions* (2013), http://www.unesco.org/fileadmin/MULTIMEDIA/HQ/CLT/pdf/Universities-programs-underwater-archaeology.pdf （二〇一七年十月十四日閲覧、以下同）

（3） Colin Renfrew *Archaeology: Theories, Methods, and Practice* (Thames & Hudson, 2012), Brian Fagan *Archaeology a Brief Introduction* (Routledge, 2011) など。

（4） Texas A&M University, Department of Anthropology, Nautical Archaeology Program, http://nautarch.tamu.edu/ （二〇一七年十月十四日）

（5） テキサスA&M大学教授 Dr. Filipe Castroへのインタビュー（二〇一六年一月）による。

（6） East Carolina University, Department of History, Program in Maritime Studies, http://www.ecu.edu/cs-cas/maritime/ （二〇一七年十月十四日）

（7） University of Southampton, Center for Maritime Archaeology, http://cma.soton.ac.uk/ （二〇一七年十月十四日）

（8） Flinders University, Department of Archaeology, Maritime Archaeology Program, http://www.flinders.edu.au/ehl/archaeology/specialisation/maritime-and-underwater-archaeology.cfm （二〇一七年十月十四日）

（9） Thijs Maarleveld, Jens Auer "Teaching Maritime Archaeology: A practical approach?" *Proceedings of the 13th Annual Meeting of the European Association of Archaeologist: Session Underwater Archaeology* (Croatian Archaeological Society, 2007) pp. 105–110.

（10） Dokuz Eylul University, Underwater Archaeology Program, http://debis.deu.edu.tr/ders-katalog/2013-2014/eng/bolum_1562_eng.html （二〇一七年十月十四日）

（11） Alexandria Centre for Maritime Archaeology & Underwater Cultural Heritage, http://www.cmauch.org/ （二〇一七年十月十四日）

（12） Emad Khalil "Education in Maritime Archaeology: The Egyptian Case Study" *Journal of Maritime Archaeology* n. 3 (2008).

（13） Cyprus University, Maritime Archaeological Research Laboratory, https://www.ucy.ac.cy/marelab/en/ （二〇一七年十月十四日）

（14） Nautical Archaeology Society, https://www.nauticalarchaeologysociety.org/ （二〇一七年十月十四日）

（15） Nautical Archaeology Society *Underwater Archaeology: The NAS Guide to Principles and Practice, 2nd Edition.* （二〇一七年十月十四日）

（16） The World Underwater Federation (CMAS), http://www.cmas.org/en （二〇一七年十月十四日）
日本CMAS協議会、http://www.cmas-japan.com/ （二〇一七年十月十六日）

（17） CMASデンマーク、http://arkaeologi.sportsdykning.dk/ （二〇一七年十月十四日）

（18） ユネスコ水中文化遺産保護、http://www.unesco.org/new/en/culture/themes/underwater-cultural-heritage/ （二〇一七年十月十四日）

（19） Thijs Maarleveld, Ulrike Guerin, Barbara Egger（編）*Manual for Activities Directed at Underwater CUltural Heritage: Guide to the Annex of the UNESCO 2001 Convention* (UNESCO, 2013), http://www.unesco.org/culture/en/underwater/pdf/UCH-Manual.pdf （二〇一七年十月十六日）

（20） Martijn Manders, Christopher Underwood（編）*Training Manual for the UNESCO Foundation Course on the Protection and Management of Underwater Cultural Heritage in Asia and the Pacific.* (UNESCO, 2012), http://unesdoc.unesco.org/images/0021/002172/217234e.pdf （二〇一七年十月十六日）

（21） International Center for Underwater Archaeology (Zadar: Croatia), http://www.icua.hr/ （二〇一七年十月十四日）

（22） Bekic Luka（編）*Conservation of Underwater Archaeological Finds*, http://icua.hr/images/stories/publikacije/conservation_of_underwater_archaeological_finds_manual_second_edition.pdf (International Center for Underwater Archaeology, 2014)

（23） 中国国家文物局水下文化遺産保護中心副主任宋建忠へのインタビュー（二〇一七年一月）による。

（24） テキサスA&M大学名誉教授 George Bass へのインタビュー（二〇一六年一月）による。

Ⅲ部　文化遺産としての水中遺跡

1章　日本における水中遺跡の保護

水ノ江　和同

はじめに

水中遺跡というと、日本人の多くは沈没船を想像する。しかし、船体が金属で作られた近代以降の沈没船ならまだしも、近世以前の木造船の場合は水中環境の変化（水流の変化やフナクイムシ・バクテリア等の生物被害）により船体が遺存することは極めて稀である。したがって、日本では沈没船が実際に引き揚げられたことはなく、水底で発見された事例もごくわずかである。また、奄美・沖縄地域のように浅くて透明度の高い海域では水中遺跡の発見頻度は高いが、それ以外の海域では水深が急激に深くなることと透明度が低いことから、水中遺跡の存在があまり知られていない。

日本ではこれまで、埋蔵文化財の保護を目的とした行政（以下「埋蔵文化財行政」という）において、埋蔵文化財包蔵地は平成二十九年三月現在約四六万八〇〇〇カ所（水中遺跡を含む）が周知され、行政目的で行われる発掘調査は年間約八〇〇〇件を数えるまでになった。これは、埋蔵文化財保護を自治事務とする地方公共団体が周知の埋蔵文化財包蔵地を管理することと、周知の埋蔵文化財包蔵地内であれば開発事業面積に関係なく保護措置を執る体制がほぼ確立していることによる。これら周知の埋蔵文化財包蔵地数と発掘調査件数は欧米諸国と比べても傑出して多く、ここに日本における陸上の

図1　水中遺跡調査検討委員会による水中遺跡調査視察風景（鹿児島県宇検村・倉木崎海底遺跡）

埋蔵文化財行政の充実ぶりを知ることができる。

これに対し、水中遺跡については三八七カ所しかなく、発掘調査については年間一件前後と極めて少ない。この数字はいずれも欧米諸国の中でも最少の部類に属し、このことから日本の水中遺跡保護の遅滞状況がわかる。

ところで、日本は国土面積は世界で六二番目であるが、海岸線の距離は六番目と長大であることから、海を舞台とした歴史事象は非常に多いはずである。したがって、陸上の歴史事象を中心に構築されてきたこれまでの日本の歴史と文化に、これら海における歴史事象、特に、本来多いはずの水中遺跡から得られる情報を盛り込むことは、日本の歴史と文化をよりよく理解する上で極めて重要なものになると考えられる。例えば、二度の蒙古襲来のうち、弘安四（一二八一）年の弘安《こうあん》合戦に際しては、現在の長崎県伊万里湾の鷹島沖に集結していた元軍一四万人、軍船四四〇〇艘が暴風雨により壊滅的な打撃を受けたとされる歴史事象は極めて有名であり、これに関連する鷹島海底遺跡は、日本における水中遺跡の象徴的存在として昭和五十年代から広く知られるようになった。

『水中遺跡調査検討委員会』の設置

平成二十四年三月、鷹島海底遺跡のうち遺物が集中的に発見された鷹島東南部の神崎沖の南北（海岸から）二〇〇メートル、東西一・五キロの範囲が、鷹島神崎《たかしまこうざき》遺跡として史跡に指定された。文化庁ではこれを契機に、日本における水中遺跡保護の在り方について指針を示すことを目的に、平成二十五年三月に「水中遺跡調査検討委員会」を設置し、平成二十九年六月まで一三回の検討を重ねた（図1）。また、地方公共団体の実情と意見を把握するため、平成二十八年一月からは地方公共団体等の実務担当者によって構成される協力者会議を四回開催して意見聴取、実態調査、現状分析等を行った。それと並行して、国内では水中遺跡保護に関する取組の実績が乏しいことから、諸外国における水中遺跡保護の取組（法的な対応と体制整備等）、水中遺跡の調査技術、水中遺跡の活用方法、人材育成等に関する調査・研究を行う目的で、平成二十五年度から平成二十九年度にかけて委託事業「水中遺跡の保存・活用に関する調査研究」（受託者―独立行政法人国立文化財機構九州国立博物館）も実施した。

なお、この検討を行っている最中の平成二十七年五月、閣議決定された「文化芸術の振興に関する基本方針（第四次基本方針）」の中において、重点的に取り組むべき施策の一つとして「水中文化遺産の保存・活用の在り方についての調査研究を進めるとともに、地方公共団体の取組を促す。」ことが示され、国として水中遺跡保護の取組に関する方向性も確認された。

『水中遺跡保護の在り方について（報告）』　こうして平成二十九年十月に公表されたのが『水中遺跡保護の在り方について（報告）』である。この報告では、日本における水中遺跡保護の必要性、現状と課題、在り方等についての基本的な考え方を示した。具体的には、保護に関する具体的な取組、国と地方公共団体の役割分担、国における体制整備等の在り方について整理した。そして、解説編では水中遺跡保護に関連する関係法令との係わりなどを、資料編では諸外国における水中遺跡保護の体制や開発対応の方法と調査・活用事例の紹介、国内については調査や活用事例の紹介、さらには水中遺跡調査に必要な探査機器の説明のほか、関係の法令や資料をまとめた上で、英語・中国語・韓国語の要旨も掲載して海外への発信も行った。

以下では、四章から構成されるこの報告を紹介した上で、水中遺跡保護に関する今後の方向性について少し考えてみたい。

1　水中遺跡とは

水中遺跡の定義

文化庁が平成十二年に報告した「遺跡保存方法の検討―水中遺跡―」（以下「平成十二年報告」という）では、水中に埋蔵文化財が所在する場合その場所（水中の埋蔵文化財包蔵地）を「水中遺跡」と呼び、「海域や湖沼等において常時もしくは満潮時に水面下にある遺跡」と定義した。したがって、本章においても「水中遺跡」という用語と定義については平成十二年報告を踏襲することとした。

ただし、ダム・溜池・河川等の水面下にある遺跡については、陸上の埋蔵文化財包蔵地として把握されすでに保護施策が執られている場合が一般的であることから、本章では水中遺跡として取り扱わないこととした。なお、船着き場をもつ港町のような港湾関係遺跡等、陸上から水域にかけて展開して連続性と一体性が強い遺跡の水域部分については、状況に応じてその都度どのように位置付けるか検討が必要である。

水中遺跡の種類と特性

水中遺跡の形成要因と種類　水中遺跡といえば、座礁や暴風雨によって難破した沈没船が代表的な事例と考えられがちであり、本稿においてもそれを具体的な事例として記述する場合が多い。しかし、実際に把握されている事例の多くは遺物が確認されるだけの遺物散布地である。これらについては主に、漁業関係者やダイバー（以下「漁業関係者等」という）による遺物の引揚げをはじめ、護岸工事・浚渫・土砂採取等に際しての不時発見、海岸・河岸における遺物散布の発見等によりその存在が認識される。

水中遺跡の形成要因は多様であるが、主に次の四点が考えられる。①船が積み荷とともに沈没した場合、②船上等から何らかの事情により積載物が投棄された場合、③自然の営力により陸上の遺跡が水没した場合、④港湾等の陸上から水中にかけて一体的に構築された施設が遺存している場合。

このうち①及び②については、沈没船の木質部がフナクイムシやバクテリア等の生物被害により滅失することもあるため、遺物の散布状況のみによって明確に区別することができないこともある。

①及び②による代表的な水中遺跡としては、弘安四（一二八一）年の蒙古襲来の弘安合戦に関係した鷹島海底遺跡（長崎県松浦市）、平安宮朝堂院焼失に際して筑前国から瓦が海路により搬送されたことを物語る、「警固《けご》」銘の文字瓦が出土する玄界灘の相島沖に所在する相島《あいのしま》海底遺跡（福岡県新宮町）、奄美大島南西部の珊瑚礁の浅瀬に中世の貿易陶磁器のみが大量に出土する倉木崎《くらきざき》海底遺跡（鹿児島県宇検村）、伊豆諸島神津島沖に近世の同一規格の大量の擂鉢と硯等が出土する神津《こうづ》島《しま》沖海底遺跡（東京都神津島村）、明治元（一八六八）年の箱館戦争に際して沈没した旧幕府軍榎本武揚乗船のオランダ製軍艦開陽丸《かいようまる》（北海道江差町）があり、幕末維新期の外国籍沈没船としては、安政元（一八五四）年静岡県駿河湾内ロシア船籍ディアナ号、安政四年沖縄県多良間島沖オランダ船籍ファン・ボッセ号、明治五年沖縄県国頭沖イギリス船籍ベナレス号等がある。

③による代表的な水中遺跡としては、沈降により水没した琵琶湖湖底にある縄文時代の粟津《あわづ》湖底遺跡（滋賀県大津市）、明治二十一年に磐梯山の噴火によって発生した火砕流が川を堰き止めて生じた湖に水没した明治期の集落遺跡である檜原《ひばら》湖《こ》湖底遺跡（福島県北塩原村）がある。また、陸上の遺跡が河川の流れや洪水等により浸食され、遺物が水底に二次堆積した場合もこれに含まれる。

④による代表的な水中遺跡としては、十五世紀の港湾都市遺跡である史跡十三湊《とさみなと》遺跡（青森県五所川原市）がある。

水中遺跡の歴史的特性　水中遺跡は、水没した時点で人為的な行為が短時間もしくは一瞬のうちに停止するため、陸上に比べて遺物が高い完形性や一括性をもち、生物被害等がなければ有機質遺物の遺存状態も良好な場合が多い。例えば、同一時期に属する特定生産地の陶磁器等が海底に集積している事例は、目的地に向かう途中で難破した商船の積載物であった可能性があり、当時の交易・商業活動等についての具体的な状況も知ることができる場合もある。

自然環境の変化等によって水没した遺跡からは、通常は得ることのできない当時の集落の構造や生活に関する多くの情報が得られ、それらの復元も可能になる場合がある。また、水中遺跡単独としての評価にとどまらず、陸上の遺跡や文献史料及び民俗誌等との関連とを一体的に評価することで、日本全体や地域の歴史と文化をより一層明らかにすることができる場合もある。

さらに、外国籍の沈没船については、当該期の対外交易史や外交史に関連した情報が得られることもあり、地域史という枠組みに収まらずより広範な視点で評価する必要もある。

水中遺跡の物理的特性　一方で、水中遺跡は水面下という特殊な環境にあるため次のような物理的特性を有している。①遺跡までは潜水するなどしてアプローチする必要があり、その存在はもちろん範囲と内容の把握が困難なこと、②水中での諸作業には陸上とは異なる潜水等の特殊な技術が不可欠であることから、陸上の場合と比べると格段の困難と危険を伴うこと、③水中環境の変化（水流・塩分濃度・酸素濃度・水温等）や生物被害により、劣化や滅失の可能性が高いこと。

このように水中遺跡の調査においては、探査等で使用する機材に関する理解はもちろんのこと調査の方法やそれに要する技術、安全管理や調査を実施する体制等が求められ、さらに、要する費用と期間は陸上の調査と比較して増大するのが通例である。

水中遺跡保護に関する現状と諸課題

水中遺跡保護の現状　水中遺跡保護にとって対処する必要のあることとしては、開発事業等の人的な行為と自然の営力による滅失等がある。日本の海域や湖沼等で行われる掘削を伴う行為には、港湾開発を中心とした護岸・浚渫工事や橋梁建設、パイプラインやケーブルの敷設、洋上の風力発電や海底資源の開発、リゾート開発等の各種開発事業がある。また、これとは別に、漁業関係者等による偶然の遺物採集、底引き網漁等による海底面の掘削、さらにはトレジャーハンター（本稿では「科学的な調査を行わずに水中遺跡を濫掘し、売買を目的に金銭的に価値のあるものを収集する個人又は法人その他団体」とする）による濫掘等によって水中遺跡が破壊される場合もある。これらは概して、水中遺跡の存在自体が知られていないことや、それを国民共有の財産として保護を図る必要があるという理念が認識されず、「周知の埋蔵文化財包蔵地」として取り扱われないために生じる、主として埋蔵文化財行政上の課題である。

平成二十九年三月に文化庁が公表した『埋蔵文化財関係統計資料』では、把握されている約四六万八〇〇〇カ所の周知の埋蔵文化財包蔵地のうち水中遺跡は三八七カ所に留まっているが、さまざまな文献史料に記載された漂流・漂着・難破等に関する記事は極めて多いことから、日本における水中遺跡の本来の数は現在の数字を大きく上まわることは確実である。

水中遺跡保護に関する課題　陸上の歴史事象を中心に構築されてきた日本の歴史・文化に水中遺跡から得られる情報を加えることは、その内容をよりよく理解する上で極めて重要である。

その観点で、現在の水中遺跡保護に関する課題として次の三点を位置付け、水中遺跡保護の在り方を示す必要があると考えられる。①国と地方公共団体の埋蔵文化財行政において、国や地域の歴史と文化をさらに充実した内容にするためには高い歴史的価値を有する水中遺跡を適切に保護することが必要であることを再認識するとともに、広く国民にその意識の涵養を図ること、②水中遺跡を保護するための考え方及び手法の整理・検討等により、埋蔵文化財行政としての取組の基本的な在り方を明確にすること、③水中環境の変化に影響されやすいという水中遺跡の物理的特性に対応した調査手法や保存技術を確立するとともに、保護に当たる体制の整備を図ること。

2　諸外国における水中遺跡保護の現状

諸外国における水中遺跡保護の経過

水中遺跡保護の取組と沈没船の引揚げ　諸外国では、潜水技術等が飛躍的に向上した一九六〇年代以降、欧米を中心に国主導で沈没船の引揚げが進んだ。フランスのローヌ川に沈没した紀元一世紀のローマ時代の商船、十世紀頃に海峡封鎖を目的に意図的に沈められたデンマークの五隻のヴァイキング船、一五四五年にフランスとの海戦で沈没したイギリスのヘンリー八世の旗艦であるメアリー・ローズ号、一六二八年に進水直後に沈没したスウェーデン王室の軍艦であるヴァーサ号（図2）等はその代表的な事例である。これらはいずれも沈没船本体と積載物の遺存状態が極めてよく、また、歴史的意義の重要性からも自国の誇りとなる場合もあれば、それが対外的な争いに起因するならば自国のアイデンティティの象徴として位置付けられる場合もあり、国民から高い興味と関心を得るという共通の背景を有している。同様にアジアにおいても、韓国の新安沈没船や中国の南海一号沈没船等の引揚げが国主導で行われ注目を集めた。

保護体制の整備　こうした経緯のもと、水中遺跡保護の意識も徐々に高まり、行政的な考え方の整理、保存処理に関する技術の向上、専用施設の整備、専門的な知識や技術を有する専門職員の配置等の体制整備に関する考え方の整理と実践が着実に進んだ。また、外国籍の沈没船の取扱いに関して旗国との対応等が必要となることや、水中遺跡保護の取組自体が諸外国との関係性の中で行われている実態に則し、一九九〇年代以降、諸外国では水中遺跡保護を所管する専属の研究機関等の設置・整備が主に国主導で行われた（図3）。

開発事業に際しては、陸上と同様に事業対象地に水中遺跡が存在する場合、保護行政側は計画変更を促すが、現状保存が図られない場合は原因者負担による発掘調査を実施している。なお、発掘調査の対象となる水中遺跡の多くは水没遺跡や遺物散布地であり、沈没船の事例は少ない。

また、近年では、長期にわたる発掘調査によって引き揚げられた沈没船本体や多様な積載物であった遺物について、さらに長期に及ぶ保存処理を行い、大規模な博物館等の保存公開施設を整備して、公開・活用を積極的に図る事例もみられる。このほかにも、それらの保存処理や復元作業自体を公開することで水中遺跡保護に伴う作業内容の理解を促す取組や、現地保存や整備された水中遺跡を実際に見に行くダイビングツアー、水中遺跡に関する体験学習等も行われ、水中遺跡保護の重要性を国民に理解してもらうための工夫や事業を積極的に展開している。

図２　ヴァーサ号の船尾側面(スウェーデン・ヴァーサ号博物館)

図３　専用調査船アンドレ・マルロー号(フランス・水中考古学研究所)

なお、水中遺跡保護には、一般的な考古学のほかにその特性に応じた知識と技術が必要であり、大学の考古学カリキュラムに新たに水中考古学の講座を設けて、国の研究機関と連携して水中遺跡保護に関する人材育成を行っている国もある。

水中遺跡保護に関連する条約　一九九四年、「海洋法に関する国際連合条約」（国連海洋法条約）が発効した。この条約では、海洋に関する諸問題について包括的に規律し、いずれの国も海洋において発見された考古学上のまたは歴史的な特質を有する物について保護し、協力する義務を有することなどを定めている。

ところが、諸外国において水中遺跡保護の体制整備が進められても、開発事業による水中遺跡の破壊やトレジャーハンターによる濫掘と売買が後を絶たない状況であったことを踏まえ、「水中文化遺産の保護に関する条約」が、二〇〇一年の第三一回ユネスコ総会で採択され、二〇〇九年一月に発効した（二〇一七年時点で五八カ国が批准しているが日本は批准していない）。この条約では、「水中文化遺産が人類の文化遺産の不可分の一部を成すもの」と位置付けられ、対象を「文化的、歴史的又は考古学的性質を有する人間の存在のすべての痕跡であって、その一部又は全部が定期的又は継続的に少なくとも百年間水中にあった」（第一条第一項）ものとし、その取扱いについては、現状保存を「あらゆる活動を許可し又は行う前の第一の選択肢」（第二条第五項）としている。

なお、この条約の実施状況を報告・確認する「水中文化遺産保護条約締約国会議」が二年に一回フランスで開催され、締約国以外の国の関係者もオブザーバーとして参加している。水中遺跡保護については、こういった会議を通じて世界的な共通認識が形成されている。

諸外国における水中遺跡保護の成果と課題

引き揚げた沈没船や遺物の保存・活用と維持管理　巨大な船体や多様な積載物を引き揚げて公開・活用を行うためには、多くの費用と期間を要し、温湿度等の保存環境が整った専門施設を設置する必要がある。また、保存処理後の劣化に伴う再処理等の継続的な維持管理や、釘等の金属が使用された木質部材のように異なる材質からなる遺物の保存処理には高度な技術を要するといった課題もある。

さらに、沈没船やその積載物であった遺物の保存処理や維持管理には、専門家の配置や保存処理に関する最新技術の更新等が適宜必要であり、それを実現するためにも費用・技術・施設・人員等の一体的かつ安定的な確保・維持が不可欠であることも、従来以上に大きな課題として認識されてきている。

引揚げから現状保存へ　近年、水中遺跡の取扱いについては、原則として現状保存の措置が執られるようになってきている。この考え方は、水中文化遺産の保護に関する条約の批准国だけではなく、批准していない国においても着実に浸透してきている。しかし、水中遺跡は環境変化による影響を受けやすいという物理的特性があるため、水中環境の変化等による劣化状況を確認する定期的なモニタリング（監視）の実施が世界的な趨勢になりつつあるが、モニタリングにかかる経費の課題もあり、その手法は開発途上である。

3　日本における水中遺跡保護の現状と課題

水中遺跡保護に関するこれまでの主な取組

日本では、水中遺跡保護は埋蔵文化財行政一般の取組としてこれまで必ずしも十分ではなかったが、個別の取組としては、国・地方公共団体や大学等研究機関における水中遺跡の調査・保護等に一定程度の実績を挙げている。

地方公共団体による取組　これまでも地方公共団体では、水中遺跡保護を目的として、計画的に分布調査や現状保存を図るための発掘調査（以下「保存目的調査」という）のほかに、開発事業に対応してやむを得ず現状保存ができない場合においては次善の策として行う記録を保存するための発掘調査（以下「記録保存調査」という）を実施してきた。その代表

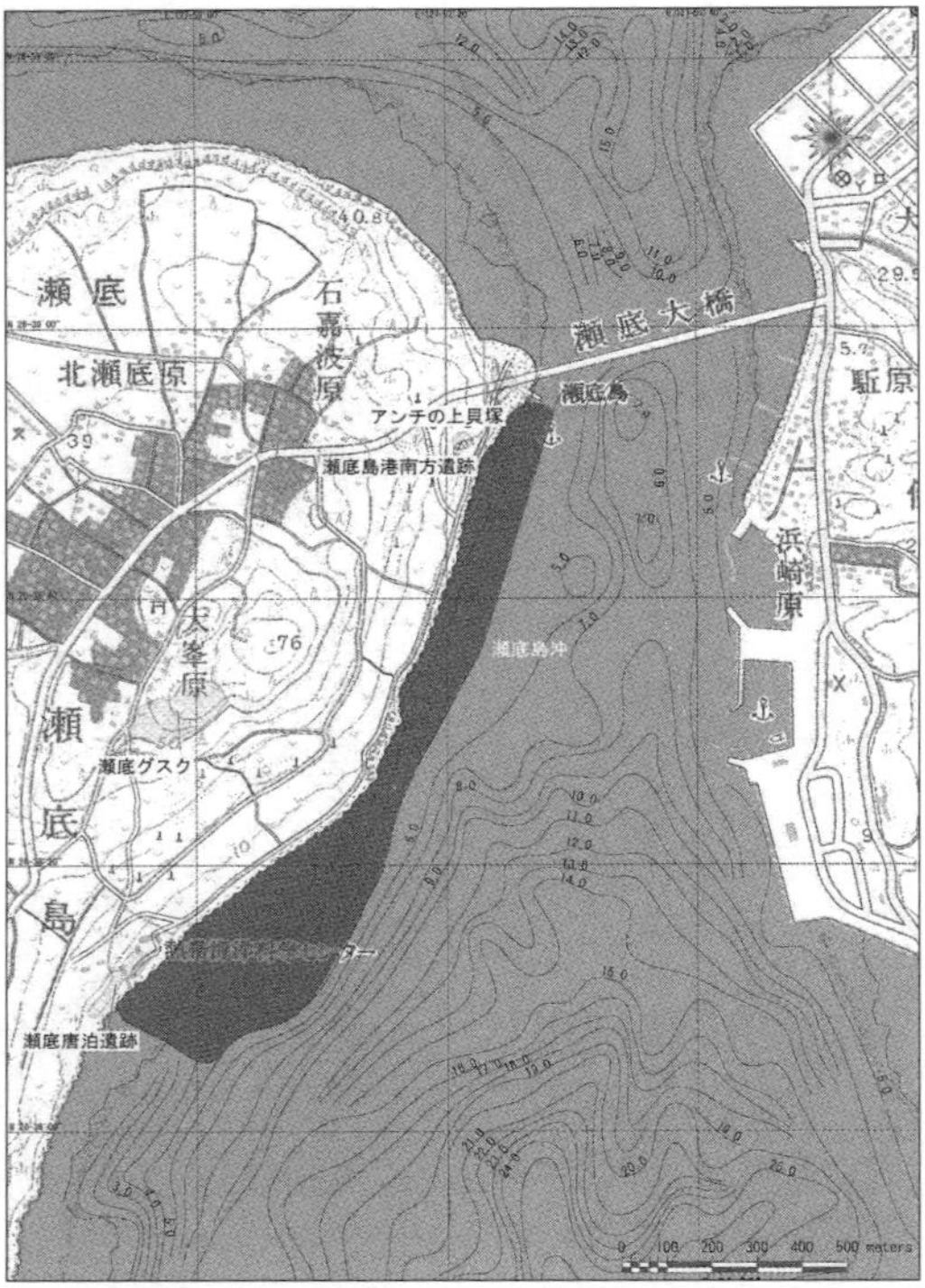

図４　瀬底島沖海底遺跡（沖縄県本部町）　沖縄県では水中遺跡の範囲を調査のうえ正確に表示している（濃い網掛けの部分）。

的な事例としては次のものがある。

滋賀県は、琵琶湖総合開発に伴い昭和四十八年度から平成三年度にかけて、琵琶湖湖底遺跡の調査計画を定め、試掘・確認調査や発掘調査を実施した。北海道江差町は、明治元（一八六八）年に座礁・沈没した旧幕府軍榎本武揚乗船の軍艦開陽丸について、昭和五十～五十四年度に港湾施設建設に伴い発掘調査を実施した。長崎県松浦市は、平成四年度から鷹島海底遺跡（その一部が「鷹島神崎遺跡」として史跡に指定されている）について、分布調査及び港湾施設建設に伴い発掘調査を実施した。福岡県福岡市は、平成六年度に将来的なリゾート開発事業に備え、蒙古襲来関連遺跡の存在が想定された志賀島や玄界島沖における水中遺跡の有無を探査した。鹿児島県宇検村は、珊瑚礁の浅瀬において大量の貿易陶磁器が散布する倉木崎海底遺跡について、平成七～十年度に発掘調査を実施した。沖縄県立埋蔵文化財センターは、平成十六～二十二年度に沖縄県沿岸地域遺跡分布調査を実施し、平成二十九年三月に『沖縄県の水中遺跡・沿岸遺跡―沿岸地域遺跡分布調査報告―』（図４）を刊行した。

大学等研究機関による取組　日本における水中遺跡の調査は、学術目的調査として明治時代に始まったが、その代表的な事例としては次のものがある。

長野県諏訪市の曽根遺跡は、明治四十一年に諏訪教育会による地質調査に際して諏訪湖の湖岸から四五〇メートル沖合において縄文時代草創期の遺跡が発見され、杭上住居説や湖底水没説等によるいわゆる「曽根論争」の舞台となった。滋賀県葛籠《つづら》尾《お》崎《ざき》遺跡は、琵琶湖北部の水深七〇メートルの湖底にある縄文時代や古代の遺跡で、大正十三（一九二四）年に漁業関係者が引き揚げた縄文時代早期の土器等によって発見され、小江慶雄（現京都教育大学）をはじめ現在までいくつかの大学等研究機関により継続的な調査が行われている。鷹島海底遺跡は、茂在寅男（東海大学）が昭和五十五～五十七年度に、西谷正（九州大学）が平成元年～三年度に、池田榮史（琉球大学）が平成十八～二十七年度に、それぞれ学術目的調査を実施した。ＮＰＯ法人水中考古学研究所は中国歴史博物館水下考古研究室との南海一号沈没船の共同調査をはじめ、シリア沖沈没船や推定いろは丸の調査を行い、また、『水中考古学ニュース』を発行して最新情報の発信や普及活動も進めている。ＮＰＯ法人アジア水中考古学研究所は、平成二十一～二十三年度に公益財団法人日本財団の助成を受け「海の文化遺産総合調査プロジェクト『水中遺跡データベース作成と水中考古学の推進』」を実施した。その成果として平成二十四年度に『総論・九州編』『南西諸島編』『瀬戸内編』『日本海編』『太平洋編』『全国水中遺跡地図』を刊行した。

文化庁による取組　文化庁では、昭和五十年代から地方公共団体が実施する水中遺跡保護の取組についての技術的・財政的支援を行ってきた。

また、文化庁が主体となって行った水中遺跡保護に関する調査研究は、滋賀県の粟津湖底遺跡を対象にした「遺跡確認方法の調査研究　昭和五十五年度実施報告―水中遺跡―」と「平成十二年報告」にまとめられている。前者は、昭和五十五年度から平成五年度まで、把握が困難な条件下にあるさまざまな遺跡の保存方法等についての検討を目的とした「遺跡保存方法の調査研究」の一環として行われたものである。後者は、長崎県松浦市（旧鷹島町）に所在する鷹島海底遺跡における一連の調査を対象に、日本における水中遺跡調査の歴史、水中遺跡の実態把握、発掘調査方法の検討、文化財保護法と水中遺跡の関係性の検討等を確認したものである。

水中遺跡保護に関する行政的な課題

文化庁及び「埋蔵文化財発掘調査体制等の整備充実に関する調査研究委員会」が報告した「今後の埋蔵文化財保護体制のあり方について（報告）」（平成二十年三月三十一日、以下「平成二十年報告」という）では、埋蔵文化財の保存と活用を、①「把握・周知」の段階における分布調査、試掘・確認調査、②「調整」の段階における試掘・確認調査、③「保存」の段階における保存目的調査と記録保存調査、④「活用」の段階における活用のための調査、の四段階に分けている。この考え方は水中遺跡保護にも適用すべきものであるが、水中遺跡の特性を勘案しつつ、各段階における課題と保護のための体制に関する課題を抽出・確認すると以下のようになる。

把握・周知　水中遺跡に関しては、これまで水中遺跡の定義や水中遺跡として扱う範囲等の取扱いについての共通認識が不十分であり、範囲と内容を「把握」するための具体的な調査方法も確立していなかったため、地方公共団体間で範囲と内容の把握に大きな差異（粗密）が生じているのが現状である。また、水中遺跡が存在していても、それが埋蔵文化財包蔵地として「周知」されていなければ、文化財保護法第九十三条・第九十四条（以下「法第九十三条・第九十四条」という）に基づく開発事業者への届出・通知の義務付けや指示・勧告その他協力依頼や協議等の実務が適切に行われないことになる。したがって、水中遺跡の範囲と内容を「把握」し、保護に関する制度と行政の役割を関係する行政機関の担当部局等や民間の開発事業者等に「周知」する仕組みを整えることが必要である。

調整　開発事業に際しては開発計画と水中遺跡保護の両立に向けて調整し、その取扱いを決定することが必要である。水中遺跡の現状保存を図るための計画変更を促すことや、やむを得ず記録保存調査を行うことが求められる。その際、水中遺跡の発掘調査に特有の調査方法とそれに必要な費用と期間等が主な協議事項となる。また、海面や内水面における漁業権を有する漁業者との調整、沈没品・漂流物の所有権の帰属との関係等、開発事業と直接的な関係をもたない者との調整も必要になるので、埋蔵文化財行政としての標準的な対処方法を確立する必要がある。

保存　水中遺跡に関する取扱いにおいても、陸上の場合と同様、原則として現状のまま保存する「現状保存」と、やむを得ず現状保存の措置を執ることができない場合に行う「記録保存調査」がある。しかし、いずれの保護措置を執るにしても、水中遺跡の場合はその特性上、陸上の場合とは手法等が大きく異なる。そして、個々の水中遺跡の内容に応じて適切な保存手法を執らないと、水中遺跡保護が十分に図られないことになるが、現時点では取扱いの手法等が確立していないため、多くは今後の課題として継続的な検討が必要である。

活用　水中遺跡についても陸上の場合と同様に、遺跡と遺物のもつ価値をさまざまな手法によって公開・活用する必要がある。ただし、それ自体を現地に保存して活用することは困難であり、これまでは取り上げられた遺物を保存処理した後に、博物館等で展示することが一般的である。諸外国で行われているような保存処理や復元作業の公開をはじめ、水中遺跡を実見するダイビングツアーや水中遺跡に関する体験学習等の開催は、日本ではまだ限られた一部の事例に留まっているのが現状である。

図5　漁業関係者が引き揚げた碇石の調査風景（鹿児島県宇検村）

水中遺跡保護を図る上で必要となる措置　水中遺跡保護に関しては、遺跡の内容や遺存状態等を確認した後に、現状保存とその後の状態変化をモニタリングすることが国際的な標準となっているが、日本ではまだこの考え方が定着していない。また、水中遺跡の調査の際に生じる漁業関係者等との調整、個人の拾得物とされることの多い海から引き揚げられた遺物に文化財保護法が適用されることについての周知、外国籍の沈没船本体及び積載物の取扱い、トレジャーハンターによる濫掘への対応方法等についても、標準的な保護措置を見定めておく必要がある。

体制　現状では、国・地方公共団体ともに、埋蔵文化財専門職員（以下「専門職員」という）のうち水中遺跡保護に不可欠な知識・技術・潜水士資格等をもつ担当職員はほとんど配置されておらず、探査や保存処理を行う機器を備えた施設や公開のための専用の展示施設等もほとんど設置されていない。水中遺跡保護の取組を適切に行う前提となるこれら体制の整備が、基本的かつ重要な課題と考えられる。

4　日本における水中遺跡保護の在り方

陸上の埋蔵文化財行政との共通点と相違点

共通点　埋蔵文化財行政は、地域に所在する遺跡の範囲や内容を把握し、国民の理解と協力を得ながらその価値に応じて適切に保存することであり、埋蔵された状態のまま将来に伝えていく「現状保存」を基本とする。他方、開発事業に際して事業計画との調整を図った上で、やむを得ず記録保存調査を行い、出土文化財や記録類を確実に保存するとともに、発掘作業から整理等作業にいたる発掘調査全般の成果を的確にまとめた報告書を刊行することが求められる。こうした考え方は、「埋蔵文化財の保護と発掘調査の円滑化等について（通知）」（平成十年九月二十九日付け庁保記第七十五号文化庁次長通知、以下「平成十年通知」という）や、平成二十年報告等により示してきたところであり、水中遺跡保護にも共通するものである。

相違点　水中遺跡は水中という特殊な環境と条件のもとにあるために、主に以下の点において陸上の遺跡と相違点がある。

①水中遺跡での発掘調査は、潜水技術と資格及びそれに必要な装備や設備が不可欠であること、②調査のうち主に潜水作業時においては格段の困難と危険を伴うため安全管理が極めて重要であること、③調査に要する費用と期間が陸上の調

査よりも増大すること、④有機質遺物が極めて良好に保存される場合が多いことから保存処理を必要とする遺物が増えること、⑤木製の船材と材質の異なる船金具が一体となる遺物等の保存処理に関しては高度な専門的技術が必要になること、⑥海域においては地方公共団体の行政区域の境界は明確でないため隣接する地方公共団体間の連絡調整が必要となること、⑦文化財保護法以外にも関連する法令の適用を受ける場合があること、⑧外国籍の沈没船に由来する遺物の所有権等の取扱いに関して旗国との調整等を要する場合があること。

水中遺跡保護の在り方

【把握・周知】

水中遺跡の範囲と内容を的確に把握しておくことは、国民に保護すべき対象を明確に示すという観点から重要かつ基本的な取組である。それは水中遺跡を現地に保存し活用する場合はもとより、開発事業に際して当該水中遺跡の現状保存を図るため調整を行う場合の行政判断の前提要件となる事柄であるため、可能な限り高い精度で遺跡の範囲と内容を把握しておくことが必要である。

把握の方法と手順　平成十年通知に示された遺跡の範囲と内容の把握の手順は、①過去の調査成果の検討等を行うこと（既知の資料・情報の分析）、②分布調査や試掘・確認調査等を実施し範囲と内容を明確化すること（現地調査）、③新たな情報に基づき更新と高精度化を図ること（情報の更新）である。水中遺跡の場合は、現地へのアプローチが困難であるため②の手順の前に、以下のような予備的な調査が特に重要になる。

(i)漁業関係者等から、水中からの遺物の引揚げや海岸部等における遺物の採取情報、水中における人工物の目撃情報等について聞き取り調査を行うこと、(ii)文献史料等の記録類については、地域の歴史研究者等の協力を得ながら精査し、船の漂流・漂着や沈没記事や伝承、災害等による集落等の水没記事、水中からの遺物の引揚げに係る記事等を調査すること、

(iii)過去の沿岸開発に伴う遺構・遺物の発見記録の有無について調査すること。

範囲の絞り込み　既知の資料・情報の分析により水中遺跡の存在の可能性が確認された場合、次の段階としてその範囲と内容の把握が必要となる。水中遺跡の正確な範囲と内容を把握するためには現地調査が必要となるが、それを開始するまでに可能な限り現地調査すべき対象範囲を絞り込むことが必要である。

水深が浅く透明度が高い水域では、水上からの目視により比較的容易に水中遺跡の範囲を絞り込めることもある。しかし、水中遺跡が存在する可能性のある地点が沖合の場合や水深が深い場合、あるいは史料によりその存在が確認されていても遺物の採取情報に乏しい場合等においては、実施する現地調査はその対象が広大になりがちである。したがってその着手に際しては、相当な費用と期間を要することが想定されるため、綿密な調査計画を立て体制を整備することなどを十分に考慮して対応することが必要である。

現地調査　ここまでの手順で水中遺跡の存在が具体的に想定された場合は、将来的に開発事業が想定されるもの、あるいは歴史上重要な意味をもつ水中遺跡であると想定されるものなど、行政的な対応の必要性が高いものを優先して現地調査を実施することが望ましい。現地調査は、水上からの各種探査や無人探査機（水中ロボット）による目視調査を基本とするが、水中遺跡の性格把握や年代決定のために遺物の取上げが必要な場合は潜水作業による調査を行うこととなる。

周知　範囲と内容が確認された水中遺跡については、市町村と都道府県の教育

図７　無人探査機（水中ロボット）

図６　金属探知機による調査（倉木崎海底遺跡）

委員会が協議の上、都道府県教育委員会が「周知の埋蔵文化財包蔵地」として決定し、周知の徹底を図るための措置を講じる必要がある。

その具体的な作業としては、遺跡の範囲を遺跡地図や台帳に「面」で示すことになるが、厳密な位置や範囲の特定が困難であるという水中遺跡の特性を踏まえれば、周知の埋蔵文化財包蔵地を暫定的に「点」で示すことも経過措置としては必要と考えられる。また現地調査の結果として、仮に遺物等が確認できなくとも、文献史料等の記録類や漁業関係者等からの情報の精査により水中遺跡の存在が想定されるなどの場合は、参考情報として遺跡地図や台帳に記録を残し開発事業に備えることも必要である。

埋蔵文化財包蔵地として扱うべき水中遺跡の範囲　周知の埋蔵文化財包蔵地として保護の対象とする水中遺跡は、平成十年通知で示されている次の原則によることとなる。①おおむね中世までに属する遺跡は、原則として対象とすること、②近世に属する遺跡については、地域において必要なものを対象とすることができること、③近現代の遺跡については、地域において特に重要なものを対象とすることができること。

しかし、水中遺跡の具体的な事例をみると、近世・近現代に属するものが多く、その中には外国籍の沈没船の事例も含まれている。したがって、水中遺跡に関しては単に当該地域の歴史と文化における重要性という観点だけではなく、国内外における物流・交易・商業活動等や対外交易史・外交史等といった、日本の歴史と文化との関わりという広い観点から保護対象とすることも重要である。なお、日本における水中遺跡の保護は、国内法である文化財保護法の適用範囲となる領海内に所在するものが対象となる。

【調　整】

調整　開発事業計画が把握され、あるいは法第九十三条・第九十四条の届出・通知が行われた場合は、水中遺跡保護の観点から開発事業計画との調整を行う必要がある。調整に際しては、陸上の場合と同様、開発事業者に対して水中遺跡保護の重要性を丁寧に説明し、理解と協力のもとで極力、現状保存されるように努める。その上で、開発事業を避けて現状保存する必要があるものと、やむを得ず記録保存調査等を行うものに区分し、それらについて必要な取扱いに関する具体的な諸事項等を協議して決めていくことになる。

なお、水中遺跡に係る調整に際しては、陸上の場合とは異なる観点からの関連法規への留意が必要な場合がある。例えば、現地調査を実施する水域に漁業権が設定されていればその権利保有者等との事前調整が、調査手法によっては各都道府県の「漁業調整規則」の担当部局への事前協議が必要になる。また、地質のサンプリング調査を行う場合には、その調査方法によっては「鉱業法」の所管部局との協議も必要になる場合がある。調査による出土品は、社会通念上も埋蔵文化財と認められることから、基本的に「水難救護法」に基づき市町村長に提出する必要のあるものではなく、遺失物法及び文化財保護法に基づき取り扱うことが原則であるため、この旨を事前に市町村の水難救護法の所管部局と認識を共有しておくことが望ましい。

大規模開発への対応　水域における開発事業の大部分は、港湾・漁港・漁場の整備、海岸の保全、湾岸道路や橋梁の整備、埋立工事等の大規模なものである。これらが計画される場合には、平成十年通知に則り開発範囲における水中遺跡の有無を確認するために行う分布調査、試掘・確認調査等を事前に実施する必要があると考えられる。

【保　存】

保存の形態　水中遺跡の保存に関しては、主として次のような方法・形態がある。①継続的な調査により重要なものであるとされたものに対して、文化財保護法又は地方公共団体の文化財保護に関する条例による史跡指定等、②開発事業計画との調整等の結果、事業計画の変更により事業対象外とされたものの現状保存、③開発事業計画との調整等の結果、やむを得ず行う記録保存調査等。これらのうちいずれを選択するかについては、当該水中遺跡の価値、開発事業側の事情等を勘案して的確に判断し、適切に対応することが必要である。

保存の措置　前記①及び②における保存の具体的な手法は、水中遺跡保護の取組が進んでいる諸外国の事例を参考にすると、次のような措置が一般的であると考えられる。(i)波浪・水流等によって遺跡の破壊や遺物の拡散が起こらないよう障壁や覆い土等を設けること、(ii)木質の遺物についてはフナクイムシ等による生物被害を防ぐために土で覆い銅網のカバーを設置するなどして、露出を防ぐこと、(iii)前記①及び②の措置を講じた場合を中心に、現場でのモニタリングを継続的に行い現状把握を行うこと。

前記③の記録保存調査の場合、範囲や内容を確認するための調査に比べて調査の規模が格段に大きくなるが、水中における発掘調査に関する一般的な手法が現時点で確立していないことに加え、水中における発掘調査の経験と技術をもっている者が少ないために、現状では調査の実施には相当な困難を伴うことが予想される。そのため、本章で取り上げている調査事例を実施した地方公共団体から情報提供を受けるなどして、個別に適切な対応を行うことが求められる。

なお、具体的な調査の手法と技術等に関しては文化庁が平成二十二・二十五年に刊行した『発掘調査のてびき』に「水中遺跡調査編」（仮称）を加えるとともに、専門職員の養成を目的とした研修等の取組を進める必要がある。水中遺跡保護に関する基礎的な知識と技術をもった人材の育成については、考古学等の講座を有する大学等研究機関に期待したい。

【活　用】

水中遺跡の活用には、①これまで漁業関係者等や発掘調査によって取り上げられた遺物の公開、②水中遺跡に関する情報の公開、③水中遺跡の発掘調査成果の公開等が想定され、その具体的な方法としては、講演会やシンポジウム（研究成果や発掘調査成果等の講演会）、展示会（速報展や企画展等）、広報資料（ホームページへの掲載やパンフレットの作成等）、見学会（保存処理や復元作業の過程、ダイビングツアー、水上からの箱眼鏡による観察や沿岸部からの現地説明会等）等が考えられる。また、報道等を通じて発掘調査の成果を調査の実施中に公表することは、水中遺跡保護の意義を広く国民に周知する上で重要であり、開発事業者の理解と協力のもと、積極的に実施することが望まれる。

なお、活用において遺物等の劣化対策が必要であることはあらゆる文化財に共通のことであり、保存の視点を第一とする公開・活用の手法等への適切な配慮が必要である。

【水中遺跡の調査の際に必要な留意点】

調査によらず引き揚げられた遺物についても、陸上の場合と同様、遺失物法及び文化財保護法による取扱いが必要である。所有者が明確な場合には、民法及び遺失物法に基づき所有者に返還する手続きが発生する。また、外国籍の沈没船や

図８　開陽丸を模した展示台（「発掘された日本列島2017」展）

図９　船上から倉木崎海底遺跡を覗く

図10　トレジャーハンター撲滅キャンペーンを展開するインターポールのポスター（フランス水中考古学研究所）

積載物については、過去の事例や諸外国での対応等を参考にした措置が特に必要である。さらに、トレジャーハンターによる濫掘は刑法等が関係する違法行為であることも周知する必要がある（図10）。

記録保存調査を行う場合、原則として開発事業者に費用負担を求めることになる。なお、地方公共団体が行う分布調査、試掘・確認調査、現状保存を目的とする調査、取り上げた遺物の保存処理や活用事業については、陸上の場合と同様に国の補助制度の対象になる。

日本では沈没船を引き揚げた実績はないが、水中遺跡保護の意識向上や水中遺跡に関する総合的な調査研究等の必要性が高まれば、沈没船の引揚げを行うことも考えられる。ただし、その実施に当たっては、当該沈没船の歴史的意義とその遺存状態や引揚げに対する社会的要請等を勘案するとともに、その引揚げとその後に必要となる国と地方公共団体の人的体制と施設・設備等、そしてそれに要する費用等を総合的に検討して判断することが求められる。

水中遺跡保護の体制

埋蔵文化財行政における市町村・都道府県・国の役割分担については、基本的には平成二十六年十月の「埋蔵文化財発掘調査体制等の整備充実に関する調査研究委員会」による『適正な埋蔵文化財行政を担う体制等の構築について―これからの埋蔵文化財行政に求められる体制―』の報告第三章「地方公共団体における埋蔵文化財行政を担う体制について」に示されている。これにより、水中遺跡の保護も基本的には地方公共団体が体制を整備して実施することとなる。

しかし、これまでの経緯からして、地方公共団体で水中遺跡保護のための行政的な枠組みを形成することには時間を要することが予測される。また、現状では水中遺跡に関する知見をもった専門職員の配置と育成は進められておらず、必要な機材や施設の整備も今後の大きな課題である。さらに外国籍の沈没船を調査する場合は、その旗国との調整が必要となるため、世界的に水中遺跡の保護は一国家の単独の問題にとどまらず、諸外国との関係性の中での対応が必要になるなど、陸上の場合とは異なり一地方公共団体では対応できない事情もある。

したがって、陸上の埋蔵文化財保護に関しては、昭和四十年代以降、文化庁や独立行政法人国立文化財機構奈良文化財研究所が地方公共団体に対する行政的・財政的・技術的支援を行って現在の地方公共団体の体制整備を推進してきたように、水中遺跡保護に関してもまずは国が自ら体制を整備し、地方公共団体に対しては行政的・財政的・技術的な支援を行いながら体制整備と保護の実行を促していく必要があると考えられる。

市町村の役割　市町村は基礎的地方公共団体として、水中遺跡保護においても、域内の水中遺跡の範囲と内容の把握・周知、開発事業動向の早期把握、開発事業者との調整、発掘調査を含めた保存や活用の措置等について初期段階の対応を行うことが求められる。その中でも、もっとも基礎となる漁業関係者等が有する情報の収集窓口となるのは市町村である。したがって、まず市町村は漁業関係者等への聞き取り調査を積み重ね、漁業関係者等が積極的かつ容易に情報提供を行うことができる関係を構築することが望まれる。

以上のことから、市町村においては域内の水中遺跡の保護を図るため、具体的には以下のような措置を講ずることができる体制を構築し、その充実を図ることが必要である。①水中遺跡の範囲と内容、その保護に関する制度や具体的な手続きなどに関する情報を公開すること、②漁業・港湾関係者、各種開発事業を所管する行政機関内の担当部局及び民間の開発事業者に対し、水中遺跡保護の必要性と重要性及び保護行政の内容に関して理解を求め、それらとの協力関係を構築すること、③地域住民に対しては、水中遺跡に関するさまざまな情報公開・活用事業を企画し、地域の歴史と文化の保護・育成の一環として水中遺跡保護の重要性を知ってもらうよう働きかけること。

都道府県の役割　広域の地方公共団体として、広く国内における物流・交易・商業活動等や対外交易史・外交史を踏まえて域内の水中遺跡の価値を多角的かつ総体的に捉え、それぞれの内容に応じて適切な保護措置を講ずることが必要である。また、埋蔵文化財に関する基本的な法的権限を有することから、市町村と連携しながら域内の水中遺跡の保護を進めることが求められ、具体的には次のような措置を講ずることが必要である。①市町村が把握した水中遺跡を周知の埋蔵文化財包蔵地として決定すること、②開発事業との調整において、現状保存・記録保存等の取扱いについて判断し決定すること、③市町村に対し水中遺跡保護を行うために必要な助言・支援を行うとともに、市町村間及び国との連絡・調整を行うこと、④市町村との役割分担を行った上で、市町村では対応できない規模や内容の業務については主体的かつ積極的に協力すること、⑤埋蔵文化財行政の体制として専門職員が配置されていない市町村に対しては、体制整備を促すとともに、当面の措置として市町村の業務そのものに対して主体的かつ積極的に協力すること、⑥港湾、漁港及び漁場の整備、海岸の保全、湾岸道路の建設等の各種開発事業を所管し、またはその許認可権限を主に有する都道府県内の関係部局に対し、水中遺跡保護の重要性や保護のための制度・行政や具体的な手続等に関して情報提供し理解・協力を求めること、⑦水中遺跡に関して域内の水中遺跡を多角的かつ総体的に捉えて、その歴史性や特性を広く情報発信するなどの公開・活用事業を企画・実施すること。

国の役割　国は、諸外国において先行的に進められている保護の取組を参考としつつ、常にその最新情報を把握して世界的な水準や動向を踏まえながら、地方公共団体に対しては中・長期的な取組の指針を示すために、自ら人的かつ施設的な面において体制整備を進めることが重要である。また、水中遺跡保護に関する課題の抽出及び改善について高度な調査研究を推進し、地方公共団体を強力に支援するため、業務に関する方向性の提示、具体的な調査等に関する技術的助言及び財政的支援等に取り組んでいく必要がある。特に、地方公共団体の専門職員に対して水中遺跡保護に関する研修を実施することや、重要な遺跡については地方公共団体との緊密な連携のもと史跡指定等を進め保護の万全を図る必要もある。

おわりに

日本では、陸上の埋蔵文化財保護については世界的にも極めて充実した仕組みと体制を構築してきたが、水中遺跡保護に関する考え方の整理や体制の構築については必ずしも十分な措置が図られてこなかった。今回、諸外国での保護の現状についての調査を行いながら五年間にわたって検討を重ね、日本の埋蔵文化財行政の基本的な構成である「把握・周知」「調整」「保存」「活用」に即して、水中遺跡保護の在り方を整理し『水中遺跡保護の在り方について（報告）』を公表した。これにより、日本における水中遺跡保護の本格的な取組が、ようやくその緒に就いたといえる。

ではこれを踏まえ、水中遺跡保護の取組に関する今後の展開としてはどのような方向性が想定されるのであろうか。まず、調査という観点から述べるなら、日本では水中遺跡の把握や発掘調査については諸外国に比べて実績が非常に少なく、沈没船の引揚げや水中遺跡のモニタリングについては実績がほとんどない。後者の引揚げやモニタリングは前者の調査の実績が増えそれに伴う技術が向上し、水中遺跡保護の意識も向上することではじめて実現するものである。したがって、ある程度の調査実績を増やすことは必要であるが、もちろん無暗に調査件数を増やせばよいのではない。やはり、日本の歴史と文化をよりよく理解するために資する調査を行うという指向が必要である。このことは結果として、水域における開発事業への備えにもなり、水中遺跡の保護という点においては非常に有効な取組としても位置付けることができるのである。

次に、活用という観点から述べるなら、今後大きく展開する可能性を強く感じる。例えば、博物館等における水中遺跡をテーマにした展示会の開催は、今後の水中遺跡保護の充実とともに増えていくと考えられる。また、北海道江差町の開陽丸の開陽丸青少年センター、広島県福山市のいろは丸展示館、長崎県松浦市の鷹島歴史民俗資料館等のように、調査成

図11 「発掘された日本列島2017」展ポスター

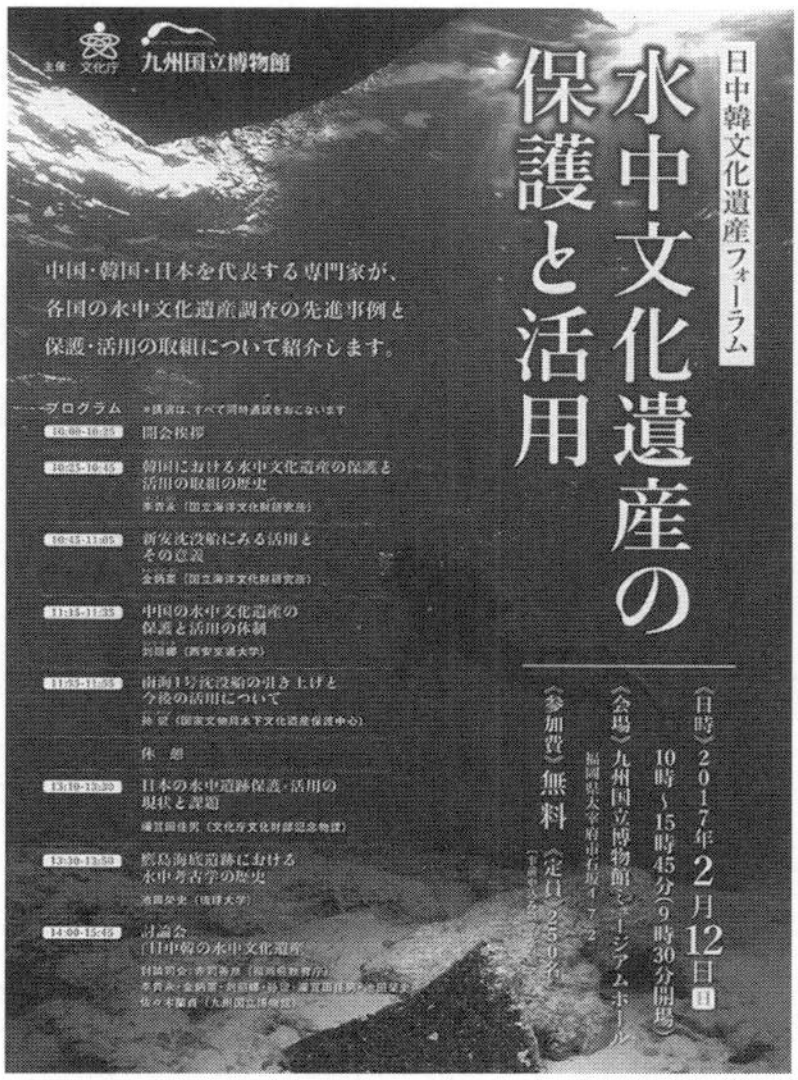

図12 日中韓文化遺産フォーラム「水中文化遺産の保護と活用」ポスター

果次第では水中遺跡や沈没船をテーマとした展示施設も新設されるであろう。また、沖縄県多良間村のオランダ商船ファン・ボッセ号沈没地点等のように、スキューバ・ダイビングポイントとして有名な場所は、今後の観光拠点として注目されるであろう。さらに、慶長十四（一六〇九）年にフィリピンのマニラからメキシコのアカプルコへ向かう途中に千葉県御宿町沖で沈没したガレオン船サンフランシスコ号の乗組員救助を通して行われている御宿町とアカプルコとの交流や、明治二十三（一八九〇）年にオスマントルコへの帰航途中に和歌山県串本町沖で沈没した軍艦エルトゥールル号の乗組員救助を通して建設されたトルコ記念館等、海外との友好的な交流に発展した事例もある。このように、水中遺跡保護は日本の歴史と文化を豊かにすることはもちろん、観光拠点や海外交流等、地域にとって新たな展開の可能性を秘めているといえよう。

文化庁においても、「発掘された日本列島二〇一七」展における「特集展示　発掘された水中遺跡」や、九州国立博物館との共催で「日中韓文化遺産フォーラム　水中文化遺産の保護と活用」を開催して、水中遺跡保護の意義普及に努めている。今後は、『発掘調査のてびき』の四冊目となる「水中遺跡調査編」（仮称）の作成をはじめ、水中遺跡保護に関する調査研究や体制整備を進め、地域の特色ある観光振興等への波及効果が生まれることも視野に入れた取組も求められよう。

本報告については、文化庁のホームページ http://www.bunka.go.jp/seisaku/bunkazai/shokai/maizo.html（文化庁→政策について→文化財→文化財の紹介→埋蔵文化財→水中遺跡保護について）で閲覧することができる（二〇一八年一月五日現在）。

2章　日本における水中遺跡の活用事例

禰宜田　佳男

1　私の水中遺跡調査体験

そのときは突然訪れた。「禰宜田さんも潜ってみませんか?」という言葉が始まりであった。日本における水中遺跡の活用を考える前に、私のスキューバダイビング体験から始めることをお許しいただきたい。

水中遺跡調査体験

水中遺跡の保存と活用、そしてその調査・研究を進めようとしようとしている者にとって、スキューバダイビングの経験が全くないということに、少し引け目を感じていた。この言葉は嬉しい反面、還暦前の運動神経の衰えた自分で大丈夫か、という不安もよぎった。いろいろな考えが錯綜したが、結局は「潜ります」と答えてしまった。

これは、とあるところの水中遺跡の調査に立ち会っていたときの話。誘いの提案を受けたのは、スキルの高いダイビングのインストラクターが同行し、調査地点が水深二メートル程度と浅いことなど、条件が良かったことからであろう。「潜る」ことになって、インストラクターから水中でおこなうべきことの説明を事細かに受けた。万が一、口に海水が入ってきたときの説明は繰り返しおこなわれたが、このときが一番緊張した。そういう事態に陥ったときに、冷静に対応できるかどうかであるが、それはそのときになってみないとわからないと不安は断ち切った。

説明を受けた後、ダイビングのできる装備を身に着けることとなった。「ウェットスーツ」を着て、次に「ウエイト」というおもりをつけ、「空気が充填されたタンク」を背負った。重い、これが第一印象であった。スキューバダイビングに関する映画や動画を見ると、背中から海面に落ちる姿が映し出される。それはひとえに重いからである。そんな当たり前のことも自分が経験して初めて理解できた。そして「足ひれ」、さいごに「マスク」を着けた。

あとは野となれ山となれ。オーバーな表現かも知れないが、船の縁にすわって背面から水中の世界に。だが、しばらくは水中に入っても、目の前は砂が立ち込め混濁の世界であった。インストラクターの方の誘導で少しずつ深く潜っていったのだろう。数分経ってようやく視界が開けてきた。透明の水をとおして白い海底が目の前に迫ってきた。「イセエビです」との声が聞こえた。水中なのになぜ聞こえたのか不思議だったが、インストラクターの方に導かれながらの「海底探検」。海底では、砂や岩そして海中植物や魚たちの姿を間近に捉えることができた。これはいってよいのかであるが、考古遺物よりも海中の世界にのめり込んでしまっていた。

ときに、海水が口の中に入ってくることもあった。指導通りの対応をすると、海水は気にならなくなった。どのくらい平面的に移動したかは定かでないが、まさに「未知との遭遇」であった。時間が来たので、海底から上がることとなった。再び混濁の世界を経て、海面に頭を上げることができた。

潜って考えたこと

私の初スキューバダイビング体験。四五分だったが非常に短い時間に思えた。軽々に言うべきではないのかも知れないが、敢えて言わせていただくと、水中に潜ることは「非常に大変である」が「きっかけがあればできないわけではない」

という相反する感想をもった。「潜る」か「潜らない」か、ということだけであれば誰でも機会はあるようにも思う。あとは、そうした機会をつくるかどうかで、その機会がなかなかないのだと思った。

改めて実感できたことは水中遺跡の調査となると、多岐にわたる高度なスキルが求められるという点である。今回、私が体験したことは水中遺跡調査の手前の手前の段階に過ぎない。ただし、スキューバダイビングの経験自体が「水中遺跡への招待」ということにはなるだろう。「水中遺跡でのスキューバダイビング」、こうした企画が、水中遺跡の活用事例の一つになることは実感できた。

鹿児島県の島嶼部から沖縄県にかけてはリーフが広がっていて、海の透明度も高く美しい。ダイビングショップも多い。「巨石」が古代文明の存在を示していると考えられている場所も実際に存在する。それがたとえ「遺跡」ではなく自然の営みであったとしても、実際に潜って見ることでロマンを感じることができる。

時間的には四五分と短かったが、今後、水中遺跡の保存と活用を進めていくうえで個人的に非常に良い経験であり、多くのことを考えさせられた。関係者の方々には大変お世話になったことに感謝を申し上げて、話を次に進めていこう。

2　水中遺跡の活用事例

日本における水中遺跡保護の取り組みはこれからであるが、これまでにも水中遺跡を地域住民・国民に伝えようとする取り組みがなかったわけではない。ここでは、私が関わった取り組み事例を紹介していきたい。

長崎県松浦市における取り組み

日本が水中遺跡の保護に向けて歩み出す直接の契機となったのが、松浦市（合併前は鷹島町）にある史跡鷹島神崎遺跡

（鷹島海底遺跡）である。本書でも他章で何回も取り上げられている。松浦市には史跡指定になる前から、鷹島海底遺跡で出土した遺物を展示し、蒙古襲来について解説する鷹島歴史民俗資料館がある。部屋は二つに分かれている。第一展示室は発掘調査で出土した「てつはう」をはじめとする各種武器類、陶磁器などが展示されている。「てつはう」とは『蒙古襲来絵詞』にも描かれている炸裂弾のことである。蒙古襲来の様子は、パネルと映像で解説されている。元軍の甲冑の復元品があって、それを実際に身に着けることもできる（図1）。

第二展示室では、水中遺跡全般を紹介している。おもな水中遺跡の分布、水中遺跡の調査方法については映像と模型で解説している。実物大での水中遺跡の調査状況は面白い。コンパクトではあるが、凝縮した内容の展示である。

この館のもう一つの魅力は、鷹島海底遺跡の「語り部さん」がいることである。私は何回か訪れたが、いつも笑顔で迎えて説明していただいている。こういう方の存在は、水中遺跡に限ったことではないが、地域の歴史や文化を伝えていく際には非常に重要である。

資料館に隣接して、松浦市立埋蔵文化財センターがある。こちらは、海底から引き揚げられた遺物の保存処理をおこなうことを目的に設立された施設である。中には、引き揚げられた遺物の塩抜きをするための「プール」、そして引き揚げた遺物に薬剤を含侵させるなどの保存処理をおこなう施設があり、海から引き揚げられた遺物が保存処理される過程を知ることができる。それとともに、鷹島海底遺跡から出土した碇石をもとに、実際の碇の復元がおこなわれている。碇の長さは推定では七・三メートルに達し、その大きさに圧倒されるとともに、もともとの元寇船の大きさを想像することができる（図2）。

最近完成したのが蒙古襲来にかかるＶＲ映像である。パソコンを前に、特殊な眼鏡をかけると、元寇船の上にタイムスリップできる。最新の機器により蒙古襲来を体験できるという点で興味深い試みである（図3）。

これらの施設の横には、鷹島海底遺跡を見渡せる展望所が設置されている。指定地を直接目視することはできないが、

図1　元軍の甲冑の復元品を身に着ける体験

図2　元寇船の碇(部分)

図3　蒙古襲来のVR映像

晴天のときには、紺碧の空に青い海、周りには緑豊かな木々。絶景である。

ところが、元寇船が集結していたときは、海が元寇船で埋め尽くされたはず。その数を想像すると「恐ろしい」気持ちになるとともに、それが一晩で沈んだのである。世界の多くは単体の沈没船、軍船や商船が引き揚げられ、船体自身が保存処理され、出土遺物とともに展示されている。しかし、この遺跡は、単体の船ではなく二四〇〇艘もの船が集結した。同じ水中遺跡といっても、世界的にも数少ない遺跡ではないだろうか。展望所に立って、船の集結状況や暴風雨による混乱をVRなどで「体験」すれば、蒙古襲来が実感できるなど、世界でも例の少ない遺跡の特性を生かした斬新な取り組みを期待したい。

さらに、二〇一七年四月一日、松浦市立水中考古学研究センターが開設され、市は水中遺跡の調査・研究及び保存・活用の拠点としての役割を果たすことを目標としており、今後、積極的な活動が進められることだろう。

鹿児島県宇検村における取り組み

鹿児島県の奄美大島の南端に宇検村がある。青い海が周辺に広がり、「ウミガメと一緒に泳ぎませんか」というキャッチコピーが村のホームページに掲げられるなど、海に山にと自然豊かな村である。ここに十三世紀頃の陶磁器が多数海底より発掘されたことから、付近に沈没船があったのではないかとも考えられている倉木崎海底遺跡がある。

二〇一五年に「KURAKIZAKI2015　倉木崎海底遺跡の魅力をさぐる」という催しが二日間にわたって開かれた。一日目は講演とシンポジウムで、平成二十六年度の調査成果の報告、アジアにおける沈没船の調査研究の動向、世界の水中遺跡の活用のあり方などの事例紹介の後、「倉木崎海底遺跡の魅力とこれからの活用」と題した討論がおこなわれた。討論には私も参加させていただき、水中遺跡を含めた遺跡保護の重要性などについて話した。人口二〇〇〇人ほどの村なのに二〇〇人という多くの来場者があり、参加者はみな最初から最後まで熱心に聞き入っていた。村民のみならず多くの人の関心事は沈没船が眠っているかどうかであったが、調査成果からは、船は沈没していないという見通しが示された。

シンポジウムで工夫されていたのは、沈没船の大きさをイメージしてもらうため、会場の床にテープで、沈没船の実物大の大きさを示していたことである。このような場では村民にとってあまり聞く機会がない文化財の話をわかりやすく説明することに尽きる。講演者は専門用語をかみ砕いて説明していた。だからであろう、壇上から見ていると、参加者は「惹きつけられている」という顔つきであった。

二日目は遺跡見学会が開催された。この遺跡の魅力は深さ六メートル程度の青く透き通る海底を実際に見ることができる点にある。この日は、船上から箱眼鏡で海底の観察をおこなった。二〇人くらいが一グループで乗船。遺物が残っている地点に移動中、船上では沈没船や遺物の特徴などの説明がおこなわれ、参加者は疑問点を質問した。そしていよいよ遺物を目視する時間に。まだ、残っている陶磁器の破片が見えると歓声が上がっていた。水中遺跡の場合、見える土器を拾ってしまっては遺跡が無くなることになる。現地に土器を残すことが重要であることを、担当者が力説していた。「盗掘」を防ぐことと水中遺跡の活用は両立させないといけない重要課題である。そのために、漁民やダイビングショップの方々の理解と連携は不可欠である。

船上からの遺物観察とともに、陸上の集落で船に関わるモノの見学会もおこなわれた。時代は中世だけでなく、近世や現代のものもあるが、船材と思われる木材が実際に使われている倉庫の部材となっている可能性があることや、碇石が庭に置かれているという説明に、村民の方々は「目から鱗」の顔つきであった。港町として繁栄した歴史を踏まえ、航海の安全を祈願する神社等の存在は知っていても、非常に身近なところに昔の「船」の存在を示すものがあったことは、村民に歴史を身近に感じさせることにつながったのではないだろうか。

船に関するモノは陸上にもあるということである。地方公共団体の専門職員は陸上に存在する水中にあった遺物の存在も把握する必要があることになる。そして、それを地域住民に知ってもらうということも、重要な普及啓発活動であることを実感した。

沖縄県立博物館・美術館における取り組み

平成二十六（二〇一四）年度、沖縄県立博物館・美術館では「水中文化遺産―海に沈んだ歴史のカケラ―」という特別展を実施した。この展示会は、船と密接に関わる港の展示から始まり、船には不可欠の碇の展示、中世の琉球王国がさまざまな国と貿易をおこなったことを示す遺物、近世以降の外国船の往来を示す遺物、海に沈んだ先史時代の遺跡、水中遺跡の調査方法、水中遺跡の活用の取り組みなども紹介するなど多岐にわたる内容の展示であった。沖縄の水中遺跡から世界の水中遺跡まで、まさにミクロの世界からマクロの世界まで、水中遺跡にどっぷり浸かれる内容であった（図4）。

話はそれるが、すべての展示物を写真撮影可にしていた。いい取り組みである。陸上の考古遺物の場合を含め、埋蔵文化財が国民共有の財産である以上、写真撮影禁止は理念上あり得ない。小さい子どもが碇石と記念撮影している親子の姿を見て、将来、一人の水中考古学者が生まれることだってあるかも知れないという想像をしてしまった。

入館者数は通常の二倍近かったという話を聞いた。水中遺跡への関心が非常に高いことを実感した。

新潟県立歴史博物館における取り組み

平成二十七年度、新潟県立歴史博物館で「ＵＭＩＡＧＡＲＩ―海揚がり―」という企画展が開催された。ここでは、日本海における海揚がりの遺物を展示した。展示室を一万分の一の地図に見立てるという工夫を凝らした展示手法をとっていた。展示室内にテープで海岸線を描き、遺物の沈んでいたところがどのような位置にあったのかが、イメージできるようにケースを配置していた。沖合から土器が引き揚げられていることから、当時の航海ルートなどをイメージすることも可能であった。

九州国立博物館における取り組み

九州国立博物館では、常設展示において、蒙古襲来のコーナーを設けている。碇の復元レプリカ、「てつはう」や鉄鏃をはじめとする武器類や陶磁器類など鷹島歴史民俗資料館での展示と同じ構成で、『蒙古襲来絵詞』の絵図を展示して蒙古襲来の様子を紹介している。興味深いのは、「てつはう」に関する映像である。「てつはう」をCTスキャンすると、内部には火薬と一緒に鉄片や陶器片などを詰め込んでいることがわかった。その成果を踏まえて、「てつはう物語」というタイトルのアニメーションを駆使した動画が作成された。日本語がわからない外国人にも理解してもらえる内容になっている。

図４　沖縄県立博物館・美術館における碇の復元展示

図５　九州国立博物館特別展示導入部

平成二十九年度には、文化交流展特別展示において「水の中からよみがえる歴史」が開催された。こうした常設展示を導入部とし、さらに特別展示室の入口には水中調査で使われる映像機材の展示がおこなわれた（図5）。青いライトはまさに水中のイメージである。明治時代から始まる水中考古学の研究史、全国の主要な水中遺跡の展示が続く。圧巻だったのは、鷹島神崎遺跡で発見された二号沈没船の復元模型である。二〇メートルほどと推定されている元寇船のうち一二メートル分が発見され、そのうち三メートルを復元していた。常設展の碇の復元を踏まえると、元寇船が非常に大きかったのを、海中のフナクイムシに貪られたわけで、フナクイムシの威力も改めて知らされた。

文化庁における取り組み

文化庁でも、平成二十九年度は二三回目を迎えた「発掘された日本列島」の特集展示において、水中遺跡を取り上げた。展示会場の導入部に、幕末の箱館戦争で沈没した開陽丸の遺物を、船に見立てた展示台の上に置いた。また、別の場所では、水中への誘いという意味を込めて、倉木崎海底遺跡をはじめとする水中遺跡の調査風景などを大きくパネル化した（二一一ページ図6）。展示物は、集落関係では琵琶湖での縄文時代の粟津遺跡貝塚、海の関係では偶然に海底から引き揚げられた遺物、調査によって得られた遺物を展示することで、陸上の調査ではあまり知られていない過去の海上交易の実態、そして、非常に残存状況が良いことを知ってもらおうということで資料を展示した。

二〇一七年二月二十一日には、九州国立博物館と共催で、「水中文化遺産の保護と活用」と題する日中韓文化遺産フォーラムを開催した。そこでは、沈没船など水中遺跡は、国際交流の歴史的な実情を示す証拠であり、陸上の遺跡よりも状況によっては、豊富な情報が良好に遺存する貴重な遺産であることや、国際協力の必要性などが確認された。中韓が国をあげて充実した予算と人員をつぎ込み、水中遺跡の保存と活用に取り組んでいることに、ある意味、唖然とさせられた。日本も少しずつその保護体制の構築のために、前進していきたいとつくづく思った。

民間組織及び個人における取り組み

【組織としての取り組み】

日本にも、水中遺跡の調査・研究等を実施している専門の組織がある。NPO法人日本水中考古学研究所では、国内外での水中遺跡の調査に協力するとともに、『水中考古学ニュース』を刊行し、普及啓発活動もおこなっている。NPO法人アジア水中考古学研究所調査では、全国の水中遺跡の所在確認をおこない、その成果は刊行されている。また、「水中文化遺産を理解する」と題するシンポジウムを開催した。

こうした組織には、水中遺跡の調査の経験があり、水中遺跡の世界についての講演等に参加してもらえると、国民や地域住民にとっては興味深いことであろう。

【個人としての取り組み】

水中考古学を専門にしている研究者は、まだ多くはない。講演会やシンポジウムへの参加によって、水中遺跡の世界、調査の経験を語ってもらうことは、国民や地域住民に関心をもってもらう良い機会になることは先ほど述べた通りである。そうした方々の水中考古学あるいは水中遺跡に関する書籍もすでに出版されているが重要である。管見に上るだけでも、一般書店で購入できるものとして以下のものがある。

小江慶雄『水中考古学入門』（NHKブックス、一九八二年）
荒木伸介『水中考古学』（ニュー・サイエンス社、一九八五年）
井上たかひこ『水中考古学への招待―海底からのメッセージ―』（成山堂書店、二〇〇二年）
井上たかひこ『海の底の考古学』（舵社、二〇一〇年）
ランドール・ササキ『沈没船が教える世界史』（メディアファクトリー新書、二〇一〇年）
岩淵聡文『文化遺産の眠る海―水中考古学入門―』（DOJIN選書、二〇一二年）

井上たかひこ『水中考古学のＡＢＣ』（成山堂書店、二〇一二年）
井上たかひこ『水中考古学―クレオパトラ宮殿から元寇船、タイタニックまで―』（中公新書、二〇一五年）
林田憲三編『水中文化遺産―海から蘇る歴史―』（勉誠出版、二〇一七年）
水中考古学、水中遺跡といえば沈没船を思い浮かべる方が多いだろうが、水中遺跡が沈没船だけではないことも教えてくれる。

3　日本における水中遺跡活用についての展望

水中遺跡についても適切に保存と活用を進めていくことができれば、まだ無限の可能性が秘められているといってよいだろう。

以下、私見であるが水中遺跡の活用についての考え方を整理してみたい。

基本的な考え方

水中遺跡の活用についての基本的な考え方は、陸上の場合と大きく変わるものではない。陸上の考古遺跡の活用としては、
①遺跡については、現地で立地や景観を確認できるようにし、遺構の内容がわかるように復元整備する、
②遺物については修理し、博物館等で見ることができるようにする、
ことで対応している。

水中遺跡でも、そうしたことを進めるうえで地域住民の理解と協力は不可欠であり、行政をサポートしてもらう体制整

備をいかに構築するかが課題であろう。こうしたことを踏まえると、今後の水中遺跡の活用についても、ある程度の方向性が見えてくるのであろう。まだ、水中遺跡の保存も十分ではない側面もあるので、時期尚早ということになるかも知れないが近い将来を見据えて、考えることとする。

その前に、確認しておきたいことがある。それは水中遺跡には危険が伴っているということである。それは、水を介して接するわけであるから、ある意味当然のことでもある。私が冒頭に示した体験ダイビング、現地まで乗船する際には安全着を着用するなど、安全性を十二分に確保したうえで、取り組む必要があることを強調しておきたい。

考えられる具体的手法

では、実際にどのようなことが考えられるだろう。以下で整理してみたい。

A．水中に沈んでいる、沈んでいた実際の「モノ」を見る機会をつくる

水中遺跡の場合、我々の行く手を阻むのは、いうまでもなく水である。それを逆手にとると、誰でも行けないところに行くことができれば、それは一つの魅力となるはずである。手法としては、

①実際にスキューバダイビングによって海底付近まで潜ってモノを見ること、
②シュノーケリングによって水底のモノを見ること、
③船に乗って箱眼鏡によって水底のモノを見ること、
④ロボットに搭載されたカメラをとおして船の上から海底の様子を見ること、

などが考えられる。

「百聞は一見に如かず」ではないが、遺物等のある現地で水中遺跡の実態を確認することは重要である。陸上の遺跡のように、いつでもというわけにはいかないであろうから、年に数回といった形で、希望者に対応するようなことがあって

もよいであろう。

⑤陸上にすでに引き揚げられた水中遺跡関係の遺物を見ること、も重要である。倉木崎遺跡のところで紹介したように、地域住民の身近なところに関係するモノを見てもらう、知ってもらうことである。これは、民俗調査とも重なる分野といえよう。

B．水中遺跡に関する情報発信

水中遺跡についての情報発信としては、

①博物館等における常設展示、特別展示によって紹介する、

②展示図録やパンフレットなどによって紹介する、

③講演会、シンポジウムなどを開催して紹介する、

といったことが考えられよう。いずれも、いうまでもない内容である。重要なことは、陸上の遺跡とは異なり、まだ、水中遺跡に対する国民の理解が深まっているわけではないので、いろいろな機会をつくって情報発信をすることである。

私も、たまたま福岡県芦屋町立歴史民俗資料館に行った際に、常設展示に海底から採取された中国銭が多数展示されていることを知った。ほかにもそうした取り組みをしているところはあるだろう。海揚がりの遺物があるところは、常設展示などに追加するなどの取り組みが期待される。

平成二十九年度は文化庁の水中遺跡調査研究の最終年度にあたる。平成二十八年度から平成二十九年度にかけては、史学会でシンポジウムが開催され本書が出版され、それ以外にも、講演会やシンポジウムや国際フォーラムなどの開催が進められた。こうした取り組みが一過性にとどまらないよう、関係地方公共団体による継続的な取り組みにも期待したい。

C．水中遺跡の「整備」のあり方

さて、水中遺跡の場合、露出したモノについては引き揚げてしまうことが多く、現地には何も残らない。オーストラリ

アでは、史跡指定された沈没船があった海底に遺跡の歴史的な意義などを説明するモニュメントを置いて、海底に来た人に対して遺跡の存在を示しているという（図6）。そうしたモニュメントを水底に沈める手法は、陸上での遺跡整備にあたるといえよう。

海底に遺物の出土状態を復元することや、遺跡の説明解説板などを設置するということは「整備」の一環としてあり得る手法といえよう。もちろん、水の透明度を含め、費用対効果を考えてのことが前提となるであろうが。

図6　オーストラリアの史跡指定された遺跡に設置されたモニュメント

4　結　語

考古学は、現地に立って遺跡の立地を確認することが調査研究の出発点となる。水中遺跡の場合は、沈没船や沈降した集落があおもな対象となる。船は沈没してはならないし、中世以降の集落あるいは都市も自然災害によって本来は陸の上に存在していたものが没したのであり、本来あってはならないことである。水中遺跡のほとんどが、ある意味、先人たちの「不幸」を調査するという側面があるように思う。それだけに、その調査・研究をし、それを保存・活用するにあたっては「先人たちの無念の気持ち」も伝えていく必要があるのではないかと感じている。

日本の水中遺跡の保存と活用は緒についたばかりである。日本は、海洋国家といっているが、海に関してやるべきことはあるはずである。例えば、海事博物館あるいは海洋博物館は多くの国にあるのに日本にはない。「海事」という言葉自体聞きなれない方も多いのではないだろうか。外国では、管見の限り国がそうした博物館を設置している。水中考古学研究所も多くの国で設立され、やはり国立である。

外国では、海底に沈む貿易船が積んでいた、いわゆる「財宝」を引き揚げて売買するようなことがあり、遺存状態の良い船が発見され引き揚げられ展示された。そうしたことが起こらなかったことが、日本で水中遺跡に関心が及ばなかった一つの要因であろう。

しかし、海は世界とつながっている。日本近海に外国船が沈んでいることがわかっているし、多くの難破船の記録があり、国内外に多くの船が沈んでいるはずである。また、沈降した集落や都市は琵琶湖だけでなく、例えば高知湾にも中世都市が沈んでいる。

水中遺跡の保護については、ほとんど手付かずであることは前節でも指摘した。逆に保護の手立てをとらなければ、埋蔵文化財保護にとって適切ではなく、結果として日本の歴史や文化、さらには外交史などを復元するうえで大きな損失をもたらすと考えてよかろう。

埋蔵文化財の保護の主体は都道府県など地方公共団体である。しかし、そうした外国船が出てきた場合は、慣例的に二国間でその保護の取り扱いを協議することになっている。このことを踏まえると、国に適切な行政判断のできる部署が必要なことは明白である。

文化庁で水中遺跡の保存と活用のあり方についての検討を始めて、それまで知らなかったがため、適切な対応ができていなかったのではないか、と考えられる案件があることを知った。こうしたことが続けば、日本の埋蔵文化財保護行政にとって、という枠組みを越え国益にとって大きな損失につながっていくのではないかと危惧している。陸上の埋蔵文化財の保護体制をつくり上げてくるのに、数十年を要した。水中遺跡の保護も「すぐに」ということは難しいであろうが、少しずつでも体制を整備していく必要がある。

最後になったが、日本考古学の概説書、あるいは大学での考古学概論の講義においても、日本では水中考古学のことはほとんど取り上げられていなかったように思う。カリキュラムがタイトで時間を割くことは容易ではないだろうが、何らかの形で水中考古学にも触れていただきたいと思う。水中考古学の研究成果は、日本の歴史と文化を考えるうえで決して小さくはない。

水中遺跡の調査・研究、保存・活用を進めていく体制の構築は簡単ではないだろう。しかし今後、日本が取り組むべき重要な案件である。五年、一〇年と中長期的な展望をもち、大学等研究機関や学会と行政とが連携を図りつつ、日本においても水中考古学を広く定着させ、行政としては水中遺跡を適切に保護する体制を整備していくことが求められる。そのために、多くの関係機関、関係者と連携を図りながら、実現できるよう努めてまいりたい。

3章　文化資源学の観点から見た水中遺跡

松田　陽

はじめに

本章では、文化に関連する様々なモノやコトと社会との関係を吟味する文化資源学の観点から、日本の水中遺跡を考察する。個別の水中遺跡における保護の実態を具体的に詳述するのではなく、誰がどう水中遺跡の価値を説明し、またどのように水中遺跡を保護しようとしているのかを、全体的かつ理論的に整理する。そしてその後、日本の水中遺跡において今後進行すると思われる文化遺産化および文化資源化のプロセスの展望について論じたい。

1　文化財、文化遺産、文化資源とは

文化資源学の観点から日本の水中遺跡を論じる上でまず考えたいのは、それが文化財、文化遺産、文化資源のうちのどれに相当するかということである。無論いずれにも相当する、と多くの者は反射的に感じるかもしれない。しかし、三つの言葉の意味合いを慎重に考えると、話はそう単純ではないことに気づかされる。

文化財は、国の法律である文化財保護法によって定義されている。この法律が行政的に運用される中で、専門的判断に基づいて文化財の指定・登録・選定・選択がなされ、そのことによって文化財は実体を伴ったものとして、かつ具体的に保護すべき「貴重な国民的財産」（文化財保護法第四条2）として国民に示される。

これに対して文化遺産は、多種多様な社会集団が自由に——あるいは「勝手に」——つくり出すことができる。(1) このことは、「〇〇遺産」や「〇〇文化遺産」という言葉が今日の日本社会で公式・非公式を問わず数えきれぬほどに生み出され、また使われていることからも明らかである。ではそのように自由につくり出される文化遺産の本質は何かと言うと、近年の遺産研究（heritage studies）は文化遺産を「人々が過去に自分たちのアイデンティティを感じるための社会的媒介」と捉えることで合意形成しつつある。(2) つまり、様々な社会集団が自らのアイデンティティを形成・再形成するために過去を記念・顕彰するが、その記念・顕彰行為の媒介となるものが文化遺産ということである。ここで何を媒介とするかの判断は各集団に委ねられており、それゆえに文化遺産は柔軟に生み出すことができると言える。集団が国家間機関や政府の場合には、法律や行政手続きに基づいて文化遺産が決められることもあるが（その典型的な例が「世界遺産」や「日本遺産」）、そうした文化遺産はむしろ「文化財」と呼ぶべきものであり、文化遺産は本質的には各集団が自らのアイデンティティに沿って「勝手に」つくり出すものである。そしてこのことは逆に言えば、文化財がいかに適切な法的・行政的手続きを経て規定されようとも、そこにある程度以上の数の人々がアイデンティティを感じていなければ、文化遺産ではないということを意味する。

では文化資源はどうかと言うと、この言葉は「資源化」という動的プロセスと表裏一体をなし、それゆえに二重の意味合いをもつ。例えば、文化資源学会は文化資源を「ある時代の社会と文化を知るための手がかりとなる貴重な資料の総体」とまず広く定義した上で、現実にはこうした資料の多くが「死蔵され、消費され、活用されないまま忘れられて」いるとする。(3) そして続けて、「膨大な資料の蓄積を、現在および将来の社会で活用できるように再生・加工させ、新たな文

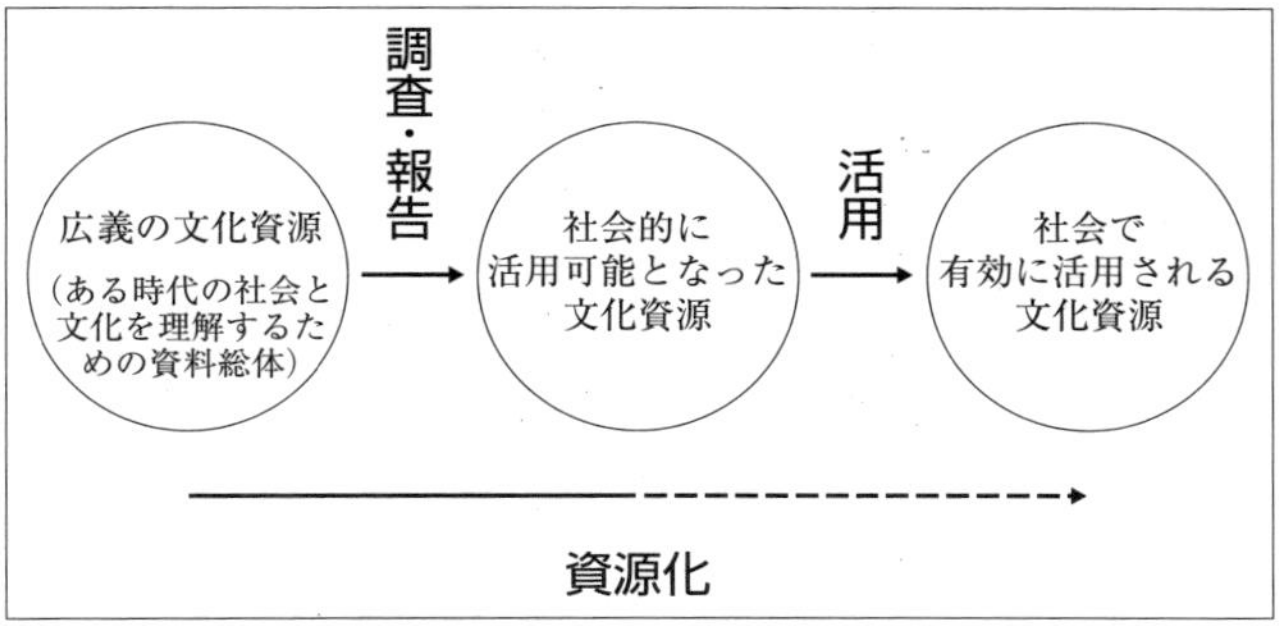

図１　文化資源と資源化のプロセス

化を育む土壌として資料を資源化し活用可能にすることが必要」と述べ[4]、現実に活用できるように資源化された資料こそが文化資源であるとする。この資源化のプロセスとは、研究調査を行い、その成果を広く社会に報告することに他ならない。つまり、理論的には世の中に存在する様々なものが文化資源であるのだが、現実には、資源化を経て社会的に活用可能な状態になったものこそが文化資源ということである。言い換えれば、「文化資源」という言葉にはいまだ眠っている状態であり、これから資源化すべきだという意味合いと、すでに資源化されて活用できる状態にある、あるいはすでに有効活用されているという意味合いが併存する[5]（図１）。

2　水中遺跡は文化財、文化遺産、文化資源か

以上に述べたように、文化財、文化遺産、文化資源は一見似たような言葉ではあるが、その意味合いは異なる。このことを念頭に置き、改めて日本の水中遺跡が文化財、文化遺産、文化資源であるかを考えてみよう。

水中遺跡は文化財か

まず文化財については、水中遺跡は文化財、より正確に言えば埋蔵文化財であるというのが、昭和二十九（一九五四）年の文化財保護委員会事務局長通知「文化財保護法の一部改正について」（昭和二十九年六月二十二日付け文委企第五〇号）以来の日

本の公式見解となっている。[6] 実際に水中遺跡を保護する体制づくりは平成二十五（二〇一三）年以降に本格化したところだが、ともかくも六〇年以上も採用されてきた行政方針であるのだから、水中遺跡は文化財であると言ってよいだろう。ただし、この理解が適用されるのはあくまでも法律の効力が及ぶ日本の領海内および領土内にある水中遺跡である。[7] したがって、例えば日本の排他的経済水域内にある水中遺跡が文化財であるかどうかについては取り定めはない。

なお日本の行政における「水中遺跡」の定義は、平成十二（二〇〇〇）年三月に文化庁が出した報告書『遺跡保存方法の検討―水中遺跡―』では「常時水面下にある遺跡」とされたが、[8] 平成二十九年十月に文化庁水中遺跡調査検討委員会が出した『水中遺跡保護の在り方について（報告）』では、「海域や湖沼等において常時もしくは満潮時に水面下にある遺跡」が対象となっている。[9] 満潮時のみ水面下にある遺跡も含まれるようになったという点で定義は拡大したことになる。こうした定義の調整は、水中遺跡保護の体制が構築される過程で必然的に行われるものであり、この先も行われる可能性があることを留意しておく必要がある。実際、上記の平成二十九年報告では、陸上か水中かの峻別が難しい遺跡があることを鑑み、その都度取り扱いを検討する必要性について言及している。[10] 水中遺跡が文化財であることに変わりはなくとも、それが埋蔵された文化財である以上、現時点で実態を正確に把握しているわけではなく、新たな状況に応じて何が水中遺跡かを定めていかねばならないということだろう。

水中遺跡は文化遺産か

次に、水中遺跡は文化遺産であるかどうかを考えてみよう。先に述べたように、文化遺産が成立するためには、そこに多くの人々が集団的アイデンティティを感じていることが不可欠であるが、その意味では日本の水中遺跡の大多数は文化遺産ではない。知名度の高い史跡鷹島神崎遺跡、史跡和賀江嶋、開陽丸海底遺跡のような少数の遺跡を除くと、行政が存在を確認している水中遺跡であっても市民が誇りや愛着を感じるまでには至っていないものの方がはるかに多いし、まだ

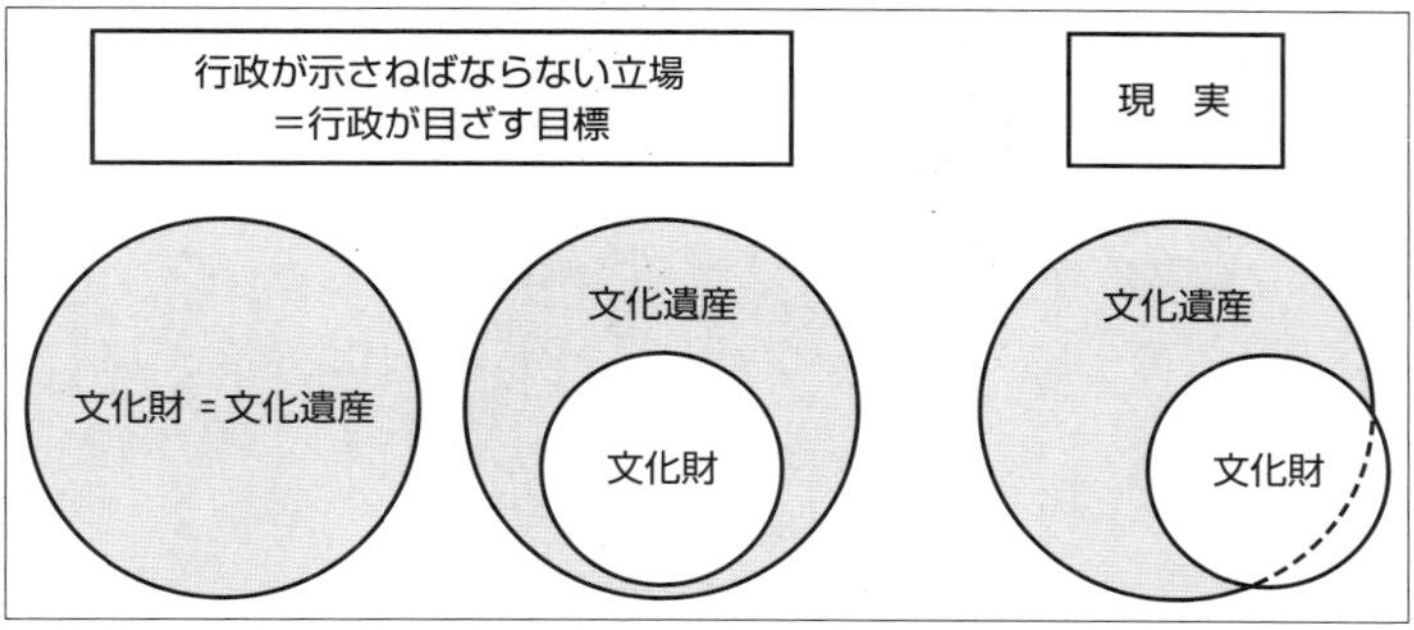

図２　文化財と文化遺産との関係

行政が存在を認知していない水中遺跡も無数にある。[11] 繰り返しになるが、誰も知らない水中遺跡、またほとんどの者がアイデンティティを感じていないような水中遺跡であっても「文化財」ではあるのだが、やはりこれらは「文化遺産」とは言えまい。無論、抽象的に概念化された水中遺跡に対して人々がアイデンティティを感じている、と主張することは可能かもしれないが（文化財一般に人々がアイデンティティを感じている、と主張するのと同様に）、実際にそこに感情移入がない以上、抽象的理解にとどまる水中遺跡は文化遺産と考えるべきではない。

　したがって、「水中遺跡は大切な文化遺産である」というような言説は、文化資源学の立場からは注意深く斟酌する必要がある。文化財保護行政においては、専門知識に基づき、法的・行政的にも適正に定めた文化財に対しては、人々も当然アイデンティティを感じてくれるはずだと考える傾向がある。つまり、行政としては文化財イコール文化遺産という立場——あるいは建前——を示さねばならないのであり、それゆえに文化財たる水中遺跡は文化遺産として語られるのである。

　しかし、そもそも文化財と文化遺産はつくられ方が根本的に異なるのだから、この認識は間違っている。否、より正確には、この認識は文化財保護行政における「願望」が表出したものと理解すべきである。行政としては、自らが公正かつ適切に定めた文化財に対して人々がアイデンティティを感じてもらわないと困るわけであり、実際にそのような状況が達成されるように尽力している（図２）。その意味では、「水中遺跡は大切な文化遺産である」という目標を達成すべく、すなわち水中遺跡が人々にとっての文化遺産になるように、埋蔵文化財行政の関係者は努力し続けているのである。

その努力の中身が何かと言うと、いわゆる普及啓発や活用のための活動にあたる。刊行物、ポスター、ウェブサイト、シンポジウム開催、遺跡公開などを通して一般市民が水中遺跡の価値を広く認識し、さらにそこに誇りや愛着を感じてくれるようになり、その結果として水中遺跡が文化遺産になるように行政は努めているのである。

水中遺跡は文化資源か

それでは、水中遺跡は文化資源であろうか。先に示した文化資源の定義に即して考えると、水中遺跡は当然「ある時代の社会と文化を知るための手がかり」であるのだから、広義の文化資源と言える。しかし、圧倒的大多数の水中遺跡は「活用されないまま忘れられて」おり、いまだ眠った状態にあるのが実態である。それらを調査・報告して資源化することによって、水中遺跡は社会的に活用可能な狭義の文化資源になるわけだが、現実にはこの資源化は少数の遺跡を除いてほとんど行われていない。だが、行政がどのように水中遺跡保護に取り組むべきかの検討が近年になって文化庁水中遺跡調査検討委員会を中心に本格化してきたこと、また日本国内における水中考古学への関心が急速に高まっていることを背景に、現時点では眠った文化資源である水中遺跡の調査・報告がこの先進み、その結果、資源化された水中遺跡の社会活用の可能性が少しずつ開けてくることが予想される。文化遺産化のプロセスと同様、水中遺跡の文化資源化のプロセスも始まったばかりなのだ。

3　これからの水中遺跡の文化遺産化と文化資源化

以上に見たように、日本の水中遺跡においては文化遺産化と文化資源化のプロセスがこれから進行していくと予想されるが、最後にその展望について述べておく。

まず、両プロセスを推進する主体は、国と地方公共団体、すなわち行政が中心になるものと思われる。その最大の理由は、日本の領海が「国の直接の公法的支配管理に服し、特定人による排他的支配の許されないもの」であり[12]、それゆえに海面下の土地は私有できないこと、そして河川、湖、池沼などの内水面もほとんどが公有水面、すなわち国所有のものであることにある。つまり、水中遺跡はほぼすべて公有地に内包されるのである。加えて、こうした水域内にある遺跡の調査は公的な埋蔵文化財保護の枠組みで行われることになっているため[13]、そこには必然的に行政の関与が生じる。

無論、水中考古学調査に要する費用の大きさを考えると、官民が協力して調査を行うことはむしろ望ましいとも言える。しかし、水中遺跡の調査・報告、すなわち文化資源化のプロセスを民間の研究者や研究組織が主導することもあるだろう。しかしそうした場合でも、文化資源化された水中遺跡を活用する段階では、遺跡を所管する地方公共団体が現地までの物理的アクセスを提供し、引き上げた遺物を公開・解説するなどして主体的な役割を果たすことになるだろう。

文化資源化された水中遺跡を公開・解説しながら活用するプロセスは、一般の人々が水中遺跡に対してアイデンティティを感じるようになる文化遺産化のプロセスとも部分的に重なる。しかし後者では、陸上遺跡の場合よりもはるかに多くの創意工夫が求められる。陸上遺跡であれば人々は普段の状態でその存在を空間的に認識でき、さらに遺構や遺物が露出した遺跡であれば、視覚的に認知することも可能である。これに対して水中遺跡は、水に入るという特殊行為を経て初めてその存在を空間的、視覚的に認識できるものであるから、一般の人々が水中遺跡を「自分たちの文化遺産」と感じることは、当然のことながら陸上遺跡よりも数段難しい。誰しもが比較的簡単にアクセスできるように水中遺跡を公開することや、遺跡から離れた場所における遺物展示や動画や画像、コンピューターグラフィックスを駆使したプレゼンテーションなどを行って、遺跡の価値をわかりやすく説明・共有していくための恒常的な努力などが求められるだろう。

こうした課題に取り組む上では、日本に先んじて水中遺跡保護に取り組んできた他国の活動例が参考になる。海外における水中遺跡の活用実態をまとめた赤司善彦[14]は、その活用類型を「博物館の試み」と「水中遺跡ツーリズム」に二分し、前者をさらに「沈没船の展示」（韓国の新安沈船、中国の南海一号、オーストラリアのVOCバタヴィア号、スウェーデンのヴァーサ号、イギリスのメアリー・ローズ号の展示）と「移動できる大形沈没船の展示」（デンマークのロスキレ出土ヴァイキング船展示）に、そして後者を「文化観光」（バルト海沿岸諸国九カ国におけるダイバーを対象とした水中遺跡ツーリズム振興）、「水中文化遺産の『一〇〇選遺産』」（バルト海におけるルティラス・プロジェクト）、「水中ミュージアム」（中国の白鶴梁水下博物館、イタリアのバイア遺跡）に分けて紹介している。[15]また、中西裕見子と片桐千亜紀らが最近まとめたイタリアのシチリア州の水中文化遺産に関する報告は、州海事文化遺産局により認定されたダイビングサービス機関が水中遺跡の日常管理、モニタリング、ガイドを務めるというマネジメント先進例を説明している。[16]こうした海外の優れた事例を参照しながら水中遺跡の文化遺産化・文化資源化を有効に進める事例は、日本国内でも確実に増えつつある。[17]

世界的に見ても、ユネスコの主導で水中文化遺産[18]の保護は進展している。今日、「水中文化遺産の保護に関する条約」の締約国は五八カ国あるが、そのうち過去四年間に条約を締約した国は一七カ国にものぼる。二〇一三年にフランス、二〇一七年にエジプトが条約を批准した際には世界的な話題となり、水中遺跡保護の世界的機運はこれから一層強まっていくと思われる。

ユネスコの世界遺産リストにも近年、水中遺跡を含むサイトが二件登録された。[19]二〇一〇年に登録された米国ハワイ州のパパハナウモクアケア（複合遺産）には、ヨーロッパ人が到達する以前のニホア島、マクマナマナ島の考古遺跡群が含まれる。また二〇一一年に登録されたオーストリア、フランス、ドイツ、イタリア、スロヴェニア、スイスにまたがるアルプス山系の先史時代杭上住居跡群（文化遺産）は、一八五四年という極めて早い時期に考古学の調査目的で潜水が行われたことで有名な水中遺跡を含む。[20]こうした世界的展開の影響を受けながら、日本における水中遺跡の保護の体制づくり、また文化遺産化と文化資源化のプロセスは加速度的に進展していくだろう。

おわりに

日本の水中遺跡は法的・行政的に規定された文化財ではあるが、現時点ではその大半は文化遺産になっておらず、近年になってようやく文化遺産化の兆しが見え始めたところである。またこうした水中遺跡は文化資源としてもいまだ眠った状態にあるものがほとんどで、社会的に有効活用されるためには、まずもって調査・報告を通した文化資源化がなされねばならない。この両プロセスの推進においては行政が中心的な役割を果たすと思われる。

空間的にも視覚的にも認識しづらい水中遺跡の文化遺産化・文化資源化のプロセスは、陸上遺跡と比べると必然的に難しいものではあるが、海外の先進事例を参考にした新たな取組みが日本でも始まりつつある。世界的にも水中文化遺産の保護は今後ますます重要性を増すだろう。こうした潮流の中、海洋国である日本に住む人々が今後どこまで水中遺跡にアイデンティティを感じるようになるか、またどれほど水中遺跡を社会的に活用していけるかに注目したい。

（1）石毛直道・井上章一・桂小米朝・木下直之・旭堂南海・島﨑今日子・宮田珠己『勝手に関西世界遺産』（朝日新聞社、二〇〇六年）。

（2）Graham, B. and Howard, P. (eds.) 2008. *The Ashgate Research Companion to Heritage and Identity.* Ashgate: Aldershot, McLean, F. 2006. Introduction: Heritage and Identity. *International Journal of Heritage Studies* 12(1): 3-7, Lowenthal, D. 1998. *The Heritage Crusade and the Spoils of History.* Cambridge University Press: Cambridge and New York.

（3）文化資源学会「文化資源学会設立趣意書」http://bunkashigen.jp/about.html（二〇〇三年）、二〇一七年九月三十日アクセス。

（4）同右。

（5）木下直之「文化資源学の現状と課題」『文化経済学会』四巻二号（二〇〇四年）。

（6）同通知の「第５　埋蔵文化財」の註（2）に、「従来埋蔵文化財とは、地下、水底その他の人目に触れ得ない状態において埋蔵されている有形文化財をいうものとされ」ると記されている。

（7）ユネスコの「水中文化遺産保護に関する条約（二〇〇一年採択、二〇〇九年発効）」は、排他的経済水域、大陸棚、公海内にある水中遺跡も保護の対象とする。

（8）文化庁『遺跡保存方法の検討―水中遺跡―』（文化庁、二〇〇〇年）五頁。

（9）文化庁水中遺跡調査検討委員会『水中遺跡保護の在り方について（報告）』（文化庁、二〇一七年）二頁。

（10）同右、二頁。

（11）文化庁記念物課埋蔵文化財部門は、陸上の埋蔵文化財行政は「把握・周知」「調整」「保存」「活用」の四段階から成るが、水中遺跡の場合はそもそもの遺跡の「把握・周知」がまだ不十分であることから、まずはここを充実させることが最大の課題であると述べている。文化庁記念物課埋蔵文化財部門「日本における水中遺跡の保護」『月刊文化財』六三四号（二〇一六年）八〜九頁を参照。

（12）昭和六十一（一九八六）年十二月十六日の田原湾干潟訴訟における最高裁判決より。ただしここで論じているのは海の所有権であって、漁業法に基づく漁業権や入漁権などの利用権は別に定められる。

（13）しかし、明治二十三（一八九〇）年に和歌山県串本町沖に沈んだオスマン帝国の軍艦エルトゥールル号の水中考古学国際調査（二〇〇七年開始）は、日本の領海内であっても文化財保護法ではなく、水難救護法に基づいて実施されてきた。

（14）赤司善彦「海外における水中遺跡の活用」『月刊文化財』六三四号（二〇一六年）。

（15）中国の重慶市の白鶴梁水下博物館（二〇〇九年開館）は、三峡ダムの建設に伴って完全に水没した白鶴梁（唐代から約一二〇〇年にわたって長江の水位を記録した石刻や石像等）を川底から観察できるようにした画期的な例で、水中遺跡の展示の新たな展開を示すものである。高远「白鹤梁题刻博物馆修建与水下文化遗产保护」『重庆文理学院学报（社会科学版）』三一巻三号（二〇一二年）を参照。

（16）中西裕見子、片桐千亜紀、セバスチャーノ・ツサ、フロリアーナ・アニェット、ピエトロ・セルヴァッジオ「シチリアにおける水中文化遺産の保護と公開活用の展開」『沖縄県立博物館・美術館　博物館紀要』一〇号（二〇一七年）。

（17）その例として、二〇一一年に沖縄県久米島で実施された水中遺跡見学会を片桐千亜紀らが報告している。片桐千亜紀・山田浩久・崎原恒寿・中島徹也・宮城弘樹・渡辺芳郎「久米島の水中文化遺産見学会報告―海底遺跡ミュージアム構想の実践―」『沖縄県立博物館・美術館　博物館紀要』五号（二〇一二年）を参照。

(18)　水中文化遺産保護に関する条約における水中文化遺産の定義と、日本の埋蔵文化財保護行政における水中遺跡の定義の間には微妙な差が存在する。その中でとりわけ重要な差は、前者では一〇〇年以上全体的ないしは部分的に水没している遺跡すべてが対象となるのに対し、後者では「おおむね中世までに属する遺跡」が原則対象となり、「近世に属する遺跡については、地域において必要なもの」、「近現代の遺跡については、地域において特に重要なもの」が追加的に対象となることである。前者はユネスコ水中文化遺産保護に関する条約の第一条、後者は平成十（一九九八）年九月二十九日付の文化庁次長通知「埋蔵文化財の保護と発掘調査の円滑化等について」（庁保記第七五号）ならびに前掲文化庁水中遺跡調査検討委員会『日本における水中遺跡保護の在り方について（中間まとめ）』の一〇頁を参照。

(19)　この二件の登録を受け、世界遺産リストには今日計四件の水中遺跡を含んだサイトが記載されている。他の二件のサイトは、インドのマハーバリプラムの建造物群と、メキシコの古代都市チチェン・イッツァ。

(20)　Corboud, P. and Schaeren, G.F. 2017. *Pile Dwellings in Switzerland*, Society for the History of Swiss Art: Bern, p. 30.

4章　水中遺跡の調査・保存の技術的課題

今津節生

はじめに

海底から発見された沈没船は〝海のタイムカプセル〟とも呼ばれる。財宝の発見ばかりでなく積み荷や生活を探る貴重な文化財が手つかずの状態で腐らずに船内に残されており、地上や地下の文化財にはない一括資料として重要である。また、船体も造船や航海技術を知るために重要であると共に、博物館では当時の姿を伝える迫力ある展示物として人気がある。たとえば、スウェーデンのヴァーサ号や英国のメアリー・ローズ号、デンマークのバイキング船を展示する博物館は有名な観光名所となっている。しかし、海底から引き揚げられた沈没船などの水中文化遺産の保存は、保存期間が長期間になることや、設備や運営に莫大な費用がかかること、保存処理後に高湿度環境で船体の劣化が進むことなど様々な課題をかかえている。そこで、二〇〇九年に発効したユネスコ水中文化遺産保護条約では、船体の引き揚げや保存処理は推奨せず、海底での現地保存を原則としている。しかしながら、海底から沈没船などの貴重な水中文化遺産が発見された場合には、引き揚げ・保存・展示を望む声も大きい。近年、中国・タイなど東アジア各地で海底から沈没船の発見が相次いでいる。日本でもモンゴル軍の日本侵略の際に沈んだ元寇船が二〇一三年と二〇一五年に松浦市鷹島沖海底から発見されており、引き揚げ・保存・展示を望む声が地元を中心に上がっている。本章では沈没船などの水中文化遺産の調査や保存に関する課題を、海底での現地保存と引き揚げて保存・展示する際の問題点に絞って整理してみたい。

1　現地保存とその問題点

ユネスコ水中文化遺産保護条約と現地保存

水中文化遺産を定義付けるうえで最も重要な国際法がユネスコの「水中文化遺産の保護に関する条約(水中文化遺産保護条約)」である。この条約は二〇〇一年に採択、二〇〇九年に発効し、二〇一七年現在で五八カ国が批准している。ユネスコ水中文化遺産保護条約では「原位置での遺産の保護を第一の選択肢として考慮しなければならない」とあり、条約の付属書には「保護の選択肢として原位置保存が優先される」と記されている。原位置保存が条約に盛り込まれた理由はトレジャーハンターによる無秩序な引き揚げを防ぐことや、保存処理すると膨大な費用がかかるということであった。海底には数多くの水中文化遺産が存在する。中でも世間の大きな注目を集めるのが沈没船である。しかし、沈没船のような大きな遺物を引き揚げるには莫大なお金と施設、そして多くの専門家の協力が必要不可欠となる。そこで現在、水中文化遺産を保存するうえで世界的に推進されている方法が沈没船などの文化遺産を海底に埋め戻す「現地保存」である。

「現地保存」と「引き揚げ保存」の費用

水中考古学における現地保存とは、水中で発掘された遺産をその発掘した場所で保存することである。特に沈没船など大きな遺産を保存する際に多く用いられる。これは、大きな遺産を引き揚げるには引き揚げ作業に用いるクレーン船をはじめとする様々な大型専門機材が必要不可欠となり、莫大なお金がかかることが大きな原因である。

日本では、まだ引き揚げ保存の実例がないので、英国のメアリー・ローズ号の引き揚げから保存処理の費用を紹介する。メアリー・ローズ号は一五一〇年に建造され、一五四五年に沈没したイギリス海軍の軍艦である。この沈没船は右舷側半分が奇跡的に残存しており、一九八二年に引き揚げが行われ、二〇一三年にはポーツマスのメアリー・ローズ号博物館で公開された。引き揚げには二八〇万ポンド（四億円）、一九八二年から二〇〇九年にかけて行われた船体の管理や保存施設には六一〇万ポンド（九億円）、船体の保存用樹脂（PEG）には四二〇万ポンド（六・二億円）かかったといわれている（Christopher Dobbs 氏、二〇〇九年ARC海洋会議）。この中には水中発掘の多くの部分がボランティアで行われたため人件費等は含まれておらず、今後、展示のために必要な博物館施設の建設や強制的な空気乾燥を行うための設備に約三五〇〇万ポンド（五〇億円）かかると予想される。以上のような経費すべてを合算すると総額約四八〇〇万ポンド（六九億円）かかることになる。また、ダイビングの実働時間は二万三〇〇〇時間に及んだ。これに対して現地保存の場合、メアリー・ローズ号と同サイズの Stora Sofia（スウェーデン）の現地保護費用は七万ユーロ（九三〇万円）だった。他にも Hårböllebro（デンマーク）、Burgzand（オランダ）、ザキントス（ギリシャ）などにかかる概算費用は最大でも七万一〇〇〇ユーロ（九四〇〇万円）となった。さらに、作業完了にも最長で実働一〇日間と現地保存のほうが保存処理を行うよりも短期間に低コストで遺産の保存が行えることが分かる。ただし、この費用には現地保存後の長期にわたるモニタリング費用は含まれていない。

水中文化遺産の劣化要因と現地保存

水中文化遺産の劣化要因には大きく分けて三つある。物理的劣化・化学的劣化・生物的劣化である。物理的劣化とは海流の変化によって引き起こされる浸食などであり、化学的劣化とは海水に溶けた酸素による腐食など、生物的劣化とは海底付近に生息する害虫やバクテリアによって起こる劣化のことである。この中でも特に注目される要因が生物的劣化であり、現地保存が多く行われる木造船の大敵となる。

木材の劣化は木材腐朽菌が酸素を利用して木材を分解する好気的分解が生じる条件で顕著に進行し（生物的劣化）、金属では酸化剤である溶存酸素（DO）が供給され、電気化学反応が生じることで腐食する（化学的劣化）。つまり、溶存酸素（DO）濃度と酸化還元状態が遺物の劣化に大きな影響を及ぼす。

日本では北海道江差町開陽丸の調査で船体に銅網を被せて保護したのが最初の例である。一九八九年に銅網（〇・三ミリ、三ミリメッシュ、幅九〇〇メートル）を二枚重ねし、被覆する方法を用いた。二〇一四年に発見された鷹島沖海底の沈没船では、船体に銅網を被せる方法（鷹島一号沈没船）あるいは約五〇センチの厚さに土嚢を敷き詰めると共に水温や溶存酸素の変化を測定しながら埋まった船体付近に金属や木材の試験片を置いて定期的に劣化状態をモニタリングする方法（鷹島二号沈没船）が実施されている。元寇沈没船付近の海底の酸化還元状態に注目した埋蔵環境調査では、木材および金属のモニタリングによる海底での劣化試験を実施した。海底の埋蔵環境は溶存酸素（DO）が存在するのはごく表層のみであり、深度が増加するにつれて急激に還元環境に移行することが認められた。また、劣化試験から、木の劣化は深度が増加するにつれて緩慢になり、鉄は表層付近で酸化鉄が生じるものの、深度六〇センチ以深においては腐食生成物の形成が認められず、急激に腐食速度が低下する。銅は深度二〇センチ以深において硫化銅が形成される。船の部材のように木と金属（鉄釘など）が隣接した場合には、硫化物が生じる傾向が認められた。

以下にヨーロッパで行われている原位置保存を紹介する。

原位置保存の方法と課題

海底で原位置保存の対象となるのは沈没船などの大形遺物である。この大形遺物を保存するには巨大な設備や長期の保存期間と巨額の費用が必要となる。しかし、海底で長期に原位置保存するためには、埋め戻しなどを行って遺物が劣化しないような環境を作り出すと共に常に海底の環境変化を計測しながら観察するためのモニタリングが必要となる。

海底での発掘調査で遺物が露出した瞬間から遺物の劣化が始まる。前述したように、遺物の劣化原因は、海流の変化によって引き起こされる浸食などの物理的劣化、海水に溶けた酸素による腐食などの化学的劣化、海底付近に生息する害虫やバクテリアによる生物的劣化がある。特にフナクイムシやバクテリアによる生物的劣化は木造船にとって大敵となる。海底での遺物の劣化を防ぐためには、安定した無酸素状態を維持する必要がある。そこで、生物的劣化を起こさない合成布（ジオテキスタイル）などで発掘された海底の遺物を被覆し、さらに砂や土で厚く被覆することによって、海底で活動するフナクイムシの進入を防ぐと共にバクテリアが活動できない無酸素状態を作り出して生物的劣化を防ぐ方法がある。

しかし、海底での保護方法は、海流の変化や土砂の堆積・浸食などの状況によって常に影響を受ける。そこで、海中の環境や遺物の状態、特に劣化に影響を及ぼす溶存酸素の含有量と木材などの生物的劣化や金属の錆化を克明に記録するモニタリング調査が必要になる。海底で埋め戻した後に長期にわたってモニタリングを行いながら、保存状態の変化に併せて、原因を究明し適切な対応をすることが望まれる。

【埋め戻し】

前述したように、水中での遺物の劣化には物理的劣化と化学的劣化、生物的劣化の三つがある。物理的劣化とは海流の影響による洗掘などのことである。金属腐食のような化学的劣化がある。これに対して生物的劣化はフナクイムシや微生物が原因となる。特に現地保存が多く行われる木製の沈没船にとって脅威となるのがフナクイムシに代表される木材穿孔生物である。これらの生物的劣化を防ぐためには、水中文化遺産の周囲を無酸素状態にすることである。そのために行われているのが生物的劣化を起こさない合成織物（ジオテキスタイル）による被覆と堆積物による埋め戻しである。

【合成織物による被覆】

この方法は遺跡の周りに素材を直接巻くことによって物理的なバリアを作ることで、木材穿孔生物の幼虫は木材表面に付着することはできず、木材内で生息している木材穿孔生物は酸素不足のため、呼吸ができなくなる。

被覆にはジオテキスタイルなどを用いる。ジオテキスタイルは目の詰まった、あるいは不織の合成繊維である。発掘期間の最後に特定の領域や溝を覆うために使われている。保存したい領域をジオテキスタイルで覆い戻せば掘り起こされた文化層を次の作業時期に比較的容易に移動できるからである。しかし、水中文化遺産をフナクイムシから守ることはできるが、酸素を完全に遮断することはできないので微生物による劣化を防ぐことはできない。

【堆積物による被覆】

被覆方法の一例が土嚢（サンドバック）を積む方法である。これはフナクイムシの幼虫が住み着けない無酸素環境を作ることにより、フナクイムシに対するバリアとして機能する。狭い範囲や、考古学的物質が海流によってすべて流されてしまう脅威にさらされている場所では効果的であるが、水中で土嚢を敷き詰めるには費用と時間がかかることが多く、土嚢が過充塡された場合、海底で障害物となり、遺跡に海流があれば土嚢が敷き詰められた地域の端周辺が削り取られる可能性がある。これが土嚢の効果を弱め、遺跡の別の箇所まで露出させることにもつながる。目安として砂は土嚢袋の三分の一から二分の一まで満たせばよく、有機含有量の少ない細粒砂を使うようにする。そうすることで遺産の周りをぴったり土嚢で覆い、目立たなくすることができる。また、土嚢袋の材料に天然素材が含まれていると急激に微生物学的に劣化するので、生物的劣化を起こさない合成素材の土嚢を使用することが重要である。

堆積物による被覆の利点はフナクイムシへの酸素供給を阻害でき、微生物による劣化も軽減できることである。ただし、フナクイムシは入口の穴が堆積物の上に出ている限り生存し成長できるために、堆積物と海水の境界下が二〇から三〇センチでも木材の破壊が起こる可能性がある。従って、堆積物による保護層は出来るだけ厚くするべきである。

【砂粒の移動を利用した被覆方法】

波によって移動する遺跡周辺の砂粒を取り込んで、遺跡を徐々に覆う方法である。遺跡の周辺海域での堆積物の移動が多いことが必要条件となる。もし、堆積物の移動が大量にあれば、人工海草や土砂用ネットなどを用いる。この方法には堆積物の移動を利用した被覆方法が有効である。人工海草を用いた場合、利点としては小型船から比較的簡単に設置が可能となることが挙げられるが、欠点としてはマットをアンカーで固定する際、下層の遺跡に傷を与える可能性があることなどが挙げられる。ネットを設置する際は、まず遺跡の周囲で堆積物の移動があることを確認する。そして、可能であれば、堆積物をできるだけ多く閉じ込めるようにネットの長辺側の向きを海流と直角にし、ネットを設置する。設置した後は葉状体部分が自然の海藻やその他の有機堆積物などで覆われないようにネットを定期的に揺らすと効果的に働く。土砂用ネットも人工海草と同じように機能する。遺跡の上にネットを緩く留め、水に浮くようにすることで、ネットを通過できるほど細粒な堆積物のみネットの下にゆっくりと落ち、遺跡の上に砂が溜まっていく仕組みになっている。ネットを設置する前には遺跡周辺の堆積物が移動しているかはもちろんだが、その堆積物の粒径を把握しておくことも必要となる。この粒径をもとに堆積物が通り抜けられる網目のネットを選び、必要な大きさに切り取ったら、金属棒の周りに巻き付け、浮きやすい土砂用ネットの重石とし、遺跡の上に緩く留め、小さい浮きを付けて設置する。この浮きはネットに浮力を与えると共に波の力で振動を生じさせるためである。設置後はネットの表面についた砂粒をネットを振ることで落下させて体積物を増やす効果がある。

現地保存のモニタリング

現地保存で大切なのはその後の経過観察つまりモニタリングである。経過観察をしながら、何か異常があったときは臨機応変に対応することが重要である。モニタリングの手順としては、現地保存を行う前にデータを収集し、次に、現地保存を行った後に同様のデータを集め、比較し、さらなるモニタリングのスケジュールを立てる。

モニタリングは海水・海底と海底下（堆積物中）の両方の面から行っていかなければならない。海水のモニタリングデータを採る場合、データ記録装置のような専門機器を用いる、もしくはデータを測定している他の研究所から情報を得る、水中にサンプル材を置き劣化を測定、水のサンプル採取後分析などの方法がある。海底を測定する場合は、ダイビングによる目視や、シングルビーム・マルチビーム・サイドスキャンソナーなどの海洋地球物理学的方法、測鉛を用いた測深、レーザー、航空写真、衛星など。海底下を調査する場合は、堆積物の溶存酸素含有量、酸化還元電位、硫酸鉛・硫化物・全硫黄含有量、有機含有量、多孔率をデータ記録装置やコアサンプルを用いて調べる。さらに、遺物自体の状態を調べる場合、それが木材であれば、木材穿孔生物の影響を調査するため、シンプルな薄い金属プローブ（触診棒）を用いる。これを木材に押し込み、ほとんど、もしくは全く抵抗なく刺されれば、木材は木材穿孔生物に現在、または以前侵されていたことになる。定性的評価のみになるが、代わりにピロディン（木材測定器）を用いれば木材の保存状態をマッピングできる。ピロディンでは先が尖っていないピンをばねの力で木材に打ち込むことで、ピンの貫入の深さを数値として知ることができ、その深さにより木材の劣化を知ることができる。この方法は、非破壊で比較的安価、かつ簡単である。さらに、木材の状態の調査で最も正確な方法はコアサンプルの顕微鏡分析である。この方法では劣化の状態や程度、原因を明らかにできる。以上のようにモニタリングを行う方法は様々ある。より遺跡や遺物を安全に保存するため、様々な角度からモニタリングを行い、環境の変化に伴う対応を執っていくことは現地保存を行ううえで欠かせない。しかし近年ヨーロッパでは、このモニタリング調査をいつまで行うのか、その予算をどこから捻出するのかが現地保存を行う際の大きな問題となっている。

2　保存処理方法の課題

保存処理の課題

海底から引き揚げられた沈没船等の水中文化遺産の保存は、三つの深刻な問題を抱えている。この深刻な問題とは、①保存期間が長期間になること、②設備や運営に莫大な費用がかかること、③保存処理後に高湿度環境で船体の劣化が進むことである。

たとえば、スウェーデンで行われたヴァーサ号の保存処理は一九六五年から二五年間続き、国家事業として膨大な予算がつぎ込まれた。幾多の困難を経て保存処理は成功し、一九九〇年に開館したヴァーサ号博物館は現在ではストックホルム随一の入場者を誇り観光名所となっている。しかし、保存処理を終えた船体は船板を固定した鉄釘と木材の接触点から変色し、水分を吸収して劣化する現象が今も続いている。このような事例が根拠となって、二〇〇九年に発効したユネスコ水中文化遺産保護条約では、船体の引き揚げや保存処理は推奨せず、海底での現地保存を原則としている。しかし、海底から沈没船などの貴重な水中文化遺産が発見された場合には、引き揚げ・保存・展示を望む声は大きい。ここでは、海底から沈没船などの水中文化遺産を引き揚げて保存する場合の課題について紹介する。

出土木材の性質と保存の考え方

出土木材は健全な木材と比較して、木材細胞が著しい劣化を受けている。これは主にバクテリアなどの生物による劣化であり、水の中にある間、特に埋没直後の酸素の豊富な状態でバクテリアが活動している。木材はずっと水底の泥の中に沈んでいるとやがて無酸素状態になり、酸素を必要とするバクテリアが死んで劣化が抑制された結果として木材が残る。

木材は水中にあるから、木材細胞には水が侵入する。水は自由水で長い時間をかけて、木材細胞に入り込んでいく。保存処理するためには木材細胞に進入した水を乾燥させなければならないが、木材細胞が劣化している出土木材を自然乾燥すると急激に縮んでしまうので、縮まないように保存処置しなければならない。そこで木材の形を変化させずに劣化した木材を強化して水分を取り除く研究が長年にわたって行われてきた。

出土木材を保存するための条件は下記のようである。

①形状を維持すること、

②十分な強度を持つこと、

③表面の痕跡や色調を維持すること、

④可逆性を有すること、

⑤環境変化に対する安定性を保つこと、

⑥分析資料としての価値を失わないこと、

環境変化に対する安定性については、ヨーロッパは比較的に低温で低湿度の環境なので、あまり大きな問題にならないが、ヨーロッパより環境変化が激しいアジアでは環境変化に対する安定性が重要になる。アジアでは高温・高湿の環境変化の中でも安定的な保存法を考えるべきである。

保存処理方法の歴史

出土木材の保存方法は、水に可溶な固形の物質を用い浸透圧を利用して木材細胞に高濃度まで含浸することによって木材細胞を強化すると共に乾燥する方法である。含浸材料として、十九世紀から二十世紀前半頃まで北欧を中心にカリ明礬(potassium alum)が使用された。この方法は明礬の高濃度溶液を高温で出土木材に含浸する方法である。一九六〇年代からはデンマーク・スウェーデンなどを中心に高分子材料の水溶性ワックスであるポリエチレングリコール（Polyethylene glycol: PEG）が利用されはじめた。一九七〇年代には高分子のPEGを使った保存処理方法が世界的に広がっている。

日本では、一九七〇年代始めに日本における出土木材の保存が実用化された。大阪藤井寺市の修羅や奈良明日香村山田寺の回廊などが大形出土木材保存の代表例である。一九七〇年代の終わりから一九八〇年代の初めにかけて、ヨーロッパで大きな変化が起こった。船体の保存に低分子のPEGと高分子のPEGの両方を使う方法である。内部の比較的健全な木材細胞の中には低分子のPEG（#200）、表面の劣化した部分には高分子のPEG（#3300）を入れることによって安定した保存処理を実施することができる。この方法が一九八〇年代以降の世界の主流になった。二〇年を経た今も世界の主流であることには違いない。

いっぽう、一九八〇年代からヨーロッパで開始されていたのが砂糖（Sucrose）などの糖類を使う方法である。簡単に言えば、砂糖を出土木材に染み込ませて、砂糖菓子のように固めてしまうという方法である。砂糖を使うので、当然安全・安価である。しかしこの方法にも、溶液の熱分解に伴う高湿度環境での潮解性などの問題があった。

私達は、一九九四年に人工の糖類の一種であるラクチトール（Lactitol）を主剤とする糖アルコール含浸法を開発した。その後、地球温暖化防止に向けた省エネルギー政策の強化をきっかけに、できる限りエネルギーを使わない安全で安価な保存方法を目指して、二〇一一年にトレハロース（Trehalose）含浸法を開発した。トレハロース含浸法は国内外の四〇機関以上に広がりPEGやラクチトールに代わる出土木材の保存方法として普及し始めている。現在、世界的にはPEGあるいは糖類を含浸させる保存が主流として実施されている。含浸時間を短縮して木材の重量を少なくするために、これらの樹脂を五〇%程度含浸した後に真空凍結乾燥する方法も盛んに実施されている。このほか、水を有機溶剤に置き換えた後に、シリコン樹脂で強化する方法（米国で実用化）や含浸した樹脂を放射線を使って固化する方法（フランスで実用化）など、世界各地で様々な方法が利用されている。しかし近年は環境問題への配慮もあり、なるべく環境に優しい方法、安全な方法、加えて経済的な方法で保存処理しようとする流れがある。

保存処理の実例

世界各国で実施された沈没船の保存処理例の中から、代表的な例を紹介する。

スウェーデンのヴァーサ号は一六二八年に海底三四メートルに沈没した王室の軍艦である。一四〇〇トン、上下二列、六四門の砲を備え、数百の金メッキに彩色した彫刻で飾られていた。一九六一年に引き揚げられた。バルト海の海水は冷たく、海水の塩分濃度も低かったためにフナクイムシの活動が少なく、船体の依存率は九六％もあった。そこで船体をそのままの形で維持しながら、全体にPEGを噴霧する方法で保存された。一九六二年から一九七〇年まではPEG#1500の一〇～二〇％水溶液を含浸し、さらに、一九七〇年から一九七九年まではPEG#1500の二〇％水溶液とPEG#600の五～二五％水溶液、一九八二年前後には表面処理としてPEG#4000の水溶液がスプレーを使って含浸された。その保存処理には二〇年以上を要している。一九九〇年にはヴァーサ号博物館として開館した。しかし、開館後も木材の酸化や鉄の錆化が進行しているために厳密な温湿度管理が求められている。これは、保存処理に用いられた薬剤（PEG）が空気中の水分を吸湿し、鉄錆に含まれる硫化鉄（FeS_2）が水分と反応して硫酸と硫酸鉄（$FeSO_4$）を生成することによって白い結晶が析出すると共に木材を酸化させるからである。このようにヴァーサ号では現在も多くの問題が生じ、保存処理が継続して行われている。

フランス国籍のラ・ベル号は一六八六年に米国で座礁し沈没した。全長一五・五メートル、幅四・三メートルの船体は約三分の一が残っており、一九九五年にテキサス沖のメキシコ湾内マタゴルダの入り江で引き揚げられた。引き揚げの際には、コンクリートと木材でできた巨大なバットを海底に埋め、プラットフォームを設置した。船体を引き揚げた後は、脱塩処理を行い、船体構造を詳細に調査するために船体を分解して調査を行った。保存処理は全ての鉄釘を外して鉄分を化学的に除去した後、部材に低分子と高分子のPEGを含浸させた。保存処理期間を短縮化するためにPEG含浸を高濃度までは行わず、残った水分を凍結乾燥することによって乾燥した。保存処理期間を大幅に短縮したとはいえ、船体の保存処理に九年を要した。また船体の保存と併行して、船内にあった数千の遺物には七年以上かけて保存処理を行った。凍結乾燥した部材は展示室に設置した金属製の骨格の上で、復元作業を観客に見せながら行われた。

保存処理後の問題点

海底から発見される木材を保存処理する場合は、真水の流水に浸して塩分を取り除くことが必要である。海水に含まれる塩類の中で塩素系化合物は比較的水に溶け出しやすいが、ナトリウムやアンモニウム、鉄、カルシウムなどの硫化物は取り除きにくい。特に硫化物イオンの多くが木材中に残存する。硫化物は空気中の水分と酸素による酸化過程で硫酸を生じてpHの低下によって木材を劣化させる。硫酸を含む溶液はpH3以下の強酸性となり、木材の主成分であるセルロースを加水分解させる。特に硫化鉄が分解し、鉄イオンが触媒となって木材強化のために含浸したPEGを分解して吸湿性の強い低分子の物質を生成する。硫酸の生成とPEGの分解による吸湿性物質の連鎖によって鉄釘の周囲は黄白色に変色し、周囲の木材も加水分解を起こして劣化する。このような負の連鎖が高湿度環境で進行する。

PEG含浸法で保存処理した沈没船に対して脱塩処理を繰り返しても、積極的にこの負の連鎖を止めることはできない。ヴァーサ号博物館では博物館全体の湿度を年間通して五三%RHに保つことによって劣化速度制御しているが、根本的な解決方法は見つかっていない。英国のメアリー・ローズ号博物館では急激な乾燥による木材の収縮を懸念しながらも低湿度状態を保ちながら環境維持に努めている。韓国では新安沈船を低湿度環境に維持するために全館の空調システムを大改造している。長崎県松浦市鷹島海底遺跡でも金属（鉄釘）を含む木材の保存処理後に幾つかの問題を生じている。元寇船の碇を保管するケース内を六〇%RHに維持していたが、鉄釘が残っていた箇所は劣化して黄白色の変色を生じている。

同じような現象は高級アルコール含浸法で処理した木材にも顕著に表れており、鉄釘が粉体化して崩壊している。このように、PEGなどを使った方法では船体のように海底から発見された鉄釘が打たれた木材を保存処理すると鉄分が触媒となってPEGを分解して酸性の物質を作って木材を侵してしまうことが問題となっているので、鉄釘をぬいて、木材に含まれる鉄分を完全に除去した後にPEG含浸することが欧米では一般的になっている。

しかし、日本を含め東アジア地域では梅雨期などで八〇%RHを超える高湿度環境になることも多いので、昼夜を問わず低湿度環境を維持するには膨大な設備と維持経費が必要である。

これに対して、同じような環境で保管されていた鷹島海底遺跡出土遺物でも、ラクチトールやトレハロースなどの糖類で保存処理した木材と金属の複合品は保存処理後五年から一〇年を経過しても変色もなく大きな問題を生じていない。特にトレハロースは、湿度九五%RHに達するまで吸湿しないので、東アジアのような高湿度環境でも安定して保管できると考えられる。海底から発見された沈没船のように、船体の木材に釘を打って構造物とした遺物に対して、トレハロースは、可溶性塩類を安定化させる薬剤、酸性雰囲気でも分解せず、高湿度環境でも安定する薬剤として注目されている。

おわりに

海底には数多くの水中文化遺産が存在する。中でも世間の大きな注目を集めるのが沈没船である。しかし、沈没船のような大きな遺物を引き揚げるには莫大なお金と施設、そして多くの専門家の協力が必要となる。本章では、水中遺跡の調査・保存の技術的課題として、海底に文化遺産を埋め戻して保存する「現地保存」の課題と、海底から遺物を「引き揚げ・保存・展示」する場合の課題について論述した。

「現地保存」は二〇〇一年に採択されたユネスコ水中文化遺産条約を契機として、水中文化遺産を保存するうえで世界的に推進されている。海底で沈没船などの文化遺産を埋め戻す方法である。文化遺産を海底に埋め戻すことによって酸素を完全に封鎖して菌やバクテリアから遺物を守ることができる。ただし、この方法を用いる前に海底付近の潮の流れによる堆積物の移動があるかを調べておくべきである。もし、堆積物の移動が大量にあれば、人工海草や土砂用ネットなど、堆積物の移動を利用した被覆方法を用いるか、埋め戻す場所をジオテキスタイルや素粒子の砂利を使い遺物を覆って堆積物が取り除かれないようにする必要がある。また、埋め戻しに用いる堆積物は多孔度が低く、粒径が大きく、微生物の餌となり得る有機物の含有量が低い細粒砂が理想的である。

「引き揚げ・保存・展示」については、多くの国でPEGあるいは糖類を含浸させる保存方法が実施されている。特にPEG含浸法を使ってヴァーサ号（スウェーデン）、メアリー・ローズ号（英国）、新安沈船（韓国）など多くの沈没船が保存されてきた。しかし、これらの沈没船の保存は、①含浸期間が長期間になること、②設備や運営に莫大な費用がかかること、③保存処理後に高湿度環境で船体の劣化が進むことなどの課題をかかえている。これらの課題を解決する方法として一九九〇年代に日本で開発された糖アルコール含浸法や二〇一〇年代に実用化されたトレハロース含浸法は最新の糖類含浸法として注目されている。安全で安価な低分子材料であるトレハロースは含浸期間を短縮化し、設備を大幅に簡素化できる可能性がある。トレハロースの耐湿性によって保存処理した木材は、東アジアのような高湿度環境でも安定して保管できると考えられる。

日本では、海底から引き揚げた船の保存処理はまだ実施されていない。ようやく日本でも鷹島海底遺跡から二〇一一年（鷹島一号船）と二〇一五年（鷹島二号船）に二隻の元寇沈没船が発見された。現在、これらの沈没船は海底に原位置保存されモニタリングが続けられている。今後、元寇の実態を知るためにも船の引き揚げの是非や保存処理方法・展示計画を議論し国民のコンセンサスを得た上で、保存処理した元寇沈没船を展示できるようになることを期待したい。

おわりに——水中遺跡をめぐって

本書は二〇一六年十一月に開催された第一一四回史学会大会シンポジウム「水中遺跡の歴史学」で報告いただいた六人の方に加え、新たに五人の方に執筆していただき、一書としたものである。本来、筆者は到底本書のまとめの執筆という任に堪える者ではないが、シンポジウム当日の司会を務めた責任上、シンポジウムで議論された論点を以下に紹介し、本書のまとめとしたい。

筆者の不明をさらすことになるが、本書の刊行にあたり、あらためて感じるのは、水中考古学に関する研究はこれほどに進んでいたのかという驚きである。世界を見渡せば、数多くの水中遺跡の調査の事例があり、引き揚げられた沈没船の博物館展示、海中遺跡の見学など、調査・研究成果の発信も多様な形で展開している。水中遺跡調査に関する法整備や研究者養成も、日本の遥か先をいく実践がなされている。やや立ち遅れた感のある日本においても、すでに北海道江差沖や長崎県鷹島沖で沈没船の調査が行われている。本書では、こうした日本を含む世界での水中遺跡の調査事例や研究成果が紹介されている（池田・森・木村・赤司論文）が、お読みいただければ、水中遺跡研究がこれからの歴史研究の重要な要素となっていくことが予感されるだろう。また、沈没船に積載されていた陶磁器の産地別構成比と陸上遺跡からの出土物の場合との比較分析から、船の性格や沈没当時の東アジアの大局的な交易の様相を解明していく研究に接すれば、日本の水中考古学もまた、すでに高度な研究方法を提示していることが確信できるだろう。

大会当日のシンポジウムでまず議論となったのは、「水中遺跡」を扱う研究は、陸上の遺跡を扱う研究と何が異なるのかという点である。そして、水中遺跡は陸上遺跡のように時代が多層となっておらず、後世の人間活動による撹乱を受けていないこと、したがって、ある時点での人の営みを包括的に知るための重要な情報を得ることができることが確認された。沈没船の場合でいえば、船本体、積載された交易品、乗員の生活用品などがまとまって残されており、そこからは、積載されていたのはどこの産品であるのか、船はどこで建造されたものであったか、乗員はどの地域の者であり、船上でどのような生活をしていたかなどが、物証によって知られることになる。まさに沈没船は海底に眠るタイムカプセルであり、文献史料には残りにくい歴史の断面を見せてくれるものといえよう。そこから引き出された情報が、文献史料で組み立てられてきた従来の歴史像に修正を迫る可能性をもっていることは、東アジア地域の水中遺跡を扱った諸論文で具体的に示されている（池田・森・村井・木村・石橋論文）。この点が、水中遺跡の研究対象としての大きな魅力であろう。

他方、陸上遺跡と異なる研究上の難しさがあることも指摘された。まず、何といっても調査・保存のための技術的な点が大きな問題として横たわっている。冒頭の池田論文では鷹島海底遺跡での調査過程が詳細に述べられているが、これを読めば、調査自体が高度な技術と大がかりな調査団編成を必要とすることや、発見された遺物、とりわけ船体の保存には大きな困難がともなうことが理解できるだろう。一般的な関心からすれば、引き揚げられた沈没船を見たいという欲求が大きいだろうと思うが、それが巨額の経費を必要とするだけでなく、船体の劣化にもつながることは、本書で繰り返し述べられているところである（赤司・今津論文）。一方で、現在ユネスコが推奨している現地での保存についても技術的、経費的な問題が残されているという。

こうした技術的な問題とともに、沈没船の性格を解釈する際にも、水中遺跡ならではの難しさがあることが指摘された。それは、沈没船の存在する地点とその地域の関係は自明ではないという問題である。これは陸上遺跡では起こりえない問題であろう。つまり、その船は沈没船の見つかった地点の近くの地域に向かっていたのか（あるいは出発したのか）、そうではなくただ通過中だったのかは、単純には判定できないという。この点は研究上の難しさではあろうが、同時に国境を越えて、多地域間を結ぶ水中遺跡ならではの謎であり、おもしろさにもつながる点でもあるように思われる。

シンポジウムで議論となったもう一つの点は、今後の日本における水中遺跡調査のための体制づくりや研究者養成の問題である。

近年になって、ようやく日本でも文化庁において水中遺跡保護のあり方が検討されるようになり、問題点の所在や国、自治体などのかかわり方などについて議論が始まっていることは、水ノ江論文や松田論文で述べられているとおりである。しかし、調査や保存にかかる巨額の研究費がどのように保証されるのかは、今後の最大の課題であろう。

また、研究者養成に関していえば、海外の多くの国で、すでに大学や政府の主導で水中考古学研究者養成が行われていることが佐々木論文で詳しく紹介されているが、日本の現状は、ほとんど研究者個人の責任に任されている状況であり、世界に大きく水をあけられているとの思いをもたざるをえない。また成果の社会発信、水中遺跡の活用という点においても、日本でも取り組みが始まっているとのことであるが、水中考古学の歴史の長いヨーロッパはもちろん、日本周辺の諸国においてもすでに水中遺跡に特化した博物館が存在していることを見れば、日本の立ち遅れは否定できないだろう（禰冝田論文）。

このように、研究の水準とは別に、研究をとりまく状況に関しては、今後の課題が山積しているように思われる。多くの課題を乗り越えて、日本の水中考古学を進展させていくためには、国の援助は欠かせないところであろう。

ただ、この問題については、留意すべき点が存在していることも指摘しておきたい。当日の議論でも若干発言があり、また本書でもいくつかの論考で触れられているように、水中考古学は国家的な政策と関連して進展してきたという一面をもっている。筆者は、数年前、ある国の国立博物館で水中遺跡調査での採集品の展示を見学したことがある。日本でいう中世にあたる時代の多くの陶磁器が、その産地についての分析結果の丁寧な説明を付して展示されていた。しかしこの考古調査は、実は海底資源探索プロジェクトの一環であり、展示スペース自体も、プロジェクト全体の成果を展示した広大な会場のごく一部だったのだ。水中考古学の体制整備や研究者養成のあり方は、国によって多様であるとのことであるが、日本では日本社会にふさわしい形で進んでいくこと、そして、推進のためには国際的な連携が不可欠となる水中遺跡研究が、無用な思惑に左右されることがないように進むことを望みたい。研究者側も関心をもって、研究のあり方を主体的に提案していく必要があるだろう。

はなはだ行き届かない「おわりに」となったが、水中考古学が日本の歴史学・考古学研究者の間で、これまで以上に関心を呼び、新たな歴史像の構築の起爆剤となることを念願したい。本書の刊行がその一つのきっかけとなれば幸いである。

二〇一七年十二月

榎原　雅治

p. 151	木村淳
p. 160	木村淳
p. 163	山舩晃太郎
p. 170	水ノ江和同
p. 177上	水ノ江和同
p. 177下	水ノ江和同
p. 180	沖縄県立埋蔵文化財センター編『沖縄県の水中遺跡・沿岸遺跡―沿岸地域遺跡分布調査報告』(2017年)
p. 183	水ノ江和同
p. 186右	イアン・マッカーン
p. 186左	水ノ江和同
p. 190上	水ノ江和同
p. 190中	宇検村教育委員会
p. 190下	水ノ江和同
p. 195右	文化庁
p. 195左	文化庁
p. 201上	松浦市教育委員会
p. 201中	松浦市教育委員会
p. 201下	松浦市教育委員会
p. 205上	禰冝田佳男
p. 205下	東海大学海洋学部(坂上研究室開発水中ロボット)・禰冝田佳男
p. 211	Heritage Victoria

紙面の都合で個別に掲載せず，巻末に一括しました。万一，記載漏れなどありましたら，お手数でも編集部までお申し出下さい。

◆写真提供・出典一覧（敬称略）

カバー表	イアン・マッカーン
カバー裏	水ノ江和同
p. 44	森達也
p. 47上	『泰安馬島１号船水中発掘調査報告書』（国立海洋文化財研究所・文化財庁，2010年）
p. 47下	森達也
p. 51上	『2015　中国重要考古発現』（文物出版社，2016年）
p. 51下	『綏中三道崗元代沈船』（科学出版社，2001年）
p. 53上	『東海平潭碗礁一号出水瓷器』（科学出版社，2006年）
p. 53中	森達也
p. 53下	森達也
p. 67上	森達也
p. 67下	森達也
p. 79上	松本賢一編『南蛮紅毛日本地図集成』（鹿島出版会，1975年）
p. 79下	Fernão Vaz Dourado, *ATLAS: Reprodução do códice iluminado 171 da Biblioteca Nacional*（Biblioteca Nacional, Lisboa, 1991）
p. 89	Black Sea Maritime Archaeology Project
p. 92	木村淳
p. 95上右	Antikythera Mechanism Project
p. 95上左	Gift of Captain Jacques-Yves Cousteau, 1953, メトロポリタン美術館
p. 95中右	Institute of Nautical Archaeology
p. 95下	Bass, F.G. *Beneath the Seven Seas: Adventures with Institute of Nautical Archaeology*（Thames & Hudson, 2005）
p. 96	Institute of Nautical Archaeology
p. 100上	木村淳
p. 100中	木村淳
p. 100下	木村淳
p. 103上	西オーストラリア博物館
p. 103中	西オーストラリア博物館
p. 103下	佐々木蘭貞
p. 106上右	泉州海城交通史博物館，Kimura, J. *Archaeology of East Asian Shipbuilding*（University Press Florida, 2016）
p. 106下	木村淳
p. 106上左	フィールド自然史博物館
p. 108上左	TNM Image Archives
p. 108上右	木村淳
p. 108下	木村淳
p. 110上	木村淳
p. 110下	西オーストラリア博物館
p. 137上	赤司善彦
p. 137下	赤司善彦
p. 142上	赤司善彦
p. 142下	バイア海底公園
p. 150	佐々木蘭貞

佐々木蘭貞　ささきらんでぃー
1976年生
現在　九州国立博物館アソシエイトフェロー
主要著書　*The Origins of the Lost Fleet of the Mongol Empire*（Texas A&M University Press, 2015），「元寇沈没船を探る―日本・ベトナムにおける調査」（林田憲三編『水中文化遺産：海から蘇る歴史』勉誠出版，2017年）

禰冝田佳男　ねぎたよしお
1958年生
現在　文化庁文化財部記念物課主任文化財調査官
主要著書　『考古資料大観　第9巻　石器・石製品・骨角器』（共編著，小学館，2002年），『研究最前線　邪馬台国』（共著，朝日新聞出版，2011年）

今津　節生　いまづせつお
1955年生
現在　奈良大学文学部文化財学科教授
主要著書・論文　「水中遺跡と保存科学」（『月刊文化財』634号，2016年），“The pre-conservation issues in the conservation of the wrecked ships and remains of the Mongol fleet from 1281”, *WET ORGANIC ARCHAEOLOGICAL MATERIALS (ICOM-WOAM)*, (Florence Italy, 2016)

水ノ江和同　みずのえかずとも
1962年生
現在　文化庁文化財部記念物課文化財調査官
主要著書　『縄文時代の考古学』全12巻（共編著，同成社，2007～2010年），『九州縄文文化の研究―九州からみた縄文文化の枠組み―』（雄山閣，2012年）

松田　　陽　まつだあきら
1975年生
現在　東京大学大学院人文社会系研究科准教授
主要著書　『実験パブリックアーケオロジー』（同成社，2014年），*Reconsidering Cultural Heritage in East Asia*（Akira Matsuda and Luisa Elena Mengoni, eds., Ubiquity Press, 2016）

榎原　雅治　えばらまさはる
1957年生
現在　東京大学史料編纂所教授
主要著書　『日本中世地域社会の構造』（校倉書房，2000年），『室町幕府と地方の社会』（岩波書店，2016年）

◆編者・執筆者紹介

佐藤　信　さとうまこと
1952年生
現在　東京大学大学院人文社会系研究科教授
主要著書　『出土史料の古代史』（東京大学出版会，2002年），『日本史リブレット8　古代の地方官衙と社会』（山川出版社，2007年）

池田　榮史　いけだよしふみ
1955年生
現在　琉球大学法文学部教授
主要著書　『古代中世の境界領域―キカイガシマの世界―』（編著，高志書院，2008年），『ぶらりあるき沖縄・奄美の博物館』（共著，芙蓉書房出版，2014年）

村井　章介　むらいしょうすけ
1949年生
現在　立正大学文学部教授
主要著書　『日本史リブレット28　境界をまたぐ人びと』（山川出版社，2006年），『日本中世境界史論』（岩波書店，2013年）

石橋　崇雄　いしばしたかお
1951年生
現在　公益財団法人東洋文庫研究員
主要著書　『中国・世界遺産の旅1　北京・河北・東北』（編著，講談社，2005年），『大清帝国への道』（講談社学術文庫，2011年）

森　達也　もりたつや
1961年生
現在　沖縄県立芸術大学教授
主要著書　『陶磁器流通の考古学　日本出土の海外陶磁』（共著，高志書院，2013年），『中国青瓷の研究―編年と流通―』（汲古書院，2015年）

木村　淳　きむらじゅん
1979年生
現在　東海大学海洋学部特任講師
主要著書　*Archaeology of East Asian Shipbuilding*（University Press of Florida, 2016），『海洋考古学：方法と実践』（共編著，東海大学出版部，2018年）

赤司　善彦　あかしよしひこ
1957年生
現在　九州歴史資料館企画主幹
主要著書　『日朝交流と相克の歴史』（共著，校倉書房，2009年），『大学的　福岡・太宰府ガイド』（共著，昭和堂，2014年）

水中《すいちゅう》遺跡《いせき》の歴史学《れきしがく》

2018年 3 月15日　第 1 版第 1 刷印刷　　2018年 3 月25日　第 1 版第 1 刷発行

編　者　佐藤《さとう》 信《まこと》

発行者　野 澤　伸 平

発行所　株式会社　山川出版社
〒101-0047　東京都千代田区内神田1-13-13
電話　03(3293)8131(営業)　03(3293)8135(編集)
https://www.yamakawa.co.jp/　　振替　00120-9-43993

印刷所　株式会社　太平印刷社

製本所　株式会社　ブロケード

装　幀　菊地信義

 Printed in Japan　ISBN978-4-634-52366-1